君子乃器

中职教育杂谈

李东霖◎著

开明出版社

图书在版编目（CIP）数据

君子乃器：中职教育杂谈／李东霖著. --北京：开明出版社，2024.5

ISBN 978-7-5131-8994-1

Ⅰ.①君… Ⅱ.①李… Ⅲ.①中等专业教育-研究-中国 Ⅳ.①G719.2

中国国家版本馆 CIP 数据核字（2024）第 095058 号

出 版 人：陈滨滨

责任编辑：刘桂梅

君子乃器：中职教育杂谈

JUNZINAIQI：ZHONGZHIJIAOYUZATAN

著　者：李东霖

出　版：开明出版社

（北京海淀区西三环北路 25 号　邮编 100089）

印　刷：保定市中画美凯印刷有限公司

开　本：710mm×1000mm　1/16

印　张：17

字　数：270 千字

版　次：2024 年 5 月第 1 版

印　次：2024 年 5 月第 1 次印刷

定　价：68.00 元

让教育回归生活本身

癸卯年腊八节，千年古都西安在经历了温暖和煦的“三九三”以后，终于迎来了一场久违的大雪，落雪把西安装扮成了长安。让人心中不由得充满了诗意，“瑞雪兆丰年，山河无恙，人间长安”。漫步在小区的袖珍公园，被孩子们堆积的各式雪人吸引，形态各异的卡通人物、动物，甚至连树洞都用上了——饶有创意地堆了一个从树洞探出脑袋的“松鼠”，就连树杈上都堆了几只惟妙惟肖的“鸟雀”，似在“讨论”着什么。我讶异于现在孩子们的想象力和动手能力，更喜欢看到这样的“杰作”——这不是整天刷题能刷出来的“少年感”，这是孩子们应有的活泼可爱的样子。

就是在这样的雪天，我收到了李东霖先生送来的新著《君子乃器》。在职业教育领域深耕数十年的他，以20余万的文字记录了他对于职业教育的思考和实践。品读之中，被他书中的“种子”和“金子”的故事深深吸引，不禁深思贯穿全书的职业教育之问——在短短的两三年时间里，面对十四五岁的未成年孩子，我们应该教给他们什么？是赖以生存的谋生技艺？是为人处世的深奥道理？还是唤醒可以造福他们一生的自我内驱力？

他在书中阐述了一种独特的“挖掘式”教育理念，我深表认同。是的，每个孩子都有他独特的天赋，并不是人人都要去做“爱因斯坦”，我们也需要大量的“鲁班”，让出自方程式与实验室的理论模型，变成“器”，变成“应用场景”，如此，科学才有脚能着地。

记得有一次我去参加比亚迪的工厂，60秒可以下线一台新能源汽车，当很多人在惊叹智能化机械臂的发明者的丰功伟绩的时候，我就在想如果没有制造工人把这些模型变成铜臂铁手，它就依旧只是电脑上的运算模型罢了。

职业教育对于一个走向工业化、现代化的国家之重要、重大，我想不必在此申述。2022 年 4 月第十三届全国人民代表大会常务委员会第三十四次会议修订的《中华人民共和国职业教育法》明确规定“职业教育是与普通教育具有同等重要地位的教育类型”，这是对于职业教育类型定位的法定化。换言之，如果管理者只重视普通教育而轻视职业教育，他就涉嫌“违法”！

接受职业教育对于一个青年人的重要价值正在被社会发展所证实。网络上经常能够看到大学本科毕业生甚至研究生，为了找到理想的工作岗位而再接受职业教育的事例，也有人研究发现毕业于职业学校的“蓝领”收入与“白领”差距缩小且未来有可能超越“白领”。这一系列的变化，都在向我们传达一个信号：未来，是职业教育和技术技能人才大展宏图的未来。职业教育，早就不是所谓“差生”的接收地，而是“国匠”的培养园区。

然而，这些有目共睹的变化和事实，尚未在社会中完全形成共识。这既有来自家长的成见，也有孩子本身的迷茫，既有就业招录中的歧视，也有政策传导的误读和梗阻。但这种情况并不会持续太久。毕竟，教育，面向的是生存与生活，而不是“文凭”与“考分”本身。

我与李东霖先生相识已有十余年，缘分既有中国民主促进会会员的“同党”身份，也有从事教育的“同行”业缘，还有可能是对于“弘道育人”的“痴心”的心缘。我从东霖先生身上学到了很多，他对于职业教育的情怀很深，对于事业的追求很执着，对于工作很认真，对于公益事业很慷慨，对于学生很爱护，对于名利很淡泊，对于朋友很诚恳，对于同事很友善。他既是一位谦谦君子，也是一个能工巧匠。

值此李东霖先生所著《君子乃器》出版之际，我先睹为快，热忱祝贺。我相信，书中旁征博引的论述，引人入胜的故事，灵动活泼的文风，独到深邃的观点，一定会令读者们眼前一亮。乐见职业教育领域有这样一部新著问世。我想，无论家长、孩子、职业教育从业者、企业、政府工作人员，都会在其中找到自己喜欢的、对自己有启迪的东西。

“升学考试”需要一个会做题的考生，社会发展需要一个德才兼备的人才。

祝愿李东霖先生的教育事业，硕果累累！

杨宗科

甲辰年上元节于西安明德门

自序

很长时间了，一直想把多年在职业教育领域的实践和思考整理一下，是回顾，是反思，更多是咀嚼和自省，当然也希望是新的起点。

世间万事皆有机缘，触发我真正静心伏案付诸行动的是一对母子的微笑。

2022年初秋，西安新纪元烹饪技工学校，下班前我一如往常，一边听书一边沿着固定路线例行每日的巡视。报到处的外墙上张贴着一张张海报，那是我特意请学生处贴上品学兼优或技能优胜学生们的照片。

此时，有一位母亲正领着孩子报到，母子二人仔仔细细地浏览着这些海报，一起读着每个海报上学生们的名字和介绍。母亲的脸上逐渐露出舒展的笑容，对身边的孩子说："你看，行行出状元！咱们没考上高中，也不用气馁。如果你以后能做一名优秀的厨师，妈妈一样为你骄傲。"

孩子应声说："放心吧！我背不下来中考考点，但我最爱做饭了！我喜欢看妈妈吃我做的饭。我要把陕西油泼面馆开到华人街去！"

咯咯笑着，母子二人的身影渐远。他们的笑声，洋溢着快乐，洋溢着自信，洋溢着对未来的无限希望，洋溢着生命的光华。有这样开明的家长，孩子自然是幸运的。望子成龙，几乎是每个父母的心头要事，但用什么路径成龙？成什么样的龙？并不是所有父母都十分清晰。

这对母子的与众不同，深深定格在我脑海里。把自己多年来所见所思所为写出来，抛砖引玉，放大、传播天生我材必有用的自信，还少年以明天更美好的希望，祛除笼罩职业教育的重重阴霾，由是浮上心头，昼缠梦绕，挥之不去。

毋庸讳言，中考失利的孩子一般不会是义务教育校园里那个"闪耀"的孩子，大多孩子都因此经历过了人生第一次最大的“否定”。他们内心深处的挫败与孤独感，我感同身受——因为我曾经也是被“否定”过的孩子。我深知，痛彻肺腑地深知，父母师长的认同和鼓励，对少年的价值观、心理健康和意志品质的巨大影响。二十年的职教实践，我最深刻尖锐的感悟是，帮助挖掘孩子的天赋潜能，对孩子整个生命征程具有难以评价非凡的意义。

我常开玩笑说，那些孩子也许曾经被当作“草”，但在我们这里，他会是一个“宝”。荣耀，并不来自于考分，而是德行和技能——一个人立足于社会的真正核心的东西。

当然，在当下职业教育的社会认知度不高的大环境下，我时常被兴奋、叹惋和着急三种心情交替震动。兴奋的是，通过我们的观察、引导和教育，发现几乎每个孩子身上都有非常独特的一面，几乎每一个都可以雕琢成才；叹惋的是，这样的相处和雕琢，只有两三年时间，我的时间不允许把每个孩子都带在身边去亲自教导，时而担心年轻的他们走向社会后，再次被带节奏跑偏，时而担心他们重建的信心，再次被“有色眼镜”式的职业环境击垮……；更着急的是，对于职业教育的意识，有的家长是以“望子成龙”的期盼，摧毁本来可以成才的孩子！

李玫瑾在《心理抚养》中说：“心理抚养比物质抚养更重要。性格比能力更决定未来。”

有的父母把自己对人生的理解，把自己对未来的恐惧，把自己对人生的遗憾或憧憬，等等，一股脑全部转嫁到自己的孩子身上，完全忽视孩子本身的多种选择或潜能。这么多年与我校学生接触，我感觉大多数孩子与父母的关系亲而不洽，融洽密切度不及期望，最大的原因其实就在这里。

我写这本书，最大的希冀就是想与家长建立一个对话的介质。

请把“孩子”还给孩子。

卢梭说：“大自然希望儿童在成人以前，就要像儿童的样子。如果我们打乱了这个次序，就会造成一些果实早熟，它们长得既不丰满也不甜美，而且很快就会腐烂。就是说，我们将造成一些年纪轻轻的博士和老态龙钟的儿童。”

作为家长，在教育孩子的过程中，咱们是不是有过一些不切实际的期许呢？有没有给孩子施加过不该施加的压力？又或者是否粗暴地用对待成年人的方式来对待孩子呢？

孩子的成长，在某种意义上，其实就是一场马拉松，不是看谁跑得快，而是看谁能坚持到终点。我们总说令孩子觉醒，但觉醒是双方的。教育，是一种“关系的互洽”，而非“霸权”式居高临下的自洽。养育过程是一种理念的实践过程，也是每个父母不断被动完善自我的过程。为人父母，需要与时俱进，不断更新自己对孩子、对生命和对生活的认知。

蔡元培先生在《中国人的修养》一书中说道：试想，如果一个孩子缺少对生命的认知（一遇到挫折就产生轻生的念头），没有梦想的能力（自己将来想做什么都不知道），不懂得保护自己，无法与别人共享（腰缠万贯却不快乐），那么，即使这个孩子门门功课考第一，又能怎么样？

决定孩子一生的不是学习成绩，而是健全的人格修养！

但一个人的“成器”之路，是需要雕琢的。“锉刀”在教育者手里，也在家长、社会和决策者手里，我们究竟要给孩子们教授怎样的“道”“器”之理、之技、之变？这是本书探讨的重点。

此书的初衷，就是将多年来的感悟思考朴素直白地掏出来，期望引起关心职业教育的各界人士批评讨论，倘或对撬动当下职业教育的任何一个细微变量有所裨益，将是我莫大的荣幸。

本书中引用的案例，大部分来自于陕西宇民教育集团的西安铁道职业学校、西安高新技师学院、西安轨道交通技师学院和西安新纪元烹饪技工学校。

目录

序章　君子器于何？

两千多年前的一天，阳光温柔地铺满了去向陈国的道路。飞转的车轮碾过落英，其香数里，其辉熠熠，其道大光。

一位神采奕奕的老先生正在车里谆谆教导着追随自己的学生。他长发美髯，神态祥和，身高九尺，腰佩长剑。彼时，他已周游数国，名动天下。从事着各行各业工作的人们，拜他为师，愿朝闻道，夕死足矣。

此番，他是率弟子们去陈国游说，向主政者推行他的思想。但谁也没想到，就是到了这里，他们装满道的肚子里，没有了一丝粮食，饥肠辘辘。弟子们都饿病了，无法起床。他的弟子子路心里不快，来见他说："君子也会这样穷困吗？"

他回答说："君子穷困时固守着原则，小人穷困时就不守本分乱来了。"

这个人就是孔子。他的弟子们将他的"语录"摘抄整理，有一部分形成了治国理政的思想，有一部分则形成"君子"的行事准则。

君子、吃饭和教育，这三者的微妙关系，比孔子绝粮的这个故事发生得更早，"子路之问"，至今仍是人们争执不下的未定课题——

我们要教育出什么样的"人"，他需要拥有什么样的素质，才能谋"生"又谋"道"？

（一）"孔乙己的长衫"？

我们现在说的"吃饭"问题，其实就是拥有一份足以解决温饱生计的职业。现有传统教育，无论职业教育还是高等教育，最终指向的还是就业问题。

但，这似乎并不是件轻松的事情。当下，在社会上已经累计有大量失业的毕业大学生找不到合适的工作，而每年各个高校的毕业生还在持续增加，不断向社会输送大量毕业生。

根据2023年的政府工作报告：2023年高校毕业生预计1158万人。事实上，就业压力持续走高——2021年高校毕业生规模909万人，2022年高校毕业生规模为1076万人，增加了167万人，2023年的1158万人更是创下了历史新高。

对此，国务院总理李强在履新记者会上表示，具体工作中，将进一步加大就业服务、技能培训等方面的政策支持力度，多措并举稳定和扩大就业岗位，支持和规范发展新就业形态。

而就在总理直面就业问题后不久，某主流媒体就发表言论称，考虑到现今不容乐观的就业形势，大学生应该“脱下孔乙己的长衫”，去做身体力行的底层劳动。

论调原意为何，不得而知。但至少网民们的理解是该媒体意在宣扬大学生如果找不到工作，可以去送外卖、去工地搬砖等，一时哗然。一波反驳和群嘲，让“孔乙己的长衫”终究是脱也不是，穿着也不是。

“长衫”是读书人的体面，“职业”更是。倒不是说送外卖、搬砖的职业有什么不好，只是一个普通家庭要供养一个大学生不是一件容易的事情，如果最终以外卖员这个人人都可替代的职业结束，多少是有点浪费血汗钱的，尤其是对那些为了供养一个大学生而砸锅卖铁生存的贫困家庭，简直是晴天霹雳一般的事实。那么，我们的教育，最终要解决的，又究竟是什么问题呢？

换言之，我们要把学生打造成何“器”？

“职业教育”似乎在“结构性失业”的社会大环境下，日益显示出来了它的刚性，家长们也逐渐带着复杂的心态来重新审视这个无法回避的事实——

一个月薪9000元的厨师，可能需要3年的技能培训。一个月薪3000元的文员，可能走过了7年，甚至10年的“漫长教育”。

作为一名职业教育工作者，我这几年有很深的感触。这种日益增重的“关注”，其实还停留在“被动”层面上，很大一部分原因还是现今实行的“分流”制度，这种所谓的“被逼无奈”，离正式且正确认识社会需要和教育供给之间的深层关系，还有好几个维度上的距离。

我身边就有一些孩子，可能无法进入高中学习，十五六岁的年纪，走上社会怕太早，最好的方案就是进入职业学校。但要说自己是不是对职业学校有清晰的认识，选择职业学校是为了以后要从事这个工作而选择某个专业这件事，其实大多孩子是不清楚的。

“分流”之后，他们自己，甚至包括家长，又做了“盲流”，继续是被“教育”赶鸭子上架，他们出了“职教”的校园之后，可能连“孔乙己的长衫”都没有。

那这样的“职业教育”，我想称作“青少年托管班”可能更准确一些。显然，这离成熟理智而精准的职业教育，还有很长一段路程……

（二）社会发展需要爱因斯坦，也需要鲁班！

很多人以为“职业教育”是工业化时代开启以后的新名词，其实不然。

古籍中曾记载“神农因天之时，分地之利，制耒耜，教民农耕”，“尧聘弃……拜弃为农师，封之台，号为后稷”，“嫘祖始教民育蚕，治丝茧以供衣服”，“蚩尤作兵伐黄帝”和“禹穴之时，以铜为兵”等，都标志着我国手工工艺的教育在原始社会达到了职业教育的高峰。

春秋战国时期，手工业内部分工更为细密化。朝廷编辑的《考工记》《术经》和私人编撰的《墨经》等书籍，为职业教育教学提供了非常丰富的教材蓝本。而且当时兴盛私人开办职业院校。墨子创办的私学传授木工与器械制造等手工业技能；鲁班不但发明创造众多，而且广收门徒，传授技术。

《管子·小匡》曰：“少而习焉，其心安焉，不见异物而迁焉。是故其父兄之教不肃而成，其子弟之学不劳而能。”《荀子·儒效》曰：“工匠之子莫不继事，而都国之民安习其服……”这些典籍所反映的便是这种职业教育形式。

而《新唐书·百官志》还记载了一份完备的职业教育教学计划或大纲：掌管百工技的少府监，每年十月，从刑部都官司的官奴婢和官户中挑选一部分人为工户，送到少府监学习细镂、车辂、乐器制造等精细手艺。少府监还对不同工种的学徒年限作了明确的规定：“细镂之工，教以四年；车辂、乐器之工，三年；平漫刀稍之工，二年；……”

纵然推动古代中国每一次社会变革的重要因素都得益于“职业教育”之下的“工匠精神”，它为生产技术革新、生产力的提升注入了内核动力，但不知从何时起，很多家长却将“工匠精神”“职业教育”在内心做了“降维处理”，好像没有读到高中，没有考上大学，就是一种失败，孩子几乎与“人才”二字挂不上关系。

我身边不乏这样的案例。有个亲戚的孩子，非常喜欢烹饪美食，十二三岁的年纪，就能给大家准备天南海北的一桌菜肴，压根儿就没人教他厨艺。唯独一点，学不好英语、数学，是班里经常被点名的“差生”。有一次我去家里做客，孩子兴冲冲做了几道菜，我不禁给出惊讶的赞美。哪料少年脸上自豪的笑容还未及大方地绽开，家长就满是失望地借题发挥：“会做饭有什么用？把心思不用在学习上！成天弄这些闲事，一辈子不会有出息！”

那我问家长，何谓“出息”？千言万语概之——坐在办公楼。

我又问：“如果大楼里的孩子一个月连 4000 元都拿不到，还需要你补贴呢？”

他思考片刻说：“那最起码是一份正式工作！是上过大学的！现在找啥工作不是看学历？”

说来说去，是我们对“人才”的界定标准出现了社会性“误读”。是这个指标单一、僵化了，最终让我们的就业形势越卷越紧。

社会发展既需要爱因斯坦，也需要鲁班！

据官方数据显示，截至 2022 年底，国内的技术劳动人员超过 2 亿名，其中高技能人才大概 6000 万名，但就目前产业发展与需求来看，这个数量还远远不足，许多行业的技术人才数量仍捉襟见肘。

从这种供需关系来看，职业教育发展是滞后的，至少是不充分的。这一切与复杂的社会偏见有至关重要的关系。

其实早在 20 世纪 80 年代，职校毕业生是会因可直接分配工作而被高看的“天花板”一般的存在，但由于后来的社会改革，职教变成了低分段、低层次、差学生的选择，甚至选择了职教就不能考公考编，也就让职业教育越来越不受欢迎。比如说，学生自己认为读了职业学校就是“低人一等”；或者是家长认为职业学校不能给自己的孩子带来真正的技能教育，而是在虚度光阴；又或者是企业在用人过程中以“唯名校”“唯学历”为方向来招聘，等等。

说到这里，就不得不提德国了。德国是世界公认的制造业强国，工匠精神在德国得到很好的传承与发展，这与德国一直高度重视职业教育密不可分。

毫不夸张地说，职业教育是二战后德国经济腾飞的“秘密武器”。

德国目前的职业教育体系起源于中世纪，兴起于18—19世纪的工业化发展时期，确立于20世纪六七十年代，确立的标志是《联邦职业教育法》的颁布，至今仍在不断完善中。其中，中等职业教育是义务教育的重要组成部分，16—19岁的青年接受职业教育者超过70%，就是为就业市场和生产岗位量身培训合格的技工、高素质的技师和优秀的一线管理者，而非“应试教育”。这一理念为德国设计职业教育的基本出发点。基于此，德国学生甚至在小学毕业后就开始分流！

据了解，德国每年有大约35%的年轻人会选择进入双元制职业教育体系进行学习。在他们看来，提早学一门手艺，提前踏入社会磨炼自己的实践能力比只学习理论更实用。

所谓双元制职业教育，即学生要经过职业学校和企事业单位两种形式的教育。一方面，通过职业学校向学生教授与职业有关的专业知识；另一方面，让学生在企业里接受职业技能方面的专业培训。这一点，在中国的很多职业院校已经开始实施，即“产教融合”。通过这一新型的职业教育教学模式，培养出了许多为行业经济发展贡献价值的专业人才。

“三百六十行，行行出状元”，这是中国古语，一直以来，职业教育的发展给人“上热下冷”的感觉，政府部门非常重视，但社会认同感不足。

看来，需要社会、企业、家长、学校的共同努力，重新形成尚工重匠的社会氛围。

（三）让职业教育成为铸“器”之器

社会需要什么样的青年？

时代需要什么样的担当？

职业教育应该培养什么样的人才？

孔子可能回答为“君子”，子路则更有可能会加上一个定语，“有饭吃”的“君子”。

《论语》曰“君子不器”，意思是说，君子不能囿于一技之长，不能只求学到一两门或多门手艺，而应当志于“道”，是轻“艺”而重“道”的。而职业教育却是要做到“君子乃器”——任何人，只要能在自己喜欢的领域内，尽情施展智慧和能力，将它做到最优化，不管你是造原子弹的，还是卖茶叶蛋的，都可以取得崇高的职业成就，都能对社会作出积极贡献。

且我认为职业教育要解决的就是一个问题——让“君子”不会“绝粮”。

早在1917年，由黄炎培先生等教育界、实业界人士创立的中华职业教育社，以改革脱离生产劳动和社会生活的传统教育为志向，明确提出职业教育的目的是，“谋个性之发展，为个人谋生之准备，为个人服务社会之准备，为国家及世界增进生产力之准备”，“使无业者有业，使有业者乐业”。简单来说，“谋业”，即谋一份生计之业，也即此处之“为个人谋生”；“人本”，即以人为本，也即此处之“谋个性之发展”。换言之，既要有自身生存的本领与职业，也要有作为“人”服务社会的素养与境界。

就是“育人”且“制器”，授业更传道。

有一位教育家说了这样一段话：“新教育的彼岸是什么模样？我想，彼岸是一群又一群长大的孩子，从他们身上能清晰地看到：政治是有理想的，财富是有汗水的，科学是有人性的，享乐是有道德的。”

比成才更重要的是成人，比成功更重要的是成长。

在短短的两三年时间里，职业教育，尤其是中职教育，能给这些对社会和人生似懂非懂的孩子们留下什么？

当然，“技能”很重要，但我在这里更想提两个孩子的故事。

第一个故事的主人公，是2005年上职业技校的一个农村姑娘。当时，计算机尚在县域城市披着神秘的面纱，小娜中考失利。老实巴交的父母，交不起昂贵的高中借读费用，但也想为女儿谋一个未来的好路子。小娜多方打听，觉得上个职校，学个五笔打字，以后做个打字员，也很洋气。父母卖了家里的两头黄牛，为女儿铺路。

入学后，小娜努力学习，是班里打字最快的孩子。两年后，她在深圳找到了一份打字的工作。当同村的孩子还在花着父母的钱苦读高三时，小娜已经有了三千元的月收入。每逢过节回家，她都能给父母一笔钱，还能给自己买最漂亮的衣服。一时，她的故事在村里成为美谈。

但谁知信息革命日新月异，还没等她攒下第一笔给母亲做胃部手术的钱，打字员就成了即将被淘汰的工种。她很快就失业了。没有其他技能的小娜，陷入了人生第二次深深的迷茫。

第二个故事的主人公，是一位学习汽修专业的男孩李振。他中考失利后，在外有点见识的父亲觉得男孩子以后修理汽车非常赚钱，便把在家里睡大觉的李振扭送到了县城的职业学院。两年学成后，李振做了一家汽修厂的见习生。一个月班没上完，就跑了。原因是太累太脏了，坚持不下去。后来，他又学过动漫专业、平面设计专业，等等。

我想用这两个故事说明的是，如果孩子离开这段学习后，不能继续从事或者不愿从事这个专业的时候，我们还能为孩子们留下什么？

“术”数多幻，而“道”恒！

我想，即便君子丢“器”，但只要他还是君子，必有他“器”。

显然，培养一个“才子”，无论从他个人发展还是职业教育的目的来看，都是“短视”的，相比之下，培养一个“君子”，才是给他注入恒久的精神动因。我相信，德行天下时，唯见坦途。

职业教育的客体还有一个不容忽视的特殊性，那就是学生大部分都是初中毕业以后进入职校进行学习的，且大部分是独生子女，这些接受教育的学生处在青春期，逆反心理比较强，懵懂无知，这个时期正是“三观”形成的特殊时期，他们追求的是自由、张扬个性，讲的是义气。比如两个不同年级的学生迎面走来，其中低年级的学生向高年级的学生看了一眼，高年级的学生就认为这一眼是对他的蔑视，两个人就打起来了，有的学生甚至与老师产生冲突。

给他们一个正确的处世价值观的引导，与技能培训是“表里一体”的重要工作。而这一切，都可以从我们传统的“君子”文化中汲取到精神养分和答案。以党的建设为引领，以社会所需为目标，以学生发展为根基，植根于学校创新发展之实践，在传承中实践，在探索中创新，从学子的未来发展、终身教育提升视角系统地总结和提炼，打造与当下用人导向和需求较匹配的“新时代君子文化”。通过将“爱国、感恩、奉献、诚信、孝道、劳动、礼仪、终身成长”八个方面教育体系融汇于学子的日常教学、校园文化、公益爱心活动等内容中，落实立德树人根本任务，大力发展素质教育，以培育学子核心素养为前提，引导学子学习和感悟君子文化内涵，树立远大理想，做新时代少年君子。以君子正气，养成良好的道德行为规范，提高文明修养；以君子自强，树立远大的志向目标；以君子博艺，养成浓厚的学习志趣；以君子修身，培养良好的品行；弘扬民族精神、提升自身综合素质实力，传承中华传统文化精髓，争当新时代君子少年。

而我将在此书中，重点就“君子文化”和“八个方面教育体系”做具体阐述。期以“教”为媒，连接更多层面和能量，呼吁家长、企业和社会，共同关注新时代职业教育，让它成为新时代的铸“器”之器，为培养正气、大气、志气于一身的新时代“大国工匠”作出贡献！

第一章　孩子：君子与才子

“师者，传道、授业、解惑也。”韩愈在千年前就通过《师说》一文，为教育划定了三个层级的任务。而放在首位的就是“传道”，其次才是授业。授业自不必说，就是教授专业的技能和课程。当下教育的主要课题，也是集中在此。那么，放在首位的“道”呢？它在当代现实情景下，又指的是什么呢？何以逐渐退居“授业”之后？

我想，任何好的教育，无论是传统的大学、普高，还是职业、技能教育，也无论持什么教育理念，采用哪种教学形式、辅以哪些教育产品和硬件技术，最终要解决的，只有一个课题——帮助学习者明白自己的“元力”，又要如何使用这种“元力”……

第一节　允许一个“不爱学习”的孩子

我时常听见一些朋友抱怨：“孩子不爱学习，能把人气死！”

一位友人是个非常优秀的作家，今年 13 岁的儿子即将面临中考，她陷入了深深的苦恼。孩子 8 岁就能写歌词，12 岁写的小戏剧获得了市级奖项。但他十分不爱学习，在课堂上捣乱，家长多次被叫去开“家长会”。

“写歌词、写戏剧，那升学是不考这些的！为了让他按课程表学习，我什么招儿都使了！”作家朋友每次谈起小孩都叫苦不迭。我目睹她为了管教孩子亲力亲为看着他写作业。在这种高压的家庭氛围之下，孩子出现了逆反心理，更加不愿上课，同时也丢掉了自己写戏剧的爱好，开始以气她为每日的“功课”。

中国传统家庭教育的目的，就是“望子成龙”。当然，学习确实改变了很多家庭。诚所谓“书中自有颜如玉，书中自有黄金屋”……但是，我们往往忽视了学习本身的含义。

传统的教育，常常会把“信息”和“知识”混为一谈，把“记忆”和“应用”混为一谈，把“懂的东西多”和“有见识”混为一谈，把“会考试”和“能解决问题”混为一谈，把“学校学习”和“终身学习”混为一谈。

也许，很多家长所认为的“不爱学习”，只是你的孩子不愿做被简单填充信息的人，“问题小孩”也只不过是不符合考试要求的孩子。在教育他之前，我们是否该反思：有问题的，仅仅是孩子吗？

信息在如今朝夕瞬变的世界里，生命力很短。我还记得十几年前，历史教材里写着大月氏和贵霜帝国是继承和发展的关系。近两年，随着“一带一路”考古的深入，已经有西北大学考古队证实大月氏和贵霜帝国压根就是两个不同的族群，有着不一样的文化和生活方式。这一观点，已经得到公认。

我不禁唏嘘，我们的孩子当初死记硬背、起早贪黑记忆的那些“信息”，考卷中的那些“正确答案”，如今看来，又有什么意义呢？

我举这个例子并不是为批判什么，只是想让我们一起反思：教育之于孩子，是“信息的填充”还是“元力的觉醒”？

也许，每个你所谓的“问题小孩”，正是勇敢寻找“答案”的孩子。“问题学生”，也并不是真的有什么问题，只是相对于那个环境，相对于那个统一的权威标准，他们显得“有问题”了。

考试—升学—找到工作，最后“安身立命”，甚至飞跃阶层，似乎是大多家长既定的公式，我们深信不疑。所以，凡是不走这个公式的孩子，好像都会被认为“不成器”，是个“坏孩子”。

但，如果“公式错了”呢？

◎ 算一本“应试教育”的明账

据一家调查机构研究显示：在中国西部相当多的地区，全县平均高考入学率只有20%左右。“如果80%的考生注定上不了大学，那么之前的教育，到底为他们提供了什么？如果我们整个教育就是为了少数升入大学的人服务，那么，这个方向是不是有问题？”

要知道，对于大多数贫困学生来说，掌握一些实用技能，毕业后找到一份像样的工作，才是真正的“民生”。而我看到了在同是发展中国家的巴拉圭，有这样一份调查让我久久不能平复——“在巴拉圭15—24岁的年轻人中，有30%的人要么没能在学校里学到任何实用性东西，要么掌握了技能却找不到任何工作……”

之于中国，基数则更大……

而现有的“望子成龙”主流观念之下，一个家庭为教育的投入成本，可以用“惊人”来形容。

一篇题目为《养一名初中生一年要花8.8万元，其中补习班费用是大头》的文章走红网络。这是杭州观成中学近年寒假的一项家庭调查。这份账单显示，家长在孩子初中阶段最大的一笔投入是培训班，平均每年2.2万元，最高的达每年6.25万元。

《中国生育成本报告2022版》根据国家统计局发布的居民收入和消费支出数据以及各种物价来估算各种育儿费用。全国家庭0—17岁孩子的养育成本平均为48.5万元；0岁至大学本科毕业的养育成本平均为62.7万元。特别值得注意的是，在养育孩子的成本中，从怀孕到三岁前的养育成本只占据了总成本的16%。三岁后，真正开始爆发威力。各种早教班、兴趣班、补习班……为了“赢在起跑线上”，不计成本，倾囊而出。据2021年《中国经济生活大调查》数据，中国家庭的教育支出甚至超过了住房支出，成为家庭中较大的开销。

在全民的教育狂热下，谁也不敢独善其身。家长们唯一能做的，可能是继续拼命赚钱。

这种狂热的教育投资之下，有五个主要动因，分上、中上、中、中下和下。

上乘，就是以对知识的崇尚为主，也就是无功利性读书。这类家庭，更多偏向于中产以上。以严先生家的五个子女教育为主。

五个子女目前都在读书学习中，大儿子是医科专业，正在攻读博士后，除了本专业“应试性”教育投入了年度10万元外，他一年主动购入的图书达200多册，阅读投入约2.5万元，年度花销12.5万元。二女儿和三女儿正在攻读工商管理学硕士，每人8万元固定开销。姐妹二人拥有自己的家庭书屋，每年总计购入100余册文学类图书，总和1.5万余元。其余两个孩子，除了就读本市最好的中小学外，还报名国学班、马术课、绘画课，年度总计花费

50 多万元。

严先生对于子女教育的保守花费每年在 80 万元左右。他的教育投入观念是学海无涯，知识变现，他的子女能吸吮多少知识，都愿意投入。而能自信地讲到“知识变现”，是因为自己本身有家族企业的集团公司。子女掌握多少知识，关乎家族命运。有“无形回报性”。

中上，就是以学历为标准，期待拥有更多阶层跃迁的敲门砖。以王女士为例。她的儿子正在读初中，每年教育花费 6 万元左右。她认为读书可以改变命运，实现阶层跃迁，而其丈夫就是最好的案例。丈夫林某是 20 世纪 80 年代农村出生的孩子，就因为从小是学霸，考上了不错的重点大学，最后又考公，娶到了她这个城市中产家庭的女孩子。两人通过自身努力，一直让整个家庭平均值守在中产，至少在经济动荡时未出现阶层滑落现象。有“阶层回报性”。

中乘，就是随社会大流，孩子能走到哪一步，供读到哪一步。以张先生为例。作为普通工薪阶层，他的教育投入观念是“不让儿子以后怨恨他”。孩子正在北京就读戏曲专业本科，每年花费约 10 万元。尽管亲戚朋友劝他说，这个专业出来难以找到好工作，文科工作收入不高，但他依旧支持孩子上硕士、博士的打算。张先生认为：“哪怕他出来挣不到多少钱，也不能让他恨我，说我因为家庭负担，没有把他供到位。”属于“感情回报”。

中下，就是一种躲避。孩子因为大学毕业找不到工作，就继续上学。以朱先生为例。他的孩子就读某民办本科院校的平面设计专业，由于专业设定扁平，可替代性强，学校本身资质较差，一时半会儿找不到工作，孩子也不愿意从事体力劳动。便继续换专业换学校上学。这是个案，但不是少数现象，“因为找不到工作，继续躲校园”，是不容忽视的“巨婴”现象。有“期待回报”。

下乘，就是一种托管。简而言之，孩子不爱学习，也不能走向社会，就放在一个可以接纳他的学校，帮助工作忙碌的家长管理他。没有“回报”这一说。

但有多少人能达到严先生的家庭条件？又有多少家长怀着王女士那样的心理，却不得不接受张先生和朱先生的现实“悖论”？

一位日本妈妈写的一本书中提到过一种观点。这位妈妈看得很长远，她计算过，如果她的孩子每天多一个小时学习，3 年按 1000 小时计算，毕业后进入的公司每年多收入10万元，那么领30年工资的话，总共是300万元。所以这1000小时的每小时价值是3000元，是非常值得的。

但这种法则并不适用于中国，尤其是西部地区，无论大数据最终如何“平均”，都不能忽视这样一个事实：大多孩子的月收入是不足8000元的，基本在5000元左右。

有人提出犀利的观点：3000元的农民工不一定找得到，但3000元的大学生你随便找（某些院校和专业不好的学生）。

对于这些学霸来说，可能最开心的就是接到录取通知书的那一刻，往后很长一段时间内，他都会被时代的“教育错配”这条鞭子毒打！

尤其是对于低收入家庭的孩子，更是“雪上加霜”。

◎“教育错配”对于低收入家庭的“剪刀差”

改革开放后的很长一段时间里，中国中低收入家庭投资子女教育的积极性是很高的，子女的教育支出占这些家庭总支出的比重并不低，因为对这些中低收入家庭来说，投资子女教育所获得的回报是非常可期的。

例如，一个农村家庭中有三个子女，全家人节衣缩食，支持其中最有天赋的一个孩子上学，这个孩子也很争气，考上了重点大学，由于当时重点大学的学费并不高，而且还有一定的补贴，所以这个孩子进入大学之时，就是这个家庭减负之日。

等到这个孩子大学毕业，找到一份很好的工作（如公务员、国企或外企员工），他就完成了从农村草根阶层向城市中间阶层的身份转换，更重要的是，在他进城工作后，还会千方百计地帮助自己的兄弟姐妹进城，有很大概率帮助全家人实现收入和身份的跃迁。

用经济学术语来讲，这个家庭对一个孩子教育投资的收益可以溢出到整个家庭，因此整体的投资回报率很高。

可遗憾的是，2008年全球金融危机之后，这样的一个阶层跃迁逻辑也发生了重要变化，“鲤鱼跳农门”的故事越来越难以上演了。

这是必须正视的现实问题。

例如，北京大学教育学院的刘云杉教授在统计了1978年至2005年近30年间北大学生的家庭出身后发现，1978年至1998年期间，来自农村的北大学子比例约占三成，而到了2000年至2011年期间，考上北大的农村子弟只占一成左右。又如，自2000年以来，农村学生上大学的比例已经上升至新生人数的60%，但是上985和211重点大学的比例不升反降。再如，清华大学中国经济社会中心和清华大学社会学系的调查发现，2006年入学的农户子弟（上大学前户籍为农业户口）、农村子弟（上大学前居住在农村）和农民子弟（父母中至少有一方从事农业劳动）在本科（学院）中的比例分别为47.2%、32.4%和11.5%。2010年这一比例分别上升到68.5%、50.5%、32.7%。而同期，在985、211高校这些优势教育资源上，农户子弟和农村子弟的教育机会都出现下降趋势。

然而，考上大学才是郁闷故事的开始。

中国大学目前收费的特点是：越是重点大学，学费通常越低；越是二本及以下学校，学费通常越高。因此这个农村孩子考上大学之日，就有可能是家庭举债之时。这里我特别想提一位获得茅盾文学奖的陕西作家陈彦，他另有一部著作《西京故事》，以作家敏锐的社会视角，曾深刻、详细地记录了类似的故事：书中的一名大学生罗甲成在大学四年毕业之后，由于二本三本毕业生太多，遭遇结构性失业压力，很难找到一份理想的工作。养家糊口尚不易，更不要谈“跳农门”了，为此他出现了心理问题，父亲罗天福花费很大代价才把他教育过来。

从我能够接触到的各种案例来看，最近十年以来，不少中低收入家庭投资于子女教育的积极性与支出占比，已经出现了明显下降。导致这一新现象的更高层次原因，很可能是中国阶层之间的流动性明显下降了。其实，上面这个例子，讲述的正是一个来自农村草根阶层的孩子，在通过自己努力实现阶层跃迁的过程中，遭遇了越来越大的困难。

其一，根据西南财经大学甘黎教授团队基于入户调查的估算，2010年中国的基尼系数高达0.61，中国5%的高收入家庭拥有中国50%的储蓄。其二，根据北京大学谢宇教授团队的估算，中国的真实基尼系数在0.52左右，但传统基尼系数是基于收入的，而2012年中国基于家庭净资产的基尼系数高达0.73。他们的调查表明，中国1%的最富有家庭，拥有了中国35%的财产。综上所述，阶层利益的固化与收入分配失衡加剧降低了社会阶层的流动性，压低了中低收入家庭投资子女教育的回报率，从而降低了人力资本积累速度。

时代的尘埃，无论落在哪个普通人的身上，都是一座大山。在这样的社会大结构之下，曾经的“书中自有黄金屋”早已不是绝对真理，一个普通家庭的孩子，不能完全依靠考试改变自己的家庭命运。

对于现有教育的“家庭投资回报比”，尤其是农村家庭，必须要有严正的认识和改革措施了。

如果，您有一位“不爱学习”，不爱现有配适之下的课程教育的孩子，不必过于焦虑。

逼孩子硬撞教育错配的“剪刀差”，不如鼓励孩子敢闯自己的“未来路”。

◎ 每一个所谓的“坏小孩”，都向大家隐藏了9种潜能

有一年火了一部影片，叫《哪吒之魔童降世》。人物设定很有意思，它的主人公哪吒并不是我们传统认知里那个踩着风火轮一身正气的小孩，而是平常总是摆着一副“两手插袋，谁也不爱”的臭脸。

在电影中，哪吒以魔丸之胎降生，这也让村子里的人对他避之不及。他被软禁在家中无聊至极也捣蛋至极，跟我们现实中看到的那些捣蛋的孩子几乎一模一样：装酷、什么都不在乎、破坏力极强、说话很冲。

一位语文老师，大学的专业是心理学，她深有感触：现实中，像哪吒这样的孩子多了去了。我们本能地觉得这些孩子油盐不进，软硬不吃，所以我们用尽各种办法希望能让他们清醒过来，可事实上这些孩子一直是很清醒的，他们非常敏感地知道自己得不到尊重和理解，所以他们选择在自己和这个世界之间筑一道高墙：你们说我坏，那我就索性坏到底，这样我还有起码的尊严。

任何一个孩子学坏都是从自己对外界的失望开始的，最初每个孩子都是善良可爱的，而那些所谓的恶，很大程度上是因为对周围评论的绝望和寒心。哪吒就是这样，最初他到陈塘关玩耍的时候，是天真的，但周围人给予他的是嘲讽，仅仅因为他是魔丸投胎。久而久之，他就真的把自己当成了恶棍，以捉弄陈塘关的百姓为乐，场面搞笑又疯狂，但他的内心是善良的，他见不得海怪吃一条狗，而为之与海怪进行激烈的打斗，他看到被救下的小妹妹天真的眼神时，内心也会柔软，会感动。我想到读书的时候，老师总是会告诫我们不要跟差生一起玩，也总是会说那些同学不好的地方，但我总是喜欢跟他们玩，我发现他们在捉弄老师、挑衅家长的背后，其实都有着一颗很真诚的心。

这位语文老师说，这部影片就是想告诉人们不要受成见的约束，要勇敢做自己，同样，也告诉我们任何一个教育者：请不要拿着成见面对任何一个孩子。

我也陪着自己的孩子去看过这部影片。我关注更多的是里面的太乙真人，他的教育方式非常不一般。在教育不一般的“小哪吒”的时候，也秉持不抛弃不放弃的信念，不断尝试用新的、哪吒能够接受的方式来教导他，一种不行就换另一种，直到找到最适合的方式。放手让孩子自己去探索、尝试。哪吒虽是妖魔，但他终究是个孩子，一个渴望被认可被接纳的孩子，于是他会不顾一切去追逐海夜叉，因为他知道，只要救下海夜叉手里的女孩，他就能够被人们所接受。

其实，每个孩子都是如此，请相信他们，为了获得成功他们会付出超乎想象的努力，因为每个孩子都想成为自己心中的英雄。

影片中，哪吒最终成长起来了。我不由感叹，一个“天赋异禀”的孩子，要发挥自己的能量，前提是必须拥有堪称“人间清醒”的父母和老师。就是首先自己对这个时代的变化有敏锐的认知，并有自己独立的思考，而不是人云亦云，自己本身就是一个“氓众”，此时你的眼中只有孩子的成绩，无法意识到孩子隐藏的天赋。也根本不能理解，为什么他和“别人家的小孩”不一样，又为什么你教育起他来“鸡犬不宁”？

有时候，是我们自己的“面子”毁了孩子的“路子”。

2008 年北京奥运会，有一位美国游泳运动员取得的辉煌成绩让人赞叹不已，一个人就获得了 8 块金牌。他就是迈克尔·菲尔普斯。大家不会想到他曾被确诊为注意缺陷与多动障碍（ADHD），也就是我们常说的多动症。他的童年就是在“坏孩子”的标签中成长起来的。

上课时，菲尔普斯的注意力无法长久集中，总是动来动去的。因为这一点，老师们要求他的父母将他带回家治疗。为了给菲尔普斯建立自信，父母决定送他去学习游泳。菲尔普斯 11 岁那年，拜鲍勃·鲍曼为师，每周刻苦训练 7 天，每天待在游泳池里至少 5 个小时，每周游 8 万米。上课时常常分心的菲尔普斯，训练时却有着异于常人的专注与坚持。

还有大家熟知的英国前首相丘吉尔，他在回忆录中说：“我小时候的成绩是全校倒数第三，最后两位同学没上几天学就因病相继退学了。”丘吉尔不仅成绩差，还被贴上“淘气”“贪吃”“惹祸精”，甚至“极端恶劣”的标签。他经常搞恶作剧，拿别人开心，有一次更是因为与同学打架，被对方扇了一耳光，便打破了附近的一扇窗户泄愤，校长对他动用了鞭刑。

也许你会问：这么淘气的孩子，学习成绩也不好，他们还暗藏天赋？我怎么就没有看到呢？

但如果研究实实在在地表明，每一个不被“班主任”认可的孩子，其实都隐藏了9种天赋，也许你该重新审视我们的孩子。

（1）容易分心：是因为他们对世界充满了好奇。好奇心是一切发明创造的心理基础，那些对世界上发生的一切都熟视无睹，把任何事都看成理所当然的人，很难有什么发明创造。

（2）多动又冲动：充满活力，精力旺盛。

（3）行为鲁莽：是因为他们有激情，却是人生不可或缺的正能量。

（4）不专注：他们的想象力和联想丰富。

（5）行为笨拙：这也许是因为他们正全身心投入正在做的事情，而忽略了其他事情。有很多了不起的名家也做出过类似的事：牛顿煮鸡蛋时把手表也放进去煮了煮，陈景润走路撞到树上，还连声说“对不起”，爱因斯坦干脆连自己家住哪里都忘了……

（6）想一出是一出：这是孩子自动自发创作的萌芽，也是奇思妙想出现的开端。如果某件事是他们想干、愿意干、有兴趣干的，他们会义无反顾地全身心投入，百折不挠，直至成功。

（7）固执：这恰恰是坚持精神的开始，表明他们不轻言放弃，是一种可贵的心理品质。

（8）反复无常、让人捉摸不定：表明他们更善于打破思维定式，不拘泥于通常的做法。

（9）情绪不稳定：这是他们对新事物有敏锐的感觉后的自然反应。正因为“问题孩子”暗藏天赋，他们才会从不被人看好中脱颖而出，成为杰出的人物，比如爱因斯坦、爱迪生、安徒生、丘吉尔、巴顿将军、汤姆·克鲁斯、菲尔普斯……

亲爱的“坏小孩”，上天赐给你礼物，会不会拆，投射着我们的能力。他们需要一份符合他们“特色”的教育，而非流水线批量生产。

目前，用以承载这些孩子的教育，一种是神秘的“神童班”，还有一种，我们司空见惯，却又选择性视而不见。那就是“职业教育”。

无论是应对国家转型的需求，还是重新打造家庭“新教育驱动”的需要，抑或“特殊”孩子的潜力开掘的必要——职业教育，是必经之路。

中国劳动力市场近年来一直面临结构性失业的有趣现象：一方面，大量的大学毕业生找不到工作；另一方面，高素质的蓝领工人严重供不应求。这表明在中国的教育体系中，过多资源投入到高等教育中，职业教育发展严重不足。中国每年高达上千万的高级技术工人缺口与技能招生难两者尴尬地并存。正如国务院的相关文件中所指出的：“我国职业教育还存在着体系建设不够完善、职业技能实训基地建设有待加强、制度标准不够健全、企业参与办学的动力不足、有利于技术技能人才成长的配套政策尚待完善、办学和人才培养质量水平参差不齐等问题，到了必须下大力气抓好的时候。没有职业教育现代化就没有教育现代化。”

2019 年 1 月，国务院发布了《关于印发国家职业教育改革实施方案的通知》，指出要花 5 年至 10 年左右时间，推动我国职业教育基本完成由政府举办为主向政府统筹管理、社会多元办学的格局转变，由追求规模扩张向提高质量转变，由参照普通教育办学模式向企业社会参与、专业特色鲜明的类型教育转变。

尽管国家、企业、学校已经认识到并热烈拥抱这一教育改革，但到家长和学生这里，职教“遇冷”了……

说到底，是一种对“旧学贵”时代的留恋、不甘，也是对“新职教”时代的怀疑与误读。也许，在家长的眼里，一直不敢确认一个事实，那就是——

上职校，是不是承认“被淘汰”？

第二节 比起“才子”我们更要“君子”

“中职分流”是学生完成九年义务教育后，依据中考成绩选择进入普通高中或职业学校学习。2021 年全国各地区教育部门的普通高中招生政策明确普通高中和职业学校按比例大体相当进行招生，这意味着至少 40% 甚至 50% 的初中生将上不了高中。

从现实发展层面来讲，中职分流确实可以有效调整人才类型结构，培养高端技术技能人才，服务于产业升级助力制造强国建设；中职分流有利于扩大就业，改善民生。中职分流给不擅长理论学习而动手能力强的学生打开了新的发展途径。同时有助于经济实力较弱家庭的学生获得更多的教育资源，提供了多项选择。并且根据政策规划，未来3—5年的时间建成1000所左右的国家级优质和品牌专业，大多落户在北京、上海、广东、天津、武汉、南京等中心城市，这里拥有着得天独厚的产业基础，便于职业教育生根发芽，培育高端技术型人才。我国更多地区县城没有先进制造业和战略性新兴产业基础，这些区域职业学校要根据当地实际情况从第一产业和第三产业维度思考开设专业，如家禽养殖、药材种植、厨师等，让学生拥有一技之长，便有安身立命的基础。

尽管时代对于职教千呼万唤始出来，家长却是犹抱琵琶半遮面。

中国青年报曾对1353名学生家长抽样，进行了职业教育专题调查显示：66.7%的受访家长表示能够接受孩子进入职业教育，而一线城市受访家长对职业教育的接受度更高。师资力量强（70.1%）、就业前景好（59.8%）和办学质量高（59.4%）的职业教育最被看好。

对于会有一半的中学生进入职业教育，不少家长已经对此有了心理准备。66.7%的受访家长表示能够接受孩子进入职业教育，13.3%的受访家长不能接受，20%的受访家长表示不好说。

中国青年报称，交互分析显示，一线城市受访家长对于职业教育的接受度更高，有69.3%的家长能够接受孩子进入职业教育。其次是二线城市，为66.8%。接受度最低的是三四线城市家长，为62.9%。

长期以来，社会偏见严重制约着职业教育的发展。事实上，《国家职业教育改革实施方案》开篇就强调，“职业教育与普通教育是两种不同教育类型，具有同等重要地位”。

有关职业教育，家长们的顾虑主要集中在哪些地方？调查中，54.7%的受访家长担心校风不好，影响孩子；51.8%的受访家长直言社会观念上有偏见，说出去没面子；50.7%的受访家长担心教学质量不高，学不到东西；34.4%的受访家长担心毕业后找不到体面的工作。62.5%的受访家长直言社会对职教存在偏见，53.4%的受访家长担心毕业后收入待遇较差，38.1%的受访家长觉得未来发展晋升难度大。

“我儿子学习不好，去职校也是没办法。”陕西宝鸡市民李建国的儿子曾上过职业中学，他觉得，不少职业院校的管理不如高中。“教学水平参差不齐，加上有的学校管理不严等问题，导致学习氛围不浓，一些学生有混日子的心态”。

总而言之，持有偏见的家长，内心最多的担心有三种：

第一，就业问题，而且是否是体面的就业；

第二，学校学习氛围如何，能不能引导孩子上正轨；

第三，担心来自第三方（比如社会、企业）的成见。

在这里，我想不妨和读者分享一个农村女孩从选择职教到就业、发展的故事。故事有点长，涵盖了她从入学到走向社会的重要节点。

◎ 一个农村女孩的职教回报率

2020 年，西部农村女孩李佳佳来到人生中第一个十字路口。

她学习成绩挺好，却放弃了“高中—高考”这条在大多人眼里的标准路径，反而选择了来新纪元学习西点专业。

当她的同学们正在拥挤的教室里背诵刷题备战高考时，她正在学习烘焙、裱花这些专业技能。这是两条不一样的赛道。3 年后，她的同村同学四处求职时，李佳佳已经在好利来做到了店长一职，月薪 7000 多元，并按照自己的职业规划准备调岗。

回想起她的选择，她坦言，除了自己的清醒，更得益于读书不多却对现实认识很深刻的父母。是李佳佳的父母给了女儿“多一个选择”。

他们无意中在招生简章上看到新纪元，顺利毕业的学生可以直接进入星级酒店、全国连锁名店等单位工作。

为此，全家召开家庭会议。爸爸妈妈和李佳佳一起分析了不同选择的优劣，最后把选择权交到了她手上。

“那是我第一次认真审视 15 岁的自己，说实话那一夜我都没怎么睡觉。我的同学们还有让家里人花大钱想办法去高中的，但我觉得读书的目的就是为了用，用它找一份工作，孝敬父母，也能让自己有一个可以发展的天地。因为我本来就爱吃甜品，爱动手，于是选择了这个学校，学习制作西点。”李佳佳说。

当她选择接受职业教育后，确实有很多人向她表达了不解和惋惜。在周围人的思想中，存在职业院校“校风不好”“教学质量不高”“毕业后找不到体面的工作”等这样的刻板印象。职业教育似乎只是一种不得已的被动选择，是那些很难在普通教育中更上一层楼，却又无法立即进入社会的青少年的“暂留地”。

但这些“安慰”她的人们，也许并不知道这样一个翻天覆地的现实变化：早在2012年，我国劳动年龄人口（15—59岁）在多年增长后首次下降，人口红利拐点出现。根据教育部、人力资源和社会保障部、工业和信息化部等部门共同编制的《制造业人才发展规划指南》预测，到2025年，我国制造业10大重点领域人才需求缺口接近3000万人，服务业的缺口更大，仅家政、养老等领域就至少需要4000万人，而2023年中职、高职相关专业毕业生只有100万人左右。职业技术人才的缺口很大。

在学习两年后，李佳佳通过一系列的测评，顺利加入和学校有合作的好利来。在这里，她有两种身份，既是学生，也是学徒，一部分时间在教室，一部分时间在实训室。

根据好利来的职业教育模式，她的课程安排得很满。

师傅张妙是老员工了。此前，她在这里工作了6年。今年，她让儿子也学习了西点。“他学习成绩不算太出色，但动手能力还挺强。我们就想着让他踏踏实实学一门手艺。吃饭是个大事情，一辈子失不了业，待遇还不错，比起3000块的大学生文员，要好太多。”她很满足，儿子也打算以后自己开个烘焙房。“比起进入不适合的大学校园，还不如发挥自己所长，把路走踏实了。”

很多家长不愿意让孩子进入职校，认为在职业院校会影响孩子，也学不到东西。但在李佳佳的记忆里，职业学校并不像外界传闻的那样“学不到东西”。大多数同学都在努力学知识、练技术。在这里，他们不仅能得到实训，学校还会定期开展多种多样的社会实践课，让他们尽可能地了解职业本身的意义和价值，不断培养他们的“社会能力”。

2023年高考结束后，正享受着暑假的同学有些心疼李佳佳：“你怎么这么早就工作了？”但她觉得：“他们进了大学，我进了企业，我们都有光明的未来。”

当她说出这席话的时候，旁边一位长辈就欣慰点头：“有格局，更有气度。这不是光读书能达到的。”

在新纪元，除了培养烹饪的技能外，学校还注重培养学生的“终身学习”理念，通过校园读书日不断强化和激发孩子们养成自我学习的动力因子。

李佳佳在上中职前，英语和语文就很好，一直没有放弃。在职校期间，她积极到成人英语教育机构学习提升自己，还把爱钻研和看书的习惯带到了岗位上。目前，她正在自学公共课程，期待以后能补上成人自考学历。“边工边读，敲门砖我有，实践我更有。”李佳佳信心满满地说。她对自己未来的职业规划更加清晰明确。

这或许要得益于全新职业教育项目中，老师在教授技术之外对学生的职业认知教育和引导。让学生不仅学到知识，更熟悉工厂。全新职业教育项目的老师们常常会将自己的工作经验分享给学生，解答他们的职业发展疑惑，如“进了工作间该怎么办”“未来应该去做哪些培训”“是否需要转岗”，等等。通过老师们的经验和建议，学生们较早就对自己未来的职业有比较清晰的认知和规划。

根据李佳佳的职级，她现在的月薪有七八千元。在陕西的同龄人中，这算是一份不错的收入。“我以前的朋友都是今年大学毕业，他们很优秀，但找工作并不那么容易，也遇到挺多坎坷的。”李佳佳说，很多同学都羡慕她。

从宏观的报告中，也许老百姓听得最多的一句话是：中国正面临着从制造业大国转向制造业强国，高素质应用技术人才正变得极其珍贵。与国家发展迫切需要大批高素质应用技术人才相对应的，职业教育的地位正在不断提高。

真正让他们感受到的，还是来自“就业率”与工作获得感的满足与否。

2021 年，广州中职学校三二分段及省级以上重点特色专业首次在中考第一批次招生，超过 3000 名 515 分（普高录取最低控制线）以上的中考生被中职学校录取。其中，木雕、广彩、粤菜制作等传统“非遗”特色专业以及工业机器人、无人机、城市轨道交通等现代热门专业备受考生青睐。

这释放了一个信号：考生升学选择正与经济社会发展需求相契合。职业教育，是一个给学生与社会、国需和人才做正向适配的平台。

然而，或许我们还需要花费一两届学生的实践证明，让“犹豫”的家长们放心且自信起来。

◎ 职业教育要为孩子做“两手准备”

在此前教育部举行的新闻发布会上透露了一个强烈信号：

职业教育不是“终结教育”，也不是“低层次教育”，更不是“淘汰教育”，而是特色鲜明的一种教育类型。接受职业教育的学生既可以升学，也可以就业，还可以先就业再升学，最大限度地来拓宽学生多样化、多途径成长成才的通道。

时任教育部职业教育与成人教育司司长陈子季介绍了《关于深化现代职业教育体系建设改革的意见》总体情况，圈出了“五重点”。

一、提升职业学校关键办学能力

围绕现代制造业、现代服务业、现代农业的亟需专业领域，组建一批国家级职业教育核心能力建设专家团队，打造一批核心课程、优质教材、教师团队、实践项目，遴选一批国家级职业教育专业教学资源库、在线精品课程和虚拟仿真实训基地，做大做强职业教育智慧教育平台，扩大优质资源共享，服务全民终身学习和技能型社会建设。制定新一轮高职“双高计划”遴选方案和中职“双优计划”实施意见，遴选建设一批高水平中高职院校和专业。

二、建设“双师型”教师队伍

依托头部企业和高水平大学建设一批国家级职业教育“双师型”教师培养培训基地。推进职业教育“双师型”教师认定工作，指导各地制定省级“双师型”教师认定标准、实施办法。实施全国职业院校教师素质提高计划，遴选一批高校开展职业学校教师专业学位研究生定向培养。实施职业学校名校长名师（名匠）培育计划，采取固定岗与流动岗相结合的方式，吸引行家里手到职业学校任教。

三、建设开放型区域产教融合实践中心

启动高水平实践中心建设项目，通过政府搭台、多元参与、市场驱动，对地方政府、企业、学校实行差别化支持政策，分类建设一批集实践教学、社会培训、真实生产和技术服务功能为一体的公共实践中心、企业实践中心、学校实践中心。

四、拓展学生成长成才通道

建立符合职业教育办学规律和技能人才成长规律的考试招生制度，支持各省因地制宜制定职教高考方案，扩大应用型本科学校在职教高考中的招生规模；制定职业教育贯通培养指导意见，支持各省开展中职与高职（3+2）五年贯通、中职与职业本科或应用型本科（3+4）七年贯通、高职专科与职业本科或应用型本科（3+2）五年贯通培养；完善本科学校招收具有工作经历的职业学校毕业生的办法；根据职业学校学生特点，完善专升本考试办法和培养方式，支持高水平本科学校参与职业教育改革，推进职普融通、协调发展。

五、创新国际交流与合作机制

持续办好世界职业技术教育发展大会和世界职业院校技能大赛，推动教随产出、产教同行，打造职业教育国际合作平台，最终将职业教育打造成国际合作的战略资源。启动高水平国际化职业学校建设项目，遴选一批国际化标杆学校，推出一批具有国际影响力的专业标准、课程标准和优质教学资源。

换句话说，要让职教里的孩子们有“底气”，职教质量就得“硬气”。这不仅包括对于地区产业适配性的掌握，还有专业师资队伍、教学管理水平的提升。它不是巨婴“托管班”，也不是问题少年的“暂留地”。

作为另一类型的教育，中职教育是普及高中阶段教育和建设中国特色职业教育体系的重要基础。依照教育部相关文件的规定，中职教育的根本使命是“培养与我国社会主义现代化建设要求相适应，德、智、体、美全面发展，具有综合职业能力，在生产、服务一线工作的高素质劳动者和技能型人才”，其定位是在义务教育的基础上培养大量技能型人才与高素质劳动者。

由于中职教育与高中教育是平行的两类教育，从目前国家的政策看，中职毕业学生至少有三种发展选项：

一是创业或就业，这是中职教育的主流，也是社会人力分流的重要端口。

二是可报考高职，继续深造学习相关专业并完成大专学历。《国家职业教育改革实施方案》强调，要“扩大对初中毕业生实行中高职贯通培养的招生规模”，在政策的导向下，这类学生的比例会明显增大。

三是参加高考，回归到普通高等教育中，进行人生职业的第二次选择。

中职教育后学生的三大分流，要求在中职教育过程中要兼顾并处理好服务于不同学生发展选择的学习需要。教学计划制定、课程设置、课时分配、教学组织等既要有基本科学文化素养、良好职业道德、专业知识和职业技能的针对性专业教育，也要有指导就业和创业的教育，还要有扎实的文化基础知识和继续学习能力培养的教育。

也就是，要为孩子做“两手准备”：

其一，通过面向社会性的技能培训，使他们具备职业素养、提升社会认知。让他们至少比同龄人更加成熟地认知社会，认识劳动价值和社会价值。

其二，贯彻继续教育、终身教育的理念，栽培、保护、强化他们的“学习能力”。让他们有并轨普通教育的选择权和获胜权，即“觉醒元力”。

说白了，就是给孩子一个组合式立体教育："X"和"Y"线路，可以根据不同人生阶段与需求，进行拆解与合并的人生函数。

故此，职教除了专业课程外，还有一个重要的教学使命，那就是帮助孩子们完成角色转换、专业认同、学习态度调整等重要任务。

据笔者多年的观察，跨类教育的转型对于中职学生并非易事。受中学时期形成的角色定式影响，中职生的角色意味着许多新的挑战，往往聚集着很复杂的情愫。尤其是社会上还存在对职业教育有偏见、认为中职是"低一等教育"的背景下，学生排斥中职生的角色更为突出。开学第一课，首先就是帮他们卸掉心理包袱的一课。要帮助孩子重塑"自我价值"，将他们在普通中学教育中失去的"尊严"和"存在感"，通过职业教育的其他特点找补回来。其次是学习态度的调整。这是中职学生顺利完成学业、成就自己职业梦想的关键。针对中职学生的特殊性，中职教育及其管理需要加强针对性。在教育策略上，不能急于求成，角色转换、专业认同和学习态度调整是一个渐进过程，要相信学生，同时也要留给学生足够的时间。

在教育路径上，中职学生的许多问题与社会、与家庭息息相关，学校作为教育的主体，应该协调和整合社会教育、家庭教育力量，形成良性的互动合力机制。适时把脉和疏导学生成长中出现的问题。在内部管理上，除了规范学校的各项管理外，特别需要加强班级建设，让学生在班级中学习做人、学会与人相处、学会自我管理，通过良好的班风学风建设，推进学校的校风学风建设。

15—18 岁，是一个人价值观形成或者重塑的最后一个"黄金波段"。相比高职和其他应用类型的大学，对中职孩子的教育，是使他们"成人"大于"成才"的阶段。相对于"才子"，要先成为一名"君子"。

◎ 中职教育：先做"君子"再做"才子"

20 世纪 80 年代，当时，为了适应地方经济快速发展对技术应用型人才的迫切需求，一些沿海发达地区提出创办职业大学的想法。以南京金陵职业大学为代表的一批"不包分配、走读为主、实行收费"为特点的短期职业大学的成立，标志着我国高职教育的诞生。

然而，经过多年的发展，这种"技能本位"的人才培养模式却使得高职院校逐渐偏离了教育本质。过于关注学生专业技能发展，而忽视了学生职业素质与人文素养培养；只注重“授业”，却忽视了“传道”与“解惑”；只看到教育的工具性，却无视教育“育人”本体性。教育本应发挥育人作用，到了高职教育这里，却变成了“制器”，高职教育逐渐变成一种“急功近利”的教育。

这种教育模式所带来的弊端也逐渐在学生成长与学生就业过程中显现出来。过硬的专业技能已不再是企业挑选人才时最看重的指标，企业更需要员工具有主动积极的工作态度、团队精神、执行力、责任心以及创新能力。

《易经》贲卦的彖辞：“观乎天文，以察时变；观乎人文，以化成天下。”“观乎人文，以化成天下”这句话最准确地表达出了文化育人的内涵，即“下观人类文明，可以推行教化庶民促使天下昌明。”其本质在于要以人类文化的正向价值为导引，教化人走向道德、理性、真善美，培养人健康全面发展，努力使每一个受教育者成为社会文明的积极参与者和建设者。技能型人才培养转型升级，就是在突出学生职业技能培养的同时，强化学生思想与职业道德、人文与科学素养、审美与文化品位等综合素质的提高。

它不是一种具体的教育教学手段，而是贯穿于全部教育活动之中的根本原则和教育理念。

绝不能把专业教育排斥在文化育人之外，更不能把专业教育与文化育人对立起来。对高职院校来说，一方面，专业能力和专业素质是学生将来服务社会、报效祖国和人民的实际本领，也是学生素质的重要内容；另一方面，专业教育与文化育人不是互不相干的两张皮，而是相互渗透的，专业教育不仅要培养学生的专业能力和专业素质，而且要培养学生良好的态度、习惯、意志、品德，它是高职院校实施文化育人的重要途径或载体。

司马光在《资治通鉴》中论述德才的关系“才者，德之资也；德者，才之帅也”，并且根据德与才将人分为四类：“才德全尽谓之圣人，才德兼亡谓之愚人，德胜才谓之君子，才胜德谓之小人。”

如果没有德行作为基础，就可能知识越多、能力越强，对社会的危害反而越大。所以司马光提出，凡是选举人才，如果得不到圣人、君子，与其得到小人，还不如得到愚人。因为君子用才能来行善，而小人却用才能来作恶。用才能行善，则善无不至；用才能来作恶，恶也会席卷而来。

现在，有人用简单的语言也把人才分成四个层次：第一，“有德有才是正品”。就像工厂生产产品，培养人才也是可以做类比，一个人既有德行又有能力，这是社会所急需的，叫正品。第二，“有德无才是次品”。这个人有德行，但是才能不够，经过培养还是可以任用的，虽然不像正品那么好用，但也不至于给国家社会带来损害。第三，“有才无德是毒品”。有才能、聪明智慧，但是没有德行的人，就如毒品、危险品一样，会对国家、社会造成很大的危害。比如现在出现的高科技犯罪，电脑专家用自己的技能去“黑”别人的网站，为别人制造障碍，让人家的网站不能顺利工作，这样的人虽有才能，但对社会的危害比较大。这些犯罪之人没有将所学的知识、技能转化为贡献社会的资粮，反而窃其为犯罪的工具。另外还有一种人就是精致的利己主义者，打着冠冕堂皇的道德外衣，带着伪君子的面具，却做着自私自利、以权谋私的丑恶勾当，一旦被人发现，就令人们对道德教育丧失信心。比如一些腐败分子，前几天还在反腐败的大会上慷慨激昂地说：“我们一定要把反腐败作为关系到党和国家前途命运的重要问题来抓。”结果过了几天，自己被纪检机关带走了，他们作为道德体系的腐蚀剂，危害更加深远，这是毒品。最后，“无才无德是废品”。当然这样的人属于少数。

由于中职年限较短，技能实训任务较重，不可能开设太多的文化素质教育专门课程，更多地应该将文化育人渗透于专业课程教学或技能实训中。因此，我们在进行专业教育时，教师必须有意识地融入文化育人的内容，让学生的综合素质进一步内化和升华。比如把职业素质训导有机地融入专业教学中，挖掘专业教学内容中的文化内涵，把教师的职业精神融入专业教学中，开设专业文化课程等，都是专业教育与文化育人有机结合的良好形式。

我个人主张在中职教育中贯彻“君子文化”教育，根据中职年龄段孩子们独有的心理特征和接受程度，在常态化教学、实训中，以八个方面的理念让孩子树立正确世界观、人生观，拥有 N 个核心的“社会能力”，从而笑到最后。

第一，“爱国天地宽”。即指爱国之人有祖国强大支撑，未来奋发之路必将无阻。

爱国主义作为中华民族最重要的精神财富，必须根深蒂固地存在于每个人的灵魂深处，尤其是青少年学子，正是建立正确三观的关键时期。2019 年 9 月 27 日，习近平总书记在全国民族团结进步表彰大会上的重要讲话中提到“把爱我中华的种子埋入每个孩子的心灵深处”；在十八届中共中央政治局第二十九次集体学习时，习总书记强调“让广大青少年培养爱国之情、砥砺强国之志、实践报国之行”。

第二，常生感恩念。即指心中要常怀感恩之念，发自内心去善于传递爱。

感恩，是爱的传递，是发自内心自愿地给予，却并非是对他人牺牲的回报。太多的社会性道德绑架，让“感恩”一词成为形式上的心理负担，也让很多人对感恩产生了歧义。真正的感恩教育，是要让青少年明白“感恩”的真谛，并不断体验和感悟在感恩中成长的快乐和收获。

第三，崇德乐奉献。即指通过推崇高尚的道德品行修身，从而拥有善于奉献、无私奉献、乐于奉献的高尚品性。

对当代青少年而言，更要坚持以德领才、以德润才。现代社会，太多人以享乐、名利等作为人生成功的目的，但这样的人最终都将会庸碌无为、空虚迷乱一生。

第四，诚信赢未来。即指自身具备被社会认可的诚实品质和值得信赖的道德规范意识。

何为诚信？孟子曰：“诚者，天之道也；思诚者，人之道也。”诚信是一个人最好的品质，是一个人立足的根本，更是个人成就事业的根基。不论哪个时代、哪个国家、哪个社会、哪个阶层，诚信都是被社会称赞、也是对每个人都至关重要的品德，它是一切道德的基础和根本。

第五，孝道润内涵。即指通过践行孝道改变自己整体的德行修养，浸润自己的精神内涵。

古往今来，一提到孝道，首先想到的就是对“人性”的折射，可以说，孝道是彰显一个人道德涵养、人品内涵的直接形式。据相关资料数据显示，我国有 70% 以上的青少年不懂得感恩父母的恩情，认为父母对自己的付出是理所当然的。而一个不懂得感恩父母付出、没有“孝心”的人，大体可将其定义为没有精神内涵、道德品质低劣之人。

第六，劳动身心酣。即指通过开展劳动从而获得心理精神上的舒适畅快。

加强劳动教育，构建德智体美劳全面培养的教育体系，是切实贯彻落实党中央、国务院相关劳动教育意见，共同推动劳动教育创新发展的战略决策。青少年在养尊处优、饭来张口衣来伸手的宠溺生长环境中，自身缺乏劳动力和坚韧的适应力。进入社会，面临的残酷现实就是无法自力更生，纵使自身能力再强，缺乏劳动教育的青少年，未来将得不到好的发展。

第七，礼仪风度满。即指礼仪规范能够让人由内而外散发自身的道德涵养。

礼仪是律己，风度是行为规范。浑身自内而外所呈现给别人的礼仪风度，体现着一个人对他人和社会的认知水平、尊敬程度，是一个人的学识、修养和价值的外在表现。古之有云“不学礼，无以立”。作为礼仪之邦，从古至今礼仪风度展现着中国人由内而外散发的精神涵养，更是人际交往过程中，个人素养与社会道德的集中体现。

第八，终身成长善。即指通过不断学习形成正确的价值观，从而向善而行，拥有高尚品质。

纪录片《成为沃伦·巴菲特》里有这样一句话：“一个人一生如果想要获得过人的成就，注定与读书和终身学习形影不离。”可见，拥有终身学习、养成阅读能力的人未来之路有多么宽广。教育学家艾伦·塔夫曾提出，70% 的学习都依赖于我们自发地完成。因此，终身学习不再是一个人的品质，而是一个人一定要学会的一项专业能力，而这项能力是在社会不断发展进步的道路上青少年甚至于所有人都应该拥有的生存力。

当然，要完成这八个方面的以文化人，就需要在具体的教学、实训，包括定期开展的社会实践中，春风化雨一样将其渗透进孩子们的成长过程。为此，我主张从以下途径去分解，形成闭环和体系。

1. 知行合一，用好社会实践的功能性

心学大家王阳明最核心的一个主张，就是“知行合一”。对于中职学生来讲，社会实践无疑是熏陶思想感情、提高道德境界、增长知识才干、提高综合素质的重要途径。只有积极投身社会实践，深入了解社会、认识国情，才能加深对课堂思想政治教育内容和中国特色社会主义理论体系的理解，才能坚定理想、信念，促进大学生思想政治素质的提高。

实践性也恰是中职教育的重要特征。在西安新纪元技工学校，经常会组织学生进行有针对性的社会实践。类型很多，有专业实习、军事训练、实践劳动、社会调查、参观考察、勤工俭学、志愿服务，等等，每种类型的社会实践活动对于学生素质的提高都有其独特的作用，能否取得实效，关键在于能否合理安排和精心组织、策划。

在学校附近有一所养老院，新生实践的必修课，就是由老师们带着学生去养老院看望老人。刚开始，他们可能觉得这样流于形式的活动对自己没有任何用处，每次去基本都抱着应付差事的心态。但人都是感情动物，随着看望次数的增加，不少学生与老人建立了“结对”关系，相处得犹如亲人一般。

“李奶奶对我可好了！我离家远，奶奶去世早。从小没有受过奶奶的疼爱，”中餐班的郝琳娜分享着自己的感悟，“李奶奶每次都把孩子们寄送给她的罐头、蛋糕留给我呢!”每次去看望李桂珍老人，孩子就沁润在这种浓浓的爱意中。她每次去都要给老人洗脚、剪指甲，陪老人聊聊天，就像是亲孙女一般。不仅让老人感受到了来自孩子们真挚的温暖情谊，孩子们也通过这样相处的模式，学会了感恩与对家人的关爱。

在一次次的社会实践中，“孝道”和奉献的传统美德，悄悄影响着孩子的精神风貌。

2.“劳动最美”，校企文化共融

校企合作、产教融合是高职院校人才培养的必由之路，也是职业院校文化育人的重要路径。因此，中职院校的“君子文化”，必须包含对于劳动的崇敬和热爱，应努力实现学校文化与社会文化特别是企业文化之间的合理融合与有效对接。

比如，吸纳企业文化的优质要素，如创新精神、团队意识、务实诚信、效率意识等。当然不能简单照搬移植，更不能将院校文化庸俗化、功利化。有效对接，使学生在校内就能受到现代优秀企业文化的熏陶和职业素养的养成教育。

在好利来的门店、生产线上，有不少我们西点专业学子。在 3 月的那场活动中，孩子们走进西安好利来观摩学习，对校企合作企业的就业环境、就业模式有了直观感受，并进行深入了解。

走进店铺，灯光明亮而柔和，各产品按种类分布陈列有序，新品海报及各类产品介绍牌十分美观，一下子就能让人看懂最近的店铺活动和当季新品。好利来人事负责人李经理热情接待了师生，因为人数偏多，为了让每一个学子都能够全面了解店内的运营模式及产品研发思路，李经理将学子们分为多个小组，分别从企业文化、技能培训、管理模式、运营方式、福利待遇、晋升渠道等模块为他们讲解。这样的“名企观摩学习”活动在新纪元每隔一段时间就会组织一次，通过与企业零距离深度接触的方式，学子们耳濡目染，开阔了视野、了解了企业文化与发展历程，明晰了企业社会责任与价值体系，为未来明确求职方向、扎根行业建设、更好加入行业顶尖企业打下了坚实基础。

“与其坐在教室里畅想未来的就业环境，不如亲自走进就业现场去感受它的魅力，对学生则更有吸引力和教育力。”而这，未尝不是一种最直观的文化育人模式！

3. 加强网上思想文化阵地建设

近年来，随着互联网技术的飞速发展和普及，诸如微信、微博、抖音、快手等新兴媒体应用方式不断涌现，广泛地影响和改变着人们的社会生活。据调查，当代学生对网络的信任程度已经大大超过了主流媒体。网络是一把双刃剑，在为文化育人创造新方式、新方法、新途径的同时，也给职业教育文化育人带来新的挑战。因此必须加强研究，因势利导，将它变成职教文化育人的有力载体。

在这点上，新纪元就真正做到了为学生的网络安全用心。为了让在校学生清楚地知道网络安全的重要性，学校专门与派出所合作，通过警校联合的方式，借助公职人员的威慑力正面去引导学生如何正确对待网络，学生们通过一件件真实的案例所折射的安全问题，逐渐体会到了学校育人的良苦用心。

4. 强化学生素质的日常养成教育

近代著名教育家、北京大学校长蔡元培曾说过：“教育者，养成人格之事业也。”现代著名教育家叶圣陶更是明确指出：“教育是什么？往简单方面说，只是一句话，就是养成良好习惯。”

南开大学的创始人张伯苓就要求学生“面必净，发必理，头要正，肩要平，气象勿傲，行为勿躁”，严禁吸烟、喝酒、赌博等，这些严格的规范，铸就了南开学子良好的人格素质。

在一个人的外表中藏着礼仪教养和风度，而礼仪风度，正是一个人走向社会最直观的“移动招牌”。

《左传·定公十年》书云：中国有礼仪之大，故称夏；有章服之美，谓之华。

无服饰之美，无礼仪之重，难以称华夏。西安新纪元技工学校弘扬礼仪文化，规范文明着装。校服作为学校文化的重要载体，也是学生个人文明礼仪的重要体现，更是培养学生融入集体、养成规则意识的重要渠道。学校通过班会、国旗下讲话、晨训等多种形式，帮助学生们扣好“人生第一粒扣子”、身着干净整洁的校服，一起争做学校的代言人！

5. 开展丰富多彩的校园文化活动

校园文化活动是大学文化建设的重要载体，是校园精神文明建设的重要组成部分，也是职业院校文化育人的主要渠道之一。学校通过丰富多彩的校园文化活动，包括各种科技创新活动、专业技能活动、校园文体活动、社会公益活动、社会实践活动等，丰富学生知识，激发学生的个性和潜能，提高学生的组织能力和工作能力，陶冶学生情操，锤炼学生品格，促进学生的全面发展。因此，校园文化活动具有重要的育人功能，能起到影响广泛、润物无声的育人效果。

笔者将自己在新纪元实践过的常规教育作以下梳理：

新生开学第一课：它是新生正式迈入全新校园的第一课，是以入学教育为契机，引导新生适应校园生活的关键环节，是学子接受烹饪职业教育的开端。能够快速帮助新生深化专业认知、掌握专业学习方法、规划专业学习目标，更快地适应学校学习生活，顺利完成角色转换。

新生生日会：为让同学们定格专属记忆、感受新学校的温暖，学校特为新生举办生日会。在生日会上，校领导、班主任为学子们戴上生日帽，跟学子们一起许下美好心愿、吹灭蜡烛，温暖与感动在心中久久回荡，原来学校不仅仅是育人的地方，更是学子们一个舒适而温馨的家。

迎新晚会：舞姿曼妙，学子们在舞台上跳出青春悦动的节拍；欢声笑语，流淌着学子的激情与期盼。一场迎新晚会，让新同学真正体会到校园生活的多姿多彩，同时也为新同学提供展示自我的机会和平台，为自己的校园生活添加绚丽难忘的色彩。

军训：军训是同学们进入新纪元的第一课，是锻炼意志品质、培养集体主义精神的军事训练课，也是提高国防意识、涵养家国情怀的人生必修课。作为入门课程，军训不仅仅是对学子们身体的考验、意志的磨炼，更是精神、品格、人格的培养。

新生主题班会：帮助新生迅速转变角色，融入新班级集体，同时加强对新生的思想引导和职业规划，引导学子树立崇高理想、踏实走好青春成长之路。

开班典礼：通过开班典礼，新生能够更加深入地了解学校情况，感受老师的殷切期望，有利于新生学子们更好地适应新生活，在校期间确立目标，努力掌握精湛技能，不断奋斗。

开学典礼：通过开学典礼的成功举办，营造浓厚正气的开学氛围，激发全校师生振奋精神、锐意进取，让学子以良好的精神风貌投入新学期的工作和学习中，开启完美的入学新序曲。

新生慰问：为进一步了解和掌握新生的住宿和生活情况，帮助他们尽快适应新生活新环境，校领导、班主任多次深入走访新生宿舍，与同学们亲切交谈，让初入校园的新生们倍感亲切和温暖。

社团纳新：社团，让志同道合之人的心灵碰出火花，让学子的所思所感所想所悟如阳光般酣畅释放，让校园生活更加丰富多彩、趣味盎然。学校通过社团纳新，让更多的新生追寻热爱、绽放梦想，一起开展各种各样的学生社团活动，提高自己的综合实力。

新生送清凉：为充分了解学子炎炎夏日的学习与生活状况，鼓舞学子士气，学生处领导带着清凉水果走进班级，给大家送去学校的关爱与关心。

新生才艺大比拼：为进一步巩固新生力量，温暖新生集体，激发学子广泛的兴趣爱好和团结友善、互帮互助的校园主人翁意识，学校专门为新生搭建了展示自我风采的舞台，推动校园文化建设，促进学子全面发展。

类似这样的活动还有很多，在此不一一枚举了。

十八大报告明确提出，立德树人是教育的根本任务。我们作为职业教育工作者，应该牢记立德树人是职业院校人才培养的根本任务，离开了这一点，就会偏离职业教育的大方向和根本宗旨，就不能很好地贯彻党的教育方针，不能契合社会需求为社会建设提供有用人才。

总结多年来职业教育的办学实践，立足当前产业升级与社会发展转型对人才的新要求，职业院校人才培养在内涵和理念方面都需要与时俱进，不断审视社会最新需求，不断强化与社会和企业需求的契合。

基于“君子文化”的八个方面教育体系，坚持文化自信，向中国传统智慧寻求现实钥匙，必须要解决四个现实问题：一是针对社会转型期不同程度存在的人的理想信念、核心价值观迷失乃至扭曲的现状，向优秀传统文化要“基因”；二是针对近年来技能型人才培养过程中存在的某些一味片面地重技能、轻文化、轻综合素质的偏颇，向中华优秀传统要“课程”；三是针对产业升级、经济发展方式转变对人才培养和人才素质的新要求，向民族脊柱性精神要“途径”；四是针对人的可持续发展，从古典教育要“理念”。

后面，笔者将一一按照这八个方面教育体系，阐述个人的职业教育理念。让教育中的“传道”功能，回到《师说》里所界定的三大功能之首位。

第三节 从“记忆力”向“觉醒力”转变

学者顾远、周贤在著作《教育3.0》中有这样一个观点：“改变教育需要的不仅仅是教学方法与工具技巧层面的探索，还有赖于组织系统的支持和人的意识进化。事实上，唯有后者发生，前者才能持续稳定地存在。”

他们所谓的“意识进化”，是我最赞同的一点。好的教育是什么？教育的初心又是什么？有人认为是培养“全人”，所以我们的各种兴趣班兴起，有的家长给孩子报了8个，这并不是什么新鲜事儿；也有人说教育的目的是“培养活泼的人”；还有人说是面向真实生活，帮助学习者应对真实的世界，以及在不远的未来将要面对的问题和挑战。这些都是正确的，都是教育的多棱表达，从不同侧面描述了好教育的不同形态。

但我想，或许更应该从中国优秀传统文化里去寻找一个最简单最朴素却最本真的答案，那就是“心即理，致良知”。这句话，是心学大家王阳明说的。简单理解就是，我们日常生活中的普通人原本就孕育着无限广大、无限光明的道，所谓“圣人之道，吾性自足”。我们每一个人原本都是充分具备圣人的全部本质的。也就是指每个普通人都有一种“元力”。只要我们能够在日常生活当中，在我们与人物、事物相交往的全部过程中，把我们内在的“本心”体现出来，我们事实上就在“行道”。

这种“元力”虽然人皆有之，却需要在“事上练”，需要一个契机、一种教育去唤醒。而人的觉醒佳期，莫过13—25岁之间，很大程度上，决定未来的一段“白菜心儿”。

中职教育，面对的就是非常特殊的孩子们的一段最宝贵的年龄段。与他们之前所接受的“填鸭式”记忆训练相比，“唤醒式”的认知建构更加重要和相适。这种“激活”，对于这个年龄段的孩子来说，甚至是一次成型、不可逆的，只能“成功”，不许“带歪”！

所以，从这个角度上来讲，相比一般的基础教育或应试教育，中职老师不再仅仅是“信息广播员”，还是“御灵师”，承担的不仅仅是把学生从一个学校连接到另一个学校的“接力任务”，还有从一个“学校”连接到一个“社会”的“创变任务”。

那我们就不得不去首先思考三个问题：

第一，提供“记忆的脚手架”，还是“思考的脚手架”？

哈佛大学心理学家罗伯特·凯根曾说：从出生开始，我们便踏上持续学习和成长的旅程。这两股力量往往交织在一起，但又不尽相同。如果仅仅是知识储存量的增加，以既有的思维模式来运算资料，那谈不上真正的学习，更谈不上成长。成长是指思维模式本身产生改变。

我本人更愿意把学习分为四个层级。

第一级，谓之“见山是山，见水是水”，即信息式，这部分需要“记忆力”去完成。

第二级，谓之“见山想见水，见水想见山”，即结构式，这部分需要“思考力”去完成，重在思维的连接性。

第三级，谓之“见山不是山，见水不是水”，即转化式，这部分需要“执行力”去完成，重在认知主导下的行为模式。

第四级，谓之“见山还是山，见水还是水”，即元我式，这部分需要“定力”去坚守，重在以强大自律自强，抵抗瞬息万变的、不可预测的社会。

信息式，就是知识储存量的增加。无论是死记硬背，还是变着花样地帮助记忆，本质上都是信息单向输入和记忆的过程。往往是传统意义上的“爱学习的”好孩子呈现的常态化表征。

结构式：通过已经掌握的信息点来了解某一事物、事件甚至世界背后的构成逻辑，理解其形成规律，具有信息连接的能力。

转化式：简而言之，知行合一，学以致用。

元我式：即通过学习和认知建构，唤醒“心”的力量，树立高贵的“君子品格”，富贵不能淫，威武不能屈，既能挂起乘风破浪的云帆，也可做中流翻滚处的砥柱。这样的孩子，无论以后遇到什么职业迁移、人生挫折，遭逢什么社会巨变，总能“过得去”，并“过得好”。

关于“信息式”的教育，我想讲一个最近很火的人工智能——文心一言。它的大脑已经记住了海量信息，在未来的应用上，即使你并没有存储某个领域的知识，它一样可以帮你写出行业专家式的稿件。从侧面来讲，我们曾经求学起早贪黑默诵的信息、考点，积累的上下五千年的答案，它能几分钟甚至几秒钟就学会，帮助你去应用。

我们也会逐渐发现，要“掌握信息”，并不一定非要“记忆信息”。越来越多的信息无须记忆，只要能够及时地接触和应用就可以了。看起来，从事这种工作的人，最先被代替。而这样死记硬背的“教育”却还占比不小。

而目前还不可能被快速替代的，就是“思考力”了，关于这类教育，著名史学大师钱穆先生讲过一个故事。

他 7 岁入私塾，10 岁进入新式小学堂，也就是无锡的果育学校。他的老师钱伯圭有一天问所有的小朋友：“大家读过《三国演义》吗？”钱穆说：“我读过。”接着，老师继续问：“这本书一开始就讲‘话说天下大势，分久必合，合久必分’。中国几千年来都是这样的，可是为什么是这样的呢？难道就一定要这样吗？”

钱穆在回忆录里这样写道：余此后读书，伯圭师此数言常在心中。东西文化孰得孰失，孰优孰劣，此一问题围困住近一百年来之全中国人，余之一生亦被困在此一问题内。而年方十龄，伯圭师即耳提面命，揭示此一问题，如巨雷轰顶，使余全心震撼。从此七十四年来，脑中所疑，心中所计，全属此一问题。余之用心，亦全在此一问题上。余之毕生从事学问，实皆伯圭师此一番话有以启之。

钱伯圭老师所问的这个问题，就属于错综复杂的问题。人生能遇到这样的导师，在少年时为自己提出这样的问题，从而启发了自己一生的思考，这是一个学习者的幸运，更是身为教育者的幸福。

这个故事告诉我们：尽管错综复杂的问题看上去属于高阶问题，但同样可以对一个年仅 10 岁的小学生提出。而教育者提出一个问题的作用，并不是要求学习者像问答机一样马上给出答案，而是激发学习者自我思考的动力。

教育的作用终究不是为了提供记忆的脚手架，而是往水塘里扔一个石子。这个石子扔得到位，扔得准确，学习者就会对自己提出一个又一个的问题，从而激发一波波自我思考的涟漪。

在这一方面，当下已经被越来越重视投入，关于“思考力”教育的测评和投入，已逐渐做出相应改变。

第二，培养思想上的“巨人”，还是行动上的“能人”？

关于“转化式”教育，体现最明显的就是某些应用大学教育和职业教育了。它强调的是“知行合一”。

在这里，我想分享一次特殊的“赶集”。2023 年春节，疫情过后，元宵佳节的气氛格外浓烈。在新纪元学校里，附近的市民拖家带口，兴高采烈地加入了学校组织的传统特色活动“游园会”。

这一天，学校广场上张灯结彩，挂满了灯谜。这场不亚于西安最成熟的商业街区大唐不夜城盛况的集会，是15—19岁的孩子们举办的。在现场，学校周边市民或是一家人或是三五好友，大家在这里共度了一个美妙难忘的元宵节。25个档口汇集了酸辣粉、凉粉、凉皮、肉夹馍、糖葫芦、洋芋叉叉、美味蛋挞、火爆烤肉等特色风味小吃，各个档口前人山人海，品尝着来自学子们制作出的特色美味。

"我学的是西点，做了泡芙、曲奇饼干，不到2小时就卖完了。"

"我学的中餐，做了麻辣烫、肉夹馍、冰糖葫芦……1小时没到，抢光了！"

孩子们雀跃着分享着自己的作品和心得。为了吸引游客，在卖长安小吃的档口，有的孩子还专门穿上古风衣服，进入更深层的实践体验。

"孩子们做得太好吃了！这糖葫芦还夹了醪糟、粽子等新奇的心儿，好看，好吃！"市民陆先生一边吃着糖葫芦，一边赞不绝口。

根据每个小吃档口的游园券数量统计，最终一年西点2201班和西点主厨2101班的甜蜜元宵摊位出品的网红糖葫芦档口荣获一等奖；王牌主厨2102班的帅哥烤匠铺档口荣获二等奖；精品西点2101班的解忧串串铺档口荣获三等奖。他们所"售卖"运营的糖葫芦、烤肉、冷锅串串以其诱人的卖相和出色的味道，深受大家的喜爱，在众多小吃摊位中脱颖而出。

"在这次游园会里，我体会到做得好吃是一方面，也要考虑自己的成本投入、盈利模式……"中餐专业16岁的学生董泽鑫分享着自己的实践得失。孩子们用自己所学，征服了周边市民的味蕾，也系统直观地学习了如何将自己所学结合实际与市场，发挥到最大效能。

而这场别开生面的游园会，正是第三级——"转化式"教育的生动写照。

对于职业院校孩子的人才培养，我们不能单纯地只以技能的教学为主，而是要在技能教学的基础上，让他们掌握更多延伸而出的内容，就像是在培养一名未来的创业者，他身上所要具备的，不仅只是如何把这个公司建立起来的能力，公司成本的把控、项目运营的定位、人员的管理等方面也都需要去运筹帷幄，要将其实力合理激发而出，成为真正的综合人才。

培养思想上的"巨人"，还是行动上的"能人"？这是大众教育必须要回答的问题，毕竟大多数人不会成为"思想制胜"的爱因斯坦。

德国是全球制造业强国，其工业产品以质量好、做工精细而闻名全球。而这一切完全依赖于德国双轨制的职业教育培养体系，企业中的实践培训与学校的理论学习相结合。学生每周 3.5—4 日在企业学习实际操作和知识，1—2 日去州政府办的职业学校学习理论和书本知识，企业与学校密切配合国家，三方共同承担职业教育的责任。而中国很多职业技术学校一味培养学生的实践动手能力而忽略理论知识的理解和运用，没有让学生很好地理论联系实践，这就导致出现不缺低端蓝领工人，但紧缺高级技师的现象。

所以，只有学生知其然且知其所以然，才能在实际问题的解决过程中把思维过程显现化，在多次实践尝试中不断修正思维方式，使他们遇到问题时不再混乱，而是思考得更加全面和条理。在知识大爆炸的时期，学生需要运用这些规范的思维习惯去分析问题和解决问题，而教师的责任就是要通过自己的专业教学培养学生具备这种把每次思维程序显性化，并在自己实际生活中加以应用，从而达到知行合一的能力，这就是培养技能的意义所在。

职业教育的关切点之一，其实就是教育的第三级——转换式，即前文所述“见山不是山，见水不是水”，重在认知主导下的行为模式。

有教育学者已经将这种范式的教育总结了一个简单公式，即：

（1）记忆再现辨认能力

确定观察目标——对象的主要特征及出现的条件——与已知建立联系——作出判断

（2）实验探究能力

设计实验——正确使用仪器、记录实验现象数据——归纳简单的科学规律——用科学术语、简单图表描述实验结果

（3）初步的分析推理能力

提取信息——区分有关和无关因素，找出特征——推断定量、定性关系——建立联系，得出规律

（4）运用专业知识解决简单问题的能力

职业学校的学生在动手能力方面有他们自己的优势，通过这样“体验——反思——运用——迁移”的实践活动，学生有了一定寻找通法通则的意识。学生不仅掌握了他应该掌握的技能，同时也拓展了思维。

第三，“授业”与“传道”，谁更重要？

回到本章题记，教育的首位功能，在中国古典教育中是“传道”。

随着工业社会来临，尤其是 20 世纪 80 年代以来，“业”字跃居首位，功利主义教育、应试教育空前盛行。形成了一套与之相适的“教育行业”。

但历史驶入新纪元，第四次工业革命爆发，它爆发在信息技术、人工智能领域。人们隐隐发觉，之前的公式越来越频繁地失灵了，这种“失灵”不仅来自就业层面上的痛感，也有思政层面上的缺位。

新技术革命之下，“业”的术数多变，迭代更快。“在新的信息时代里，科技基础设施逐渐完备，降低了人们接入和参与外部世界的门槛，新设备间接提高了个人的能力；知识不再是一个个仓库，要先存满了才能用，而是变成了河流，快速地在不同地区、产业、人群中流动。所以，那些主动站在河流里，自己动手去拉动有用信息并能有效使用的人和组织，才能真正地获得成长，取得优势。被推着走是被动的，自己主动去拉才是主动的过程。”

很多在传统的学校教育系统中被忽视的“软技能”，如创新创造的能力、批判性思维与解决问题的能力、沟通交流的能力，以及协同合作的能力等，才是真正应该去学习和掌握的东西。而学习和掌握这些能力的最好方式无疑是在社群中，在与学习伙伴共同参与的真实实践中进行。

埃尔特教育联合创始人张释文曾经在一次主题演讲中提到这样一个故事：

2014 年 6 月，特斯拉公司在推特和微博上发布了一条招聘信息，标题是“我们在寻找那些从未存在过的人”。原来，他们招聘的真的都是这个世界截至目前闻所未闻的职业，比如超级充电方案研究员、产品交付体验师、家用充电专员……所谓不存在的岗位、不存在的人，就是那些现在的父母和老师想也想不到的、未来才存在的人。

去预测那个“不存在的岗位”具体是什么是不可能的，只有那些具备了持续学习能力，保持着无限可能的终身学习者，才可以适应无法掌控的未来。

有论断称，到 2030 年，人类现有工作中有 50%—75% 的工作都将消失，由机器来完成；反过来，在全世界的大学新生中，有 65% 的人在未来将从事现在还不存在的职业。

与此同时，我们每个人掌握的技能半衰期正在变得越来越短。技能半衰期的意思是过了一定的时间，我们当初学会的东西就没那么有用了，或者干脆就过时了。在 20 世纪后半叶，这个半衰期是 30 年；而现在是多少呢？5 年。关于技能半衰期，我特别感同身受。20 世纪 90 年代我大学毕业，在学校里学的是 DOS 系统，到了工作单位才发现，市面上已经开始用一种叫作 Windows 的操作系统了，于是从头自学。

未来每一个人都会永远处在“菜鸟”状态。需要持续不断地学习才能跟得上时代的变化，更重要的是引领时代的变化。我们都知道，学习其实是人的一种本能，而现在，学习更是一种必须熟练掌握的技能，尤其是高效学习。

但我始终认为，无论社会如何“不可预测”，都离不开那个衍生变化的“宗”；无论教育理念要适时转向哪个方向，都离不了那个孕育术数的“道”。

当代家训《心田留与子孙耕》共列出了三十六章来阐述人生处世经验，堪称人生处世三十六计。其中最基本、最核心的精神就在第一章和第十章，即《青春的定力》与《管理好自己的人生》。学会了人生管理，就能正确把握人生目标，就能把人生前进的原动力充分调动起来，向着理想目标奋进。把握了青春定力，具备了“坚定的自我控制能力”，就能在遇到激流暗礁、见到红灯闪烁时，及时修正航向和制动，防止触礁防止撞车。

众所周知，当今世界的每一刻都在发生深刻复杂变化，面对信息时代各种思潮的相互激荡，只有保持定力，才能形成自己的见解，凝聚起磅礴力量。在是非、正误、主次，真假、善恶、美丑中洞若观火，一切分明，作出正确的判断和选择。身处不断变革、高质发展中的浪潮中，想在这方有温度的天地里书写丰富精彩的人生，就必须树立正确的世界观、人生观、价值观，在自己平凡的工作岗位上闪耀出最绚丽的光彩。

我们生活在一个巨大变革的时代，每个人都很惶恐，不知道未来会怎样，只知道过去的那些可能不再适用。那么再来看德鲁克的一句名言：我们生活在一个充满创新和变革的时代，教育应该帮助人们为那些目前尚不存在、也无法被清楚定义的未来工作做好准备。

正因为我们无法预设未来，所以教育更应该提供的是“创造未来、应对变化”的能力，而不是机械的信息或者套装的知识。

教育的第四级，就是“定力”教育。即前文所述，以强大自律自强，抵抗瞬息万变的、不可预测的社会。人工智能可以轻而易举甚至已经取代“信息式”教育产物下的工种，比如打字员；也正在学习取代“结构式”教育产物下的工种，比如AI绘画取代插画师；甚至也有可能在未来取代“转换式”教育产物下的工种，比如医生；但它不可能取代“元我式”教育产物下的“人”——宝贵的人性。它是关于情感连接、品格、宇宙规律的集合产物。

未来，是属于“高知高格”的人物。面向未来的教育，必然是第三级（转化式）、第四级（元我式）教育。

换句话：知行合一，且德行天下。

第二章　在多元社会里给孩子一个标准答案

当我们的孩子念着西式说唱，追求苹果手机、特斯拉的时尚，谈论我们没听说过的欧巴，我深知时代抛弃了我们原本的思政教育模式——书本、课堂即权威。

在一个多元化的价值观和信息多棱性传播的时代里，作为教育工作者，我们要怎么告诉孩子们“国之大者”这四个字?

在他们的流行语里有一句话叫“三观跟着五官走”，如果魔鬼长着天使的面孔，“教父”如何保护“花儿”的纯净?

一位媒体朋友曾告诉我，在西方的圣经里没有“宣传”的字眼，因为但凡“宣教”之词，几乎带着天生的原罪，与“逆反心理”一起出现。但西方的舆论机器又处处、时时、事事都在将自己的国家意志传达给他们的国人乃至世界，尤其中国。

什么才是对的? 也许是会讲故事，而不是告诉他们正确答案。

◎ 我们比以往任何时候所面临的爱国教育环境都复杂

来复盘一个事件——可口可乐与西方情人节。

1992 年 3 月 28 日晚，在《新闻联播》之后，播放了这样一个短片：一群年轻的中国男孩女孩，或骑着自行车，或做着广播体操，一首中文版的歌曲随画面缓缓播放，“付出真切关怀，以真情相待……”一分钟的短片，几乎每一帧都极具中国特色，又无处不营销着可口可乐所带来的惬意生活方式。随后，北京、天津、上海、广州等十几个城市电视台都播放起来。在这支由著名歌手童安格演唱的《可口可乐时刻》MTV 中，无论是早起上班的工人，清晨锻炼的学生，还是新婚燕尔的夫妻，赛场拼搏的健儿，大家的脸上都洋溢着青春无邪的笑容，充满了对未来美好生活的无限向往。

那一年 2 月 14 日，西方情人节在中国的大街小巷逐渐变得流行起来……

商品和“真情”绑在了一起，年轻的孩子们沸腾了！

我想，现在的这一代中坚力量、新生代力量就是差不多和可口可乐一起成长的。“我有我的可口可乐，挡不住的感觉”，这句话可以理解为：在我们人生的每一个时刻，陪伴在我们身边的，都是那一杯杯、一瓶瓶可口可乐。

从 1979 年重返中国市场至今，可口可乐花了 40 多年的时间，建立与中国消费者的情感纽带。如今的可口可乐，早已不仅是一种饮料，它还代表一种文化。

这种油和水相混合的状态下，一切开始变得诡谲起来。

什么才是对的？有没有绝对的“对”？

可以说，中国的新生代人群大都是伴随着改革开放、经济全球化、信息时代发展而诞生的。有学者这样总结我们现在所面临的思想教育环境。

第一，新生代人群对于新鲜事物的接触能力强，兴趣度高。第二，当代新生代人群大都没有经历过艰苦的岁月和大的社会变革，享乐主义和消费主义的盛行是新生代青年的一大特点。第三，追求个性和自我的个体心理因素的影响，叛逆、乐意尝试和发现新事物也是青年阶段的特点之一。对新鲜事物的高接受能力、资源获得速度的加快，享乐和拜金思想的蔓延，追求自我个性等特性，恰恰符合西方所推崇的价值观念，也给网络的传播提供了土壤，因此自然而然地成为西方重点攻坚的目标。

当然，我不是在说可口可乐的某种政治词性，而是在讲——我们如何用可口可乐的口吻，告诉我们的年轻人，何为“家国”。

我想在读的每一位教育界的朋友注意一个媒介——电影。

根据《2015 年中国电影产业观众观影行为分析报告》中所调研的数据指出，18—30 岁之间的人群已经占到了观影人群总和的 70.46%，18—25 岁之间的观众占到了 35.77%，是中国电影消费市场的绝对主力，这也侧面反映出了我国的电影消费人群主要是青年。因此通过电影来对青年进行文化传播是一条捷径，在国产片与进口片倾向对比中，进口片占到了 58.54%。数据已经表明青年群体选择观看进口电影的倾向是很大的，如果再使用互联网手段，那么其文化渗透效果会大大加强。而目前来说出现的一个新的特点是，我国的一些国产电影、电视剧的内容也逐渐向西方价值观看齐、并拢，某些国产电影在其内容上毫不保留地把西方崇尚的消费主义、拜金主义展现出来，并且还美化为“自我奋斗”“自我实现”所得到的，具有极大欺骗性。通过华丽的服饰和装扮、高档消费场所、豪华汽车、对享受和恋物崇拜的对白等来凸显其价值理念。即便这些价值观念已经在社会上引起争论，国家媒体进行大范围的批驳，但是不少青年人群仍然乐此不疲，对其宣传的理念津津乐道，其在网络上更是具有极大的号召力。

这种具有“西方价值的自我内化”倾向的电影、电视剧比西方直接进行文化输入更为可怕和危险，因为这表明，中国的一些文化产品制造商和从业人员已经把西方的价值观念作为其实现经济利益最快捷、最有效的手段，而网络则成为其利益最大化的最佳推手。

此外，一些针对青年的网络文化产品打着“励志”“青春”的幌子吸引青年群体，在内容上自觉不自觉地通过一些方法和物体呈现来暗示西方的伦理和价值观，吸引青年群体崇拜和向往，这种具有倾向性的文化影视作品对尚不具有明辨是非能力的青年群体来说无疑是有害无益的，且正中西方势力下怀。

这一点毫不夸张，青年群体特别是高校中的青年群体已经成为西方势力争夺的重点对象。

习近平总书记曾发表重要文章强调，“青少年阶段是人生的‘拔节孕穗期’，这一时期心智逐渐健全，思维进入最活跃状态，最需要精心引导和栽培”。“思政课是落实立德树人根本任务的关键课程，思政课作用不可替代”。

青年作为国家的未来，对未来我国各项事业建设发展具有重要作用，网络已经越来越成为青年群体生活中的必需品，如何指导青年群体正确面对西方的网络宣传和文化渗透，如何把一些政治目的险恶、良莠不齐的糟粕文化给消除掉，是目前“爱国教育”绕不开的任务。

第一节　为中华之崛起而读书

2023 年 2 月 19 日上午，一则题为“合肥教育名师陈宏友讲座中被学生轰下台”的视频+图文网帖在微博、抖音等多个网络平台上广为流传，引发关注。

从传播的并不完整的视频中来看，一位坐在讲台上的老师讲着读书就是为了赚钱，随后一位中学生走上讲台，夺过这位老师的话筒，振臂高呼“为中华之崛起而读书”，台下一片沸腾。

很快，在社交媒体的爆炸式传播下，一场全民思考被引爆了——读书的第一动力是什么？

但奇怪的是，很快舆论的走向变成了：学生该不该夺老师话筒？视频有没有被加工？是不是演戏？甚至还有学生是不是本校学生，或者干脆不是学生？学生到底考了多少分？……诸多奇怪问题的出现，让本真的想要传达的价值观顿时被淹没。

总之，在光怪陆离的网络世界里，话题常常显得“离心率”很高，其他事件是同频共振的。

值此，如果您是16—19岁之间的学生，如何快速构建核心且稳定的认知——为国读书？

这几乎是从一堆信息碎石里，要直攀金字塔尖的思想问题！“爱国教育”，从“师”到“生”的距离，其实很远。

◎ 重温老故事：为中华之崛起而读书

1911年的一天，正在上课的魏校长问同学们：你们为什么要读书？同学们纷纷回答：为父母报仇，为做大学问家，为知书明理，为让妈妈妹妹过上好日子，为光宗耀祖，为挣钱发财……等到周恩来发言时，他说：“为中华之崛起！”魏校长听到一惊，又问一次，周恩来又加重语气说：“为中华之崛起而读书！”周恩来的回答让魏校长大为赞赏。

那么，周恩来是如何确立起这一初心呢？我想从一个人最先接受的“家教”说起。翻开文史资料，可以看到幼年童年时期的家庭变故使周恩来比同龄人更早成熟。

周恩来出生的第二天，他的外祖父万青选就去世了。因小叔父周贻淦生病没有子女，按照淮安的风俗需要收养孩子，不到半岁的周恩来被过继给小叔父做嗣子。1907年春天，周恩来的生母万氏去世。不久养母陈氏也因病去世，10岁的周恩来作为长子就操办起养母的丧事，并用船把养母陈氏的遗体从清江浦运回淮城和小叔父合葬。

10岁的周恩来已经“佐理家务，井然有序”，有四位女性的早期教育让他知书明理。

生母万氏，生于官宦之家（其父是淮阴县令），据说她生前处事精明干练，排难解纷的能力强，出面调解家族内纠纷时经常带周恩来同去，对幼年周恩来的基本礼仪、人情来往、主持公道、操持家务、做事认真细致以及人生观的形成都产生了重要影响。

嗣母陈氏经常给他讲故事，如《天雨花》《再生缘》等，教他认字学文化，还送他到私塾读书，所以从 8 岁开始周恩来就可以读小说《西游记》《水浒传》《红楼梦》等。

乳母蒋氏也教他认识各种农活儿和植物常识，还带他到老家和自己的孩子一起玩耍，让年幼的周恩来了解了农事和农民的艰苦生活。

还有一位八婶母杨氏，在周恩来生母、养母去世之后成了他的实际抚养人，对他的影响也很大，周恩来对八婶母的感情也很深。

这四位女性对周恩来的影响是多方面的，从基本生活能力、处世经验、人生观的形成、性格的养成到对社会的看法都有很大帮助。

淮安城内建有清末抗英名将关天培关忠节公祠，周恩来少年时经常随养母陈氏到公祠里参观，养母给他讲解关天培抗英为国捐躯的故事，让少年周恩来对民族英雄产生崇敬之情。到东北上学期间，随同学到奉天南郊魏家楼小住，参观日俄战争遗址，听当地老人讲述日俄战争的经过和中国人民饱受的苦难，让他知道了落后就要挨打被侵略、国破家亡的道理。在他幼小心灵里萌生了为中华崛起、解救人民于水火之中的豪情壮志。

1946 年 9 月，周恩来在接受美国记者李勃曼采访时说：“十二岁那年，我离家去东北，这是我生活和思想转变的关键，没有这一次的离家，我的一生一定也是无所成就，和留在家里的弟兄辈一样，走向悲剧的下场。”“从受封建教育转到受西方教育，从封建家庭转到学校环境。”到东北上学，让周恩来开阔了眼界，知道了外国的一些情况，也初步看到了国弱民穷受欺凌的国内现状。当听到辛亥革命爆发，推翻清朝统治的消息后，他在学校率先剪去象征清朝臣民的辫子。

于是在魏校长问同学们为何读书的时候，他能自然而然地说出“为中华之崛起而读书”的励志名言。

这是多方面的言传身教、长期的潜移默化形成的“内驱力”，有彼时之国仇家恨，有来自家庭的正确教导，更有那时山河破碎给予的极大民族情绪。

而我们要在“和平年代”里讲起一个已经远去的鼓角铮鸣，甚至在一个“唯分论”的教育环境里，在一个娱乐至死的传播环境里，在一个有限的教育时长和有限的教育空间里，把“爱国”的种子有效播撒在孩子们的心里，这绝非普通的“课堂形式”可以办到。

◎ 爱国教育里的“代际传承”

五四爱国运动后，中国曾出现过一次名人为青年荐书的浪潮，如梁启超的《国学入门书要目及其读法》160 种及《最低限度之必读书目》28 种，章太炎的《中学国文书目》39 种，林语堂的《国学书十种》等个人推荐的“经典书目”，还有《京报副刊》向胡适、鲁迅、徐志摩、俞平伯、周作人等 78 位名家征求的“青年必读书十部”等。这些名人名家推荐的书目曾在中国现代阅读史上产生过一定影响。

但随着社会分工的高度细化，知识碎片化时代的到来是人类社会发展的必然。但长期单纯依赖碎片化阅读将给青少年带来碎片化的认知，不利于他们建立系统化思维与结构化思维，甚至引发浅显化、从众化、注意力涣散、价值观混乱、浮躁化等社会负面问题。

我们惊觉，信息的抵达，所经历的岔路变多了。这就是“代际性”差异。

时代的进步所导致的一代人与一代人之间在生活理念、思考方式、价值取向、情感经历、语言习惯等多方面出现的差异。从教育者的角度而言，代际差异同样客观存在于教育者与受教育者之间，且这种差异从各个角度影响着教育的成效。

“在漫长的历史发展长河中，爱国主义是中国社会进步和文化发展的主旋律，是激励中华民族不断开拓进取、奋勇前进的思想动力和精神支柱。”无论从哪个角度来看，爱国主义教育都是德育的重要主题，是当下学校德育的重要组成部分。

有学者提出：爱国主义精神对于当下学生而言，具体表现为心理认同、价值取向与行为方式。从教育的角度而言，爱国主义教育可以看成是一种价值观的传递，其重要的基础应当是认同、接纳、共鸣，是在这一切的基础之上，引导学生将爱国主义精神融入日常行为之中。

而此时，代际差异的存在对爱国主义教育产生了深刻的影响，无法想象在巨大的代际差异所造成的师生之间种种不同乃至冲突之下，我们的教育依然能够实现学生的认同、接纳、共鸣。自然，这样的教育也难以实现爱国主义价值观的传递，也就无法实现精神融入行为的最终目标。

◎ 中职生的爱国教育“传承缝隙”

反推而观之，中职生所面临的“传承缝隙”更大——不仅在于时代逻辑，更在于不同于一般学生的理解力差异和认知逻辑差异。

中职学生正处在心理变化最激烈的青春期，对新鲜事物持有饱满的热情和好奇心，传统灌输式教学方法容易让学生产生厌学心理。如何把晦涩、远离生活实际的理论知识变得易于理解、接受、认同进而付诸实践，是中职思政课教学面临的重大课题。当前，中职学校思政课教师的学历层次、专业素质较过去已有较大幅度的提升。但总体而言，思政课教师队伍呈现结构性短缺现象，对高质量开展思政课教学工作提出了较大的挑战。

目前，我国尚未全面推行中职思政课统编教材，各地教材不统一，中职思政课“大资源”平台尚未建立。多数中职学校在思政课资源建设方面意识淡薄、经费投入不到位，专业图书、报刊、课程资源更新滞后，思政课校本教学资源稀缺。

还有一个最容易被忽略的缺漏——家庭、学校与社会协同育人机制不健全。由于中职学生在考试成绩中总不能令父母满意，有些学生甚至与父母产生对抗关系，学校、家庭和孩子之间的教育闭环很难形成。根据调查显示：中等职业学校普遍存在家校联动不密切、家庭教育意识薄弱、家长参与学校教育治理不够、社会力量协同效果不明显等问题。

当下中职院校的学习，主要是为了掌握一些技能，并依靠这些技能在走入社会的时候可以谋生。但对于一个成年人来说，走上社会并不是只要有谋生的手段就可以。每个人之所以要经历数十年的学校生活，除了技能和知识的掌握，更重要的是思想和能力的提升，才可以很好地走入社会。良好的人文素质教育，不仅能大大提高学生对于社会的适应性，更可以保证学生在社会之中可以处理好与领导、同事、朋友的关系，帮助学生更好地通过谋生手段在社会中努力生活。

“爱国”其实是走向社会谋生的初始课，也是人生中最重要的一课，否则，技能越多，危害越大。

第二节　马看见什么，谁来决定？

在电影《封神》里有这样一个桥段：纣王带领质子团队征战冀州。战马看到前面的火攻与厮杀，不敢跳过去。纣王就跟那些质子们说，把马的眼睛蒙起来，马看到什么，是人决定的。

这里所谓的“看”实际上是一种“确认”，不是认知而是再认知。而骑手和马车，来自苏格拉底的比喻。人的灵魂相当于一驾马车，拉车的是一匹白马和一匹黑马，马车的另一部分是一位骑手。白马代表本能，黑马代表情绪，骑手代表理性。

电影里质子们攻城时，马被熊熊大火惊吓本能地向后撤，当马的情绪和本能过于强大时，骑手就会失去掌控权。纣王殷寿的做法是蒙住马的眼睛，相当于蒙住了马的情绪和本能，使得马车的掌控权完全在质子的手中。导演用电影诠释了“精神控制”，纣王蒙住了质子们的情绪和本能，质子们就像被蒙住眼睛的战马，而骑手自然是殷寿。

在心理学上，人们的期待决定了他们会看到什么东西、会忽略什么东西，而这种期待的来源不仅是个人的记忆和生活经验，更是文化的方方面面对人的心理的建构。而这种“建构”是里面的“砖瓦泥料”等建材，是可以被人为改变的，能不知不觉左右着人的思想。

在信息来源单一的时代，传播和教育逻辑是单向度的，就是我说什么，你听什么。讲台就是权威，书本就是圣经。可以选择“蒙眼”的简单方式，帮孩子们屏蔽不良信息。但如今却显得十分困难，技术革命的更迭带来的是五花八门的价值观以及始料未及的构建逻辑。面对着“爱国教育”里的信息环境与代际障碍，我想，给孩子们一片富有营养的水草，胜过千方百计地蒙上他们的眼睛。

千百年来，从语言诞生起，从人类认知觉醒的那一刻开始，这种话就开始发挥作用了。在远古巫师祭祀时对着一群人讲：“神啊，请赐给我力量吧，追随我的人灵魂将会得到永生，不追随我的人灵魂将无法安宁。”

在《人类简史》中就有这样一个论断：最会讲“故事”的人都成了人类“精英”。

那么，我们要给孩子们怎样的原始故事与素材？

◎ 问渠哪得清如许，“君子文化”活水来

近年来，我看到许多学校的爱国教育从“阅读经典”上收获良多。

在新纪元，“经典领读”读书活动是举办多年的品牌。

首先，利用图书馆、研讨间、线上线下平台，为学生阅读经典提供系统配套服务。为此，还不断根据教学、出版、借阅等变化，依照一定机制更新经典书目，组织采购、编辑、上架等。在配套的设施上，除了安静的阅读和学习场所外，学校引导学生组建个性化的“读书会”“读书小组”等，并为其提供课外讨论经典的场所。此场所和普通阅览室分隔而置，并安排科学的开放时间，确保学生有充足、自由的时间利用图书馆阅读学习。

其次，我们按照目录在一段时间范围内选取一部经典书籍，要求师生利用自己课余时间一起读，在特定时间举办“读书会”，大家各抒己见，各谈感想。通过同频共振的方式让每个人受益。

此外，充分利用互联网技术建立在线经典阅读平台，作为线下经典阅读的有效补充。在多年实践中，师生共同形成了一个长效制度——“领读经典”。

领读的学生要承担经典原著的阅读者、问题的思考者、相关史料的查证者、课堂的提问者、讨论的发言者、作业的完成者等角色。学生在履行这些角色时要学会用最短的句子说出经典著作在谈什么？作者是借着怎样的整体架构，来发展他的观点或陈述他对这个主题的理解？要学会用“自己的见解”在阅读经典过程中思考和回答老师指导的课题，要学会查证支撑自己每一观点的文献资料，要学会在课堂上向老师提“高质量的问题”，要不断努力提升自己在讨论时的发言水平及表达艺术，要及时递交自己的作业论文并在作业论文中提出独立见解。此外，学生还需进行“经典阅读力”的自我训练，可参考朱熹的《朱子读书法》。这样，在思政课的教与学中就构建起一个阅读经典的机制。

学校通过这样的方式，一方面可以锻炼学生的语言表达能力，另一方面有助于引导学生进行自我教育，为学生搭建展示自我的平台。长此以往，书本中正确的观点理念如潺潺流水般淌入学子们的思想中，教育之目的即达。

我一直坚信，“天下之本在国，国之本在家，家之本在身。”先秦时期，中国就已经推崇家国同构、忠孝一体，家国情怀在中国人的血液里静静流淌。

让孩子们阅读经典，就是学习做一个“君子”，把古代君子那忠君爱国、敢为天地立命的基因唤醒，从内生力中自我汲取钙质丰富的“精神养料”。

清华大学历史系教授方朝晖就曾深有感触地说，“先天下之忧而忧，后天下之乐而乐。中国人的学术思想常常沉浸于强烈的现实关怀，而不太盛行西学那种纯思辨的认知主义。中国学术的实用关怀，也即经世、救世愿望，演变成历代士大夫的出仕追求，以及现代中国学人的家国情怀”。

吉林师范大学文学院教授梁晓颖也系统梳理过伍子胥家族四代人的命运沉浮。结果发现，在君子文化的浸润下，春秋时期很多世族时刻关心国家的前途命运，并由此升华而成的爱国主义精神，成为春秋世族君子人格的必然归宿，“叔向、晏婴、叔孙豹、子产、季札这些春秋贤人都是这样的。伍氏家族也代代以此为理想，并用生命来践行”。

有一次学生在领读和解读《秦风·无衣》时齐声颂咏：“岂曰无衣？与子同袍。王于兴师，修我戈矛。与子同仇！岂曰无衣？与子同泽。王于兴师，修我矛戟。与子偕作！”

一首激昂慷慨、同仇敌忾的战歌，赞颂了秦军将士尚武团结的爱国主义精神。那朝气蓬勃的原始催动力，是教师在一节规定的思政课内能传导的能量所不能比拟的。

学校是加强爱国主义教育的重要阵地。爱国主义教育法规定，国家将爱国主义教育纳入国民教育体系，并明确了教育部门和各级各类学校应当履行的职责。对此，作为教书育人的学校应如何发挥作用，将爱国主义教育贯穿教育全过程？

我认为，学校要善用新渠道、新方式、新话语，对爱国主义教育进行形式和内容创新，充分利用研讨式、启发式、案例式、体验式、“互联网+”等创新教学方法，让其更好地融入课堂、融入校园文化，生动传播爱国主义教育内容。这是所有学校育人使命的当务之急。

◎ 用新课堂逻辑讲好一个“故事”

2019年，我看到了湖南省教育厅创办“我是接班人”大思政课堂，对大思政课进行多维度创新，极大激发了广大青少年学生的学习热情，推动形成了“学生追看思政大课”的氛围，大受震动。

据媒体报道，它的单节课学习人次超过3000万，总学习人次超过16亿。

“我是接班人”大思政课堂的总班主任和主讲教师，结合自身四年来的实践和感悟，总结了这样一套技巧。

首先，用“见时见事”的热点内容吸引学生。

在构思课堂素材时，坚持开门办思政的想法，聚焦火热的社会实践和鲜活的社会生活，与社会大课堂紧密结合，以“时”和“事”作为课程主题的引线，瞄准学生社会关注点、思想困惑点、理论渴求点确定大思政课主题，以此牢牢吸引广大学生的注意力。

一方面，大思政课在重要节点为青少年打造适合的学习材料。从开播大课《我和我的祖国》，到2020年疫情期间推出《在战“疫”中成长》系列大课，到献礼建党100周年的《强国有我》，到学习贯彻党的二十大精神的《复兴新征程》《山乡新巨变》《中国新少年》，到契合主题教育的《我是接班人学习新思想》，“我是接班人”大思政课堂总是能在关键节点给予青少年思想上的引领。

另一方面，紧随社会热点。四年来，“我是接班人”大思政课堂推出60多堂大课，500余个小专题，结合诸如我国火星探测、探月工程、北斗导航、载人航天等时事热点打造《天问》《夜空中最亮的星》《上九天揽月》《志在九天》等航天系列主题大课；围绕劳动节、儿童节、青年节等关注热点推出《劳动最光荣》《八一荣光》《青春点亮未来》《童心中国梦》等专题大课。

其次，用“共情共理”的价值认同吸引学生。

在课堂设计中，通过榜样人物引领学生“共情共理”。在课堂上，邀请过钟南山、杨长风、杨孟飞、朱再保等国家栋梁、民族英雄、著名学者“现身说法”，让千万中小学生零距离感受榜样力量，汲取成长之“盐”。先后有12位院士、50余位专家、120余位名师参与大课堂的主讲授课，形成传统课堂难以企及的强大师资，真正做到让信仰坚定、学识渊博、理论功底深厚、社会影响力大的“名人名师”来讲思政课，给全省学生带来极大惊喜和强劲吸引力的同时，有效引导学生养成“追名师”的热情，让学生近距离感受英雄人物和时代楷模身上的道德风范与思想魅力，给学生心灵埋下真善美的种子，引导他们扣好人生第一粒扣子。

此外，格外重视通过温情浸润带动学生“共情共理”。在《雷锋的“朋友圈”》一课中，利用雷锋存世的唯一一段演讲录音让孩子们有机会从第一视角了解雷锋短暂而又光辉的人生，之后巧妙打造雷锋的同学群、老乡群和战友群三个“微信群”，课堂上现场感与历史感交织，让孩子们对雷锋精神有了更深的感悟。

再次，用“求新求变”的创新形式吸引学生。

打破媒体与教育的界限，发挥“电视湘军”的独特优势，借鉴影视作品和综艺节目的艺术特性，运用先进技术手段，丰富媒介传播形式，打造富于感染力和吸引力的全新课程样式，确保学生真正爱看。

把每一堂思政课的内容进行场景化、形象化和数字化呈现，让学生在情境沉浸中不断树立和巩固做社会主义建设者和接班人的美好愿望、思想意识、政治认同。舞蹈、朗诵、歌唱、话剧、相声等艺术形式都出现在课堂上，力求通过形式多样的活动吸引学生；我们学习综艺节目的组织方式，将图片展示、视频录制、现场访谈、知识竞赛等形式搬上课堂。还充分融合现代信息技术，借助互联网、人工智能、5G 全息影像等现代信息技术，让各地芙蓉学校以及偏远地区学校学生实现异地立体 3D 同屏交流，让孩子们大呼“过瘾”。

同时建立了自己的品牌体系，从品牌名称、徽标到开场白，形成了独特的标识。“我是接班人”大思政课堂有简洁大气的教室，同时部署 5G 网络信号，多块超大屏幕可随时连线全省 101 所芙蓉学校和场外嘉宾。每节课都以黑板作为主屏背景，黑板上课题统一由小楷书写，整体风格自成体系。

总而言之，形式极具吸引力和感染力，课堂因此变得更吸睛、更生动、更为青少年喜闻乐见，极大激发了学生的学习兴趣，学生“追课”如“追剧”，思政课堂因此“活”了，也“火”了。

◎“故事”不能弥合的地方，让传统文化去沁润

诚如前文所述，我们必须直面客观存在的代际差异，发现师生之间的差异所在，通过教育心理与教育策略的改变，实现差异的弥合，最终实现爱国主义教育的切实有效。

“讲故事”是一种手段，但讲什么年代的故事、以什么方式去讲、用什么视角去讲，就不得不考虑这些问题：

首先，时间选择。

“80 后”同改革开放共成长，见证了祖国逐渐腾飞的过程。我们从小接触的是国家如何一步步从落后走向兴盛，因此我们记住的是中国不断进取、向上攀升的过程，打动我们的是这个过程中的“改变”，是这样的“改变”

中包含着拼搏与奋斗的精神。但“00后”长于辉煌盛世中，关于国家记忆的开端大致是2008年北京奥运会的辉煌以及2010年上海世博会的大气，再就是神舟飞天、蛟龙下海，他们对摩天大楼、私家车等司空见惯。很多时候，打动他们的并不是“改变”，而是“成绩”。

当我们的爱国主义教育还停留在忆苦思甜时，用“深圳速度”来鼓舞民族自尊时，还在用近代中国抗争屈辱的历史来唤起民族情感时，我们其实已经失去了和学生情感共鸣的距离优势，我们彼此感动的点位是不同的。

其次，审美差异。

“数字化代际冲突”是指因为互联网时代导致的代际差异，最直接表现在话语冲突。比如二次元及弹幕、剪辑视频等在学生中风行。“新生代已经树立了自己的新权威，并在争夺话语权的斗争中获得了更广泛的大众支持”。

我们这一代人接收信息，从风格上来说似乎更倾向于正式、严肃，从载体上来说更倾向于书本、纪录片等，长于自主思考，却弱于自主创造。而“00后”的学生，进入了“反智时代”，这个时代里，“专家已死”。他们不喜欢长篇大论，喜欢快节奏接收信息；不喜欢被动参与，喜欢主动融入；不喜欢当听众，喜欢做主角；不喜欢高大上的云端信息，喜欢身边人与身边事。

再次，视域差异。

不止一位老师给我反映学生们获取知识的手段以及所掌握的“奇形怪状”的冷知识，他们经常被学生问得哑口无言。有时觉得不是教师在传教，而是教师从学生口中了解世界。

其实根本原因在于视域差异。我们想得更多的是生活的改善、家庭的幸福、事业的成功。而我们的“00后”学生们，他们并没有我们这么沉重的“负担”，他们想的是个性的实现、个人理想的追求。对国家的期待，我们和他们也是不同的。我们要的是一个安定强大的能够保障人民幸福的国家，而他们期待的则是能够担起世界责任，能够引领世界价值，具有强大文化号召力的国家，他们也愿意为此付出自己的努力。

早有学者提出，有鉴于此，爱国主义教育的内涵扩大，强调我们的国际责任，强调“命运共同体”，帮助学生明确自身的使命，将自身发展同民族复兴、世界责任联系到一起，让大国情怀、大国视野、大国追求真正成为爱国主义教育的重要基石。

当我们的“点位”并不对位，当我们的视野也并不能覆盖，必然产生爱国教育主义的鸿沟，甚至逆反。

那些“故事”不能到达的地方，不如交给传统文化——那是一脉相承的国人基因。

第三节　感时思报国，拔剑起蒿莱

“怒发冲冠，凭栏处，潇潇雨歇。抬望眼，仰天长啸，壮怀激烈。”

“但使龙城飞将在，不教胡马度阴山。”

“愿得此身长报国，何须生入玉门关。”

中华民族的悠久历史，五千年灿烂辉煌延绵不断的历史，足以激发孩子们的历史优越感，从而升华为爱国热情；中华民族的盛衰史，足以激发孩子们的奋斗激情，国家安宁则国民幸福，国家动荡则民不聊生，从而激发学生的爱国热情。

但文化是一种能感知却难以“实体化”的东西。爱国主义精神的认知，也并非是感性或者理性的某一面，而是二者的统一。

难就难在中职这个年龄段的孩子们，对社会认知肤浅，社会阅历缺乏，尽管对祖国有一种本能的爱意，但是他们缺乏理性和客观的分析，爱国主义精神是盲目的、感性的。有的甚至成了某些势力煽动下的“棋子”，一些不负责任的“键盘侠”甚至成为网络暴力中并不无辜的一片“雪花”。

我了解一些孩子，他们打着牢记历史的旗帜排斥所有的民族，盲目抵制进口的商品和货物，但究竟爱国是什么，其实孩子们是不能够说清楚的。爱国主义作为一种精神、一种情怀，其实是中华民族一直以来的优良传统。

有机构调查显示：在 547 名学生的抽样中只有不到三成的人表示非常了解或了解红色基因，大部分学生表示对红色基因了解一点或不了解。其中，非常了解的学生占 4.02%，了解的学生占 22.49%，了解一点的学生占 57.04%，而完全不了解的学生有 90 人，占比达到 16.45%。

而具体到红色基因传承主体的调研，年轻一代存在对传承主体认知较为局限的问题，学校、政府、媒体等主体由高到低分别获得 86.65%、84.28%、67.28%的认可度，而实际作为传承红色基因重要生力军与关键力量的个人，仅占 57.77%，以高于“家庭”6.4 个百分点的差距位居倒数第二。这在一定程度上侧面反映出部分年轻人传承红色基因的主体责任意识欠缺，尚未真正从内心自发地视传承红色基因的时代使命为己任。

长期以来，如何有效开展爱国主义教育，对每所学校来说都是个难题，对中职学校来说更是如此。我迫切感到，作为职业教育工作者，必须赛跑：和信息碎片化的世界赛跑，在似是而非的言论还没有建构一个孩子的错误家国观时，就给他正确的“建材”；和“我们故事”跑不过的“某些事故”赛跑，告诉孩子们完整的真相；和传统文化极大的能量赛跑，在孩子们每一个心路历程的关键节点，给一个正确的容器，让他们去盛满传统的能量。

◎ 跳出“教学课堂”，把身边的爱国钙质补进去

2023 年 6 月 13 日下午，西安铁道职业学校放映了当时在陕西热映的主题教育电影《远山花开》。为了让学生们感受到深层的震动，我还特地邀请到著名青年作家、影片编剧王洁女士和电影主演团队莅临学校，为师生分享影片背后的故事。影片反映的是一个时代话题——东西部协作下的扶贫和教育问题。有人说，难道不该选择《战狼》《长津湖》等影片吗？诚然，这些影片目标明确、主题突出，非常适合拿来做爱国主义教育，我也经常选择类似影片进院校。但我也应该选择一些离孩子们生活更近，甚至压根就是自己身边事的影片。爱国教育不仅是热血的激发、国耻的铭刻，更要让学生感受到、去了解当今之中国、当今之时代发生了什么，什么正在发生，什么还需要他们去做贡献。

面对中职学生，我不能要求他们现在能读懂四书五经与红色理论的所有书籍，要求他们每天看《新闻联播》，但告诉他们一些时政常识、激发他们拥抱时代的内生力和使命感，确实很必要。

“爱国”不仅仅是特殊时期需要抛头颅、洒热血，为国捐躯的英雄主义；更需要和平时代的兢兢业业、勇于奉献、忠诚担当的“平凡主义”。

我想让孩子们感受到“国之大”，更要教会他们如何着手“国之需”。

让孩子们知道自己是祖国必不可少的螺丝钉，再平凡也有伟大使命，有了极强的参与感与连接性，他们才可能真正主动去关心国家每一个前进的脚步。

在当天电影结束后，不少学生发表了感言。有一个学生这样写道：

我们感动，因为我们很多同学都来自乡村；我们感动，因为我们有的同学曾经是留守儿童。直到现在，中国的脱贫攻坚已经取得巨大胜利，我们全

面踏上乡村振兴新征程，但是在祖国各地依然有成百上千个大麦村，依然有数以万计的大学毕业生在乡村进行着支教活动，依然有不计其数的乡村孩子面临着教育和医疗保障等问题，国家每年的就业政策依然在向边远地区和农村基层倾斜，如大学生西部计划、研究生支教团、三支一扶、特岗教师等一系列的支持政策。我们在看到电影中的故事时，也要清醒认识到，作为新时代的中国青年，我们任重而道远，在全面实现乡村振兴的征程中，需要一代又一代、一批又一批年轻人，希望我们的同学们胸怀远大理想，不负党和人民的期望，刻苦学习，勤奋努力，等到将来学业有成的时候，为祖国的社会主义建设和乡村振兴贡献一份力量。

所谓爱国，自然天地宽。一个人若以祖国发展为己任，他就会去找自己可以做的事情，能所为的那方天地，也就不局限于一域、一事、一业。

“红日升在东方，其大道满霞光，我何其幸生于你怀，承一脉血流淌，难同当福共享，挺立起了脊梁……”当孩子们在芳菲五月的校园里唱起一首首爱国歌曲，仿佛连风都有了思想。

为进一步培养学子们爱党爱国的家国情怀，增强其民族自信心和自豪感，丰富他们的校园文化生活，促进他们的全面发展，展现他们朝气蓬勃的青春风采和积极向上的精神风貌，我们几所职校每年都组织爱国主题歌咏比赛。

孩子们欢聚一堂，载歌载舞，以精彩的演出致敬红色历史，用歌声礼赞党和祖国，用朗诵书写青春，重温红色故事，延续红色根脉。

在五四青年节、国庆节等特殊意义的纪念日里，举办爱国主题的朗诵比赛，已经是我们培养学生爱国情操的一个重要手段。每当此时，几乎全校师生出动，为学生们树立榜样，以“身教”告诉孩子们：“人”的第一笔财富是“爱国”。

诚如前文所述，我始终坚信，爱国教育是理性与感性于一体的工作，情感的共鸣，有时无须多讲，要多去制造氛围。

正所谓“久居兰室不闻其香，久居鲍市不闻其臭”，当爱国不是一种教育，而是自然而然，像吃饭喝水那样生发于内的精神自觉时，我想这才是理想状态。

总体来讲，总结大部分中职教育以及我的个人心得体会，爱国教育的抓手，无外乎有四：

第一，充分发挥课堂教学的主渠道作用，将爱国主义精神贯穿于学校教育全过程，推动爱国主义教育进课堂、进教材、进头脑。发挥学生的主体作用，在教育潜移默化中，引导学生树立国家意识，增强爱国情感。

第二，打造多元实践活动，把爱国主义内容融入各类主题教育之中。组织开展丰富多彩的校园文化活动，如举办主题展览、影视作品展示、英雄事迹报告会、榜样模范巡讲等，激发学生的爱国情感；拓展爱国主义教育校外实践领域，如组织社会调研、参观爱国基地、开展志愿服务、进行现场体验、深化红色教育等，帮助学生了解国情民情，明确责任担当。每年的清明节，我们会组织学生去烈士陵园扫墓。翠柏伴随着英烈之魂，一座座墓碑是一个个故事，构成我们今天的和平与安稳。这样的“有形”场域，会告诉孩子们“先辈回眸应笑慰，擎旗自有后来人”的深刻含义。同时，学校全体党员在纪念碑前一起重温入党誓词，以铮铮誓言于字字千钧间表达红色血脉和不朽精神传承的决心，以这样的氛围去感染、深化学生的爱国情怀。

第三，构建全媒体场域，将爱国主义有效嵌入四通八达的微循环网络体系中。也就是要充分应用微博、微信、QQ 等各类新媒体，加强爱国主义教育，通过虚拟现实技术（VR）搭建现实场景，让青年学生切身感受新中国成立以来的发展壮阔进程，建立爱国主义门户网站、网络社群等爱国主义教育新阵地，创作视频、漫画、电影、电视等网络文化精品，让爱国主义教育富有亲和力和感染力。

第四，组织重大社会活动，切实挖掘重大纪念日、重大历史事件蕴含的爱国主义教育资源。注重运用升国旗、奏唱国歌、国旗下宣誓、入党入团等仪式，发挥传统和现代节日的涵育功能，强化教育的仪式感、参与感，引导青年学生体悟中华文化、增进家国情怀，立志听党话、跟党走，真正让爱国主义精神在学生心中牢牢扎根。

◎ 让爱国有“形”可行

《大学》中讲道“自天子以至于庶人，壹是皆以修身为本”，就是强调所有人都不例外，以修身为根本要务。修身有成，自然化成于家、国、天下。

顾炎武《日知录》曰：“保天下者，匹夫之贱，与有责焉耳矣。”梁启超合其为八字成语：天下兴亡，匹夫有责。

从古到今，修身化作一种兴亡有责的担当精神，始终被中华民族所颂扬追求。一百多年前，中国共产党人面对积贫积弱、满目疮痍的旧中国，义无反顾地承担起历史使命，领导民众反抗压迫、追求幸福，实现最广大人民的根本利益。正是因为有着兴亡有责的历史自觉和使命担当，中国共产党人将个人和家庭的前途命运同国家和民族的前途命运紧密相连，带领中国人民不断取得革命、建设和改革事业伟大胜利，在实践中培育和形成了一系列富有时代内涵的崇高精神，构筑起了中国共产党人的精神谱系。党的二十大报告指出，中国共产党是为中国人民谋幸福、为中华民族谋复兴的党，也是为人类谋进步、为世界谋大同的党。胸怀天下，关注人类的前途命运，促进世界和平，这是中国共产党人兴亡有责的生动阐释。

在文化传承发展座谈会上，习近平总书记指出："中华优秀传统文化有很多重要元素，共同塑造出中华文明的突出特性。"修齐治平、兴亡有责的家国情怀，是其中重要元素之一。钱学森的故事，我常常给学生们讲起。

从 1935 年去美国，到 1955 年回国，钱学森在美国待了整整 20 年。

到北京后的第二天清晨，钱学森做的第一件事就是带着全家来到天安门广场，面对雄伟的天安门城楼，钱学森激动地说："我相信一定能回到祖国，现在终于回来了！"

1956 年 2 月，在周恩来总理的鼓励和支持下，钱学森起草了《建立我国国防工业的意见书》，为我国火箭和导弹技术的建立与发展提供了极为重要的实施方案。1960 年，在他具体领导下，我国研制成功了第一枚导弹。之后，他又亲自主持我国"两弹结合"的技术攻关和试验工作，于 1966 年成功发射了我国第一枚导弹核武器。1965 年，他向中央提出研制发射人造卫星的时机已经成熟，并于 1968 年兼任空间技术研究院首任院长。1970 年我国第一颗人造地球卫星发射成功，新中国终于迎来了航天时代的黎明。

钱学森通过自己一生的实践证明：只有把自己与祖国的命运结合在一起，才能充分实现个人价值，也只有在为国家奉献、在为人民服务的过程中，才能赢得祖国和人民的尊敬与爱戴。

一位朋友的孩子，今年 16 岁，他中考后毅然来到新纪元学习中烹专业，我总是从他的脸上看到自信的笑容，一点儿没有中考失利的沮丧感，时常见他在操作台上勤学苦练。

在一次"国旗下的演讲"中，我才明白他有一个梦想——把陕西面食馆子开到美国、法国、英国街头。他说："一位亲戚去纽约开了肉夹馍馆子，他们外国人吃到咱们的美食，总是给他竖一个大拇指。每到这个时候，我能深刻感受到，作为中国人用中国人自己的东西震撼外国人的那种自豪感。我学习这个专业，不仅为自己谋生，更想为国卖肉夹馍!”

每周一晨会雷打不动举行“国旗下的演讲”也是我们开展爱国教育的一个重要抓手，特别是该周前后适逢七一建党、八一建军、国庆等重大节日期间。在此，我也仅选取一位14岁学生马同学的演讲片段（该次升旗仪式，恰逢八一建军节前）：

1927年8月1日，南昌城头的一声枪响，中国共产党领导的新型人民军队就此诞生。96年间，党旗所指，军旗所向，是中国军人不变的信仰，时光流逝，岁月变迁，这种信仰从未改变。今天的我们，肩负着捍卫国家主权、安全、发展的重大使命。

国家寄希望于我们，我们有责任和义务将满腔赤诚化为动力，勇立时代潮头，不负重托，用青春之我创造青春之中国，长风万里，昂扬奋进，铁马金戈，卫我山河。

朴实而并不“高大上”的话语，捧出一个少年干净的爱国心。而当一个人以“国”为峰时，他的事业领域注定是宽阔的——格局与志向，决定一个孩子扫一屋，还是扫天下。

“先天下之忧而忧，后天下之乐而乐”。自古以来，无数仁人志士把家国情怀作为毕生的理想追求。由于中国传统文化推崇家国思想，中国人群体意识里被浸染了极强的社会责任感和历史使命感。

以古人之智慧，开今日之生面。作为扎根于中华历史文明深处的君子文化，包括对家庭和国家认同与热爱的家国情怀，在新时代中国特色社会主义事业中其实依然发挥着更大的作用、谱写新的历史华章，是时代赋予我们的使命与责任。

无论时代怎么变化，信息环境怎样诡谲，有一种岿然不动的力量，是天生就在人的体内的，“心即理，致良知”。教育的本质是擦亮它并保护它，让拥有者去用它。手段可以创新，血液却是相承不变的。作为中职教育者，使命在于用有形的方式点燃孩子们内心的这团火，用良好的氛围，引燃一片原野。

第三章　有差别化和双向参与式“感恩”

《诗经》有言：“哀哀父母，生我劬劳。”

《孔子家语》里说：“树欲静而风不止，子欲养而亲不待。”

《庄子》中说：“蹍市人之足，则辞以放骜，兄则以妪，大亲则已矣。”

作家毕淑敏说：每个孩子都相信来日方长，相信有衣锦还乡的那一天，可以从容尽孝。

可惜人们都忘了，忘了时间的残酷，忘了人生的短暂，忘了生命本身有不堪一击的脆弱。我们总是对待别人太礼貌，对待父母太随意。对别人的举手之劳永记于心，对父母的辛苦付出却视而不见。

我最近看过一篇微信文章，是一对父女的聊天记录截图，大体内容是讲述一名23岁的留学西班牙女大学生，不满父亲给的每月一万元的生活费，而将聊天记录发到社交软件，并恶言辱骂其父、其母。

如果这件事是真的，这个女儿是多么令人齿冷。如果国外的案例让我们觉得还不那么切肤，那么下面案例的当事人就丧心病狂了：

2020年5月，陕西马某将79岁老母活埋于墓坑，三天后获救，幸而未死。

2019年4月，杀母案嫌疑人、北大学生吴谢宇被捕。

2018年12月2日，湖南12岁的6年级男孩，持刀将自己的亲生母亲杀害。

2017年4月，留学生龚宇伟在美国檀香山报警，说自己杀害并肢解了母亲。

2013年6月，留学生汤远熙，在父母自中国前往探望他时，杀母后藏尸行李箱并弃尸河中。

2012年11月21日凌晨，25岁的孔某母子因琐事争吵，积怨之下，孔某将母亲杀害。

当然，我不是说不懂感恩的孩子就一定会走到这么极端的地步，但如今社会中确实有那么一代人是蜜罐里长大的，他们觉得父母就应该为自己做任何事情。作为教育工作者，我内心是阵痛的。

我明显觉得，可能由于成绩总是不理想，中职的孩子又刚好处在叛逆期，他们与父母的关系有一些暂时未解开的疙瘩，这是一个双向问题，不妨首先说说家长。

纪录片《成绩优异的秘诀》中，就讲述了这个叫 Todd Rose 的孩子的故事：

Todd 打小就不是个让父母省心的孩子，捉弄同学、搞恶作剧这些都是日常，以至于每次接到老师的“告状”电话，父母的心头就一紧。种种不合群的举动在 Todd 上初中时得到了证实——他被诊断为注意缺陷多动障碍，也就是我们常说的多动症。由于成绩一直垫底，Todd 遭受了来自同学的霸凌和周围人的嘲笑，他曾经在校车上被暴打，而司机竟然视若无睹。在被众人排斥和否定时，也只有父母相信他“可以”。Todd 高中辍学后，19岁就结婚生子了。刚开始两年，基本上是靠救济金生活，在外人眼里是妥妥的 loser！

但 Todd 的父母并没有放弃他，依然鼓励 Todd 去挑战自己，寻找自己真正想做的事。后来为了生计，Todd 报名了一个谁都可以上的社区大学，但正是在这所社区大学，他发现了自己对教育的热爱，通过自己的努力，一步一步往上走，最终考上了哈佛还留校任教。

不是每个家长都有如此坚定的信心去相信和引导孩子，也不是每位家长都有足够的时间去理解每一个“答卷差生”、去挖掘每一个“答卷差生”的优点。但是如果我们自己都早早放弃了，那么该会有多可惜，孩子会有多绝望？

青春期的敏感，是超乎想象的（这应该没人反对），父母对自己的态度，孩子是可以敏锐地洞察到的。如果某种略带“失望”和“嫌弃”的负面情绪有意或无意地表达出来，映射在孩子心里会产生两种情绪——回避或对抗——无论哪一种，都会造成家长与孩子之间的隔阂。

感恩，并非完全是教化，而是感化——必须有双向参与。常言道：“爱出者爱返，福往者福来。”

第一节　谁言寸草心，报得三春晖

2022年发布的《中国生育成本报告》显示，全国家庭0—17岁孩子的养育成本平均为48.5万元。中国的生育成本相对于人均GDP倍数几乎是全球最高。

从20世纪80年代以来，我们的养育成本一路增长，中国父母拿出了历史以来最多的爱。在独生子女的政策下，从1980年到2016年，中国诞生了1.76亿的独生子女，据第七次人口普查，目前，全国独生子女数量已达2亿。

在大众的印象中，独生子女是幸福的一代人。他们是在爸爸妈妈、爷爷奶奶、外公外婆的无限宠爱下，慢慢长大的。

此外，还有调研统计显示，仅在1995年中国城市儿童从他们的家长那里就收到了大约50亿美元的零花钱和压岁钱。这一数字与当年的蒙古国内生产总值不相上下。大概就在那段时间，中国的儿童发展专家开始讨论中国父母溺爱孩子的危害问题。像“中日夏令营的较量”这种谣言流传甚广，独生子女一代被贴上“爱指挥一切”“以自我为中心”“缺乏协作精神”等负面标签，当时不被很多人看好。

既是独宠又过分忧虑，既是高投资又有诟病，父辈们这种矛盾的心态，用“唯一的希望”来概括，十分恰当。概因如是，这一代人是不缺爱的，也是被诟病为“不懂感恩”的冷漠一代。

◎“只感动了自己”的父母和“并不感恩”的孩子

在宋健、戚晶晶的论文《人口与发展》中，专门对“啃老族”做过一项样本调查。

他们将数据来源定于中国人民大学人口与发展研究中心2009年11—12月组织的“中国城市青年状况调查”，调查对象为1975年1月1日—1989年12月31日出生的20—34岁现有人口，包括户籍人口和非户籍流动人口。调查地点选取了北京、保定、黄石和西安四个城市，选取原则是根据2005年全国1%人口抽样调查中的城市独生子女比例平均水平。选取的四个城市涵盖了东、中、西部区域，又包含了大、中、小城市，具有一定的代表性。调查采用多阶段、分层和随机抽样，由调查员入户进行问卷调查，调查获得有效样本量3282个。

结果表明：在住房和日常生活方面都存在“啃老”现象，即“强啃老”的青年比例为7.38%，在其中一个方面“啃老”的“弱啃老”青年比例为38.23%，其中住房“啃老”但日常未“啃老”的比例为33.13%，住房未“啃老”但日常“啃老”的比例为5.10%。共计有45.61%的已婚青年或多或少存在着“啃老”行为。

四个城市比较来看，保定已婚青年中“强啃老”的比例最高，为9.32%；黄石已婚青年中“弱啃老”的比例最高，为51.57%，其中大多数是住房“啃老”但日常不“啃老”（占47.23%）；北京和西安已婚青年中未“啃老”的比例均超过63%，明显高于黄石、保定的相应比例；但北京已婚青年“强啃老”的比例仅次于保定，为7.86%。

其中，独生子女及户籍青年更易发生日常“啃老”：独生子女日常“啃老”行为的发生比是非独生子女的1.651倍；流动青年日常“啃老”的发生比仅是户籍已婚青年的42.9%。与初中及以下的青年相比，受教育程度为高中、大专及以上的青年，日常“啃老”的发生比更高；非农户籍的已婚青年与农业户籍的相比，日常“啃老”行为的发生比高82.0%。

而以下几个案例，可谓“家家有本难念的经”！

案例一：小庞（1991年出生）

他高中毕业，又没什么能力，我们也托不上朋友，什么单位能要他呢？我自己是初中毕业，可以说是吃了没文化的亏，也知道现在的社会对学历要求都很高，所以在这一点上我就不太指望他了。

前阵子有人问他要不要去工地上干活，没有学历要求。但你说一个城里小孩，在家最多就做点家务，那种苦力他能干得了？

所以我也看开了，只要我们有口吃的，他也就饿不着。如果找到工作那当然更好，实在找不到也就这样了。

案例二：小文（1991年出生）

我也不是养不起她，她一辈子吃喝玩乐不是不行，但我一直觉得女孩子也该有自己的事业，应该经济独立，不去靠任何人。所以她如果真的就这样啃老，我会对她很失望。有几次我都“威胁”她不会再给她钱了，下个月就必须让她花自己的工资，但是有什么用呢？她出国前我给她开通了我的信用卡副卡，每个月她消费，我来还。到现在都六年了，这张卡我说了好多次要停也没停。能怎么办，难道真让她饿着吗？我做不到。

案例三：灵灵（1997 年出生）

再说了，灵灵是我的女儿，如果我有能力给她更好的，为什么不呢，为什么要让她委屈自己？

现在我们一家人健健康康、和和睦睦的，我真的非常满足。要是可以让这种状态持续下去，花点钱又算什么。

中国式父母的悲哀就是：付出了所有，却养不出感恩的孩子。感动了自己，却走不进孩子的内心。

父母倾尽所有的付出，却容易滋生孩子高人一等的优越感，很多父母经常告诉孩子："你只要好好学习，其他的都是我们来做。"然而，当他习惯了你的付出，心安理得地享受这一切的时候，感恩之心也随之离他远去。

我忘不了一个案例：几年前在上海浦东国际机场的大厅，一名返沪的留日汪某学生与前去接机的母亲因寄钱晚了发生争执，当场连刺母亲九刀，致其母胃、肝尽破，当场昏迷，被送进医院重症监护室。然而这位"寄钱晚了"的母亲每月的工资几乎全给了儿子，为了儿子能安心学业，她向亲友借钱，五年为儿子凑了 150 万元，就连被儿子刺伤后的住院费用也要靠亲友拼凑。倘若汪某对父母尚有一丝感恩之心，恐怕也不会冲动干下这等违背纲常，更违背法律的行径。

莎士比亚在《李尔王》中写道："不知感恩的子女，比毒蛇的利齿更能噬痛人心。"世上最可悲的，莫过于父母等着孩子感恩的时候，孩子却在逼着父母跪求。

中国式父母的"蜜糖式"家庭教育越来越让人们反思：教育孩子并非只是吃饱穿暖，而是要培育一个具有健全人格的人。一边是父母的含辛茹苦，另一边却是孩子的心安理得，父母的舐犊情深令人感动，但这终究是一种溺爱。时间长了，孩子觉得父母的付出是应该的，却感受不到成人世界的不容易。当父母在物质上无私地满足孩子的同时，也给孩子的身心健康埋下了安全隐患。

前不久，成都的柴先生用"一个失业父亲等待女儿归"的博客在网络上发布了一条微博，说女儿将自己 320 万元的积蓄全部转走，并拉黑了家人。

柴先生的女儿只有 18 岁，成绩优异的她一直以来都是柴先生的宝。在女儿很小的时候，柴先生就和妻子离了婚，他觉得对不住女儿，对女儿的要求总是百依百顺。所以当女儿提出去加拿大留学的时候，柴先生二话不说就答应了，可当女儿去往加拿大一周之后，柴先生发现银行卡里的钱全都不见了，一查才知道，钱已全部转至女儿名下。而他的女儿也没有去学校报到，而是天天吃喝玩乐买奢侈品，在微博和朋友圈上四处炫耀……

当柴先生在微信上苦苦哀求女儿的时候，女儿竟然直接拉黑了他。这个被惯坏的孩子，花着父亲的血汗钱，却心安理得地享受高级的生活。

俞敏洪曾说过：“大把花着父母的钱，只懂自己的快乐，不懂父母的辛酸，不舍得为亲情付出一分一毫，那么你已经全无良知了。”

为什么付出越多的父母，往往养不出感恩的孩子？其实答案很简单：我们都一味想着让孩子赢在起跑线，却忘了思考：除了注重孩子的生活和成绩，是否关心过孩子健全人格的塑造和培养？是否在潜移默化中让孩子养成了自私冷漠的一面？这样的孩子一旦赢了，又能给家庭、给社会带来什么？

曾经有人总结过，所谓的失败者大都缺乏学习与上进的能力和拥有着莫名其妙的自信，这样的人认为自己理所应当被爱，只要爹妈一天没死都得给他“喂奶”。这种人注定一事无成。

人是群居的生物，无论能力多么突出，如果不懂得为人处世，不懂得去爱，那么注定是孤独的。而懂得感恩的孩子能从自我的世界里脱离出来，他们能够感受到他人的不易，更容易生出同理心，人际关系更好。

所以，让孩子学会感恩，让他心存感激地面对这个世界，学会爱他人，这不是父母的自私，而是对孩子未来生活的远见。

◎“每次我想更懂你……”

有人专门为父母与孩子的沟通关系作过一首歌，歌词如下：

每次我想更懂你　我们却更有距离
是不是都用错言语　也用错了表情
其实我想更懂你　不是为了抓紧你
我只是怕你会忘记　有人永远爱着你……

以上是母亲的唱段，孩子的歌词如下：

你每天看着我长大
但你是否了解我内心矛盾的对话
你板着面孔　不屑地对着我看

我的视线没有勇气　只好面对冷冰冰的地板

这就是你　这就是我　我们之间的互动

何时开始慢慢加以冷藏　加以冷冻

我好想逃　我好想躲进一个洞

我需要真正了解我的人　为我进行解救……

歌曲一经发布，就引来大量传唱。其实，这也是大多中国式亲子关系，尤其是叛逆期的孩子与家长之间关系的侧写。

当爱不能良性互动，便徒增埋怨，甚至怨恨。

我有一位朋友，至今在怨恨他的父亲。由于小时候没有哥哥学习好，父亲便经常对他出言讥讽、挖苦，在印象中没有得到过父亲的肯定。

有一次，他很不容易得了个作文三等奖，想要第一时间把奖状捧回去给父亲，得到他的赞赏。结果父亲冷言鄙视说："平时把学习的功夫都用在写这些闲事儿上去了，数理化一门都不及格，还有脸拿这些酸文臭字来洋洋自得！"

长大后，他为了摆脱父亲的习惯性羞辱，远走他乡自学，最后考上了警察。本来，他想以此让父亲骄傲，谁知父亲似乎对他更不满，说他考公务员是凭运气，少在他面前耀武扬威。

父亲的态度给他造成了非常大的心理阴影，导致他在成年后的很多事情处理上，尤其是面对亲密关系，总是情绪化非常严重，婚姻家庭不平顺。

他始终不明白，为什么表现差的时候，父亲对他失望，逆袭以后，父亲对他也是讥讽？

直到最近，父亲突然病逝，在最后的遗嘱安排里，他才知道父亲在三个孩子中最爱他。爱的表达太玄妙，有时多到让人觉得并不稀罕，有时又以相反的面孔出现。

有人幸运地用童年治愈了一生，也有人不幸地用一生去治愈童年。如果爱不能精准抵达，孩子的心里不是寸草不生，就是野草蔽日。对孩子的感恩教育，其实是一堂有关原生家庭的"表达课"。

原生家庭指的是个体在成长过程中最早的家庭环境，包括父母、兄弟姐妹、亲戚等人员组成的家庭。这个家庭环境是个体最早接触到的社会环境，也是个体最初形成和发展性格和行为方式的场所。因此，原生家庭对个体的性格和行为方式具有非常重要的影响。

原生家庭对个体性格和行为方式的影响是多方面的，主要包括以下几个方面：

1. 家庭文化的传承

家庭文化是一个家庭中传承的特定文化，它包括家庭的价值观、信仰、习惯、传统等方面。家庭文化的传承对个体的性格和行为方式具有非常重要的影响。家庭文化的传承可以让个体了解家庭中的价值观念，形成自己的信仰体系，从而对个体的行为方式产生指导作用。

例如，如果一个家庭非常注重孝顺，那么在这个家庭中成长的个体可能会形成尊重长辈、关心家人的性格特征和行为方式。而在另一个家庭中，如果家庭成员都很独立自主，那么个体可能会形成自立自强、不依赖他人的性格特征和行为方式。

2. 父母的养育方式

父母的养育方式对个体的性格和行为方式具有重要的影响。父母的养育方式包括父母的态度、行为、言语等方面。父母的养育方式可以影响个体的情绪、认知、社交和行为等方面。

例如，如果父母经常批评孩子，那么孩子可能会形成自卑、不自信、消极的性格特征和行为方式。如果父母温暖、关爱、理解孩子，那么孩子可能会形成自尊、自信、积极向上的性格特征和行为方式。父母的养育方式可以对个体产生长期的影响，甚至可能终身难以改变。

3. 家庭亲密度和支持性

家庭亲密度和支持性对个体的性格和行为方式也具有非常重要的影响。家庭亲密度和支持性包括家庭成员之间的情感联系和支持度。一个温暖、亲密的家庭可以给予个体充分的支持和关爱，从而使个体形成积极向上、自信、乐观的性格特征和行为方式。

相反，一个疏离、冷漠的家庭可能会导致个体形成自闭、孤僻、消极的性格特征和行为方式。在这样的家庭中成长的个体往往缺乏安全感和信任感，对人际关系和社交能力的发展产生不良影响。

4. 家庭中的冲突和矛盾

家庭中的冲突和矛盾对个体的性格和行为方式也产生重要的影响。家庭中的冲突和矛盾包括夫妻之间的矛盾、父母与孩子之间的冲突等。家庭中的冲突和矛盾会对个体产生负面的影响，使个体感到痛苦、无助、焦虑等，从而导致个体形成不良的性格特征和行为方式。

例如，如果家庭中存在着频繁的争吵和冲突，那么孩子可能会形成缺乏安全感、内向、胆怯的性格特征和行为方式。如果家庭中存在着暴力和虐待，那么孩子可能会形成恐惧、压抑、攻击性的性格特征和行为方式。

而这些“非有效沟通”的家庭，最容易培养出这几种类型的孩子。

1. 外表强大，内心脆弱

如果父母无法满足孩子对爱、关怀和更深层次的情感需求，孩子其内心会变得脆弱不堪，时常为了掩饰内心的无助而佯装强大，用坚硬的外壳保护那颗柔软的心，但是被给予一点儿温暖和爱，就会轻易妥协。

2. 性格极端，容易钻牛角尖

原生家庭不幸福的孩子，性格都比较极端，因为他们在父母身上没有学到好的品质，父母带给他的只有一些消极的影响，这些孩子做事容易冲动。对情绪没有控制力，总是容易紧张暴躁。

3. 与人交往，习惯讨好别人

儿童心理学家表示，孩子与人交往时，总是表现出讨好别人，就说明孩子自卑没有安全感。这是因为原生家庭没有给予他足够的安全感，父母没有给予他足够的关爱，孩子在生活当中总是被打压、被控制，并不幸福，所以在与人交往的时候，渴望得到别人的亲近，就会习惯性地讨好别人。

4. 自卑

俗话说，“良言一句三冬暖，恶语伤人六月寒”。父母对孩子的批评、责骂、侮辱甚至是人身攻击，会变成一把利刃，直戳孩子脆弱又敏感的心，对其生长发育造成莫大的伤害，且多数情况下，这些伤害往往是无法挽救的。

这一代的中职生大多是独生子女，一方面并不缺乏爱，有的甚至是溺爱，另一方面也是父母唯一的希望，总是承受着比以往孩子更多的期望值。但因为在初中时的学习成绩并不理想，所以他们中的大多数所面临的家庭氛围是不那么轻松的。久而久之，与父母之间的沟通障碍越来越多。有的甚至采取“反向沟通”“发泄性沟通”。

当对抗情绪出现时，感恩教育的前提其实不存在，越让其感恩，孩子越觉得委屈和怨恨。

家庭中的感恩教育是渗透在日常生活中的，具有零散性和随意性。

所以父母特别需要注意自己的言行，通过点点滴滴的日常生活细节体现自己的感恩之心，给孩子提供积极正面的引导。

第二节 缺失的“感恩教育”

“孟宗驰走，哭竹生笋”的故事，传到日本就演变成了感谢主人赐予食物的感恩话。

在日本社会，你在参加宴请时，“我开始吃了”可以不说，但是，抹完嘴后，“我吃完了”这句话是必须要说的。因为神太遥远，但是面前掏钱付账的人却是实实在在的，必须当面感谢，或者在回家的地铁列车上发一条感谢语致谢。

事实上，我们也注意到，现实中的日本，在吃饭前喊“我开始吃了”的成年人其实不多，尤其是在大型的公开宴会上。日本生活杂志社在2021年对2000名日本人进行了调查，结果显示，有56.1%的人表示“几乎每天都说”，有30.3%的人表示“有时候会说”，表示不说的比例为13.7%。超过80%会说的人中，也有29.4%的人表示，在家里会大声说，但是在其他聚会的场合，大多是“心里说”。

中国人的爱与表达是缺乏“仪式感”的，我们不会特意在开饭前感恩大自然的赐予，却从传统文化中感应天人合一，对自然是无言的大恩不言谢的。哪怕在日常生活中，表达都是比较深沉和含蓄的，需要用心去聆听。

有人说，以前的车马很慢，一生很长，我们有足够的时间去品味一个人对另一个人的爱与回应，含蓄并不会造成太多“家庭表达”的障碍。但现在是一个信息爆炸的时代，如果没有直接而明显的表达方式，亲密关系的彼此误读是很容易的。

知名自媒体“唐驳虎”就中国式的“家庭表达”做过这样一篇分析报告，题为《4亿中国家庭爱的表达与迷失 什么在弱化当代家庭的亲密度?》，文中提到：自从1994年开始，联合国就将每年的5月15日设立为“国际家庭日”，旨在改善家庭的地位和条件，提高各界对家庭问题的重视。

在现代家庭关系之中，许多国外家庭有着定期和家人过Family Day（家庭日）的传统，当天家庭成员们会放下各自的工作，聚在一起野餐、露营、攀岩或修建家里的草坪，全身心地享受家庭时光。近年，Family Day的概念被部分外企引进国内，但由于种种原因却始终未能普及，直到近年儿童心理健康、老年人陪伴等问题成为社会焦点，家庭日才逐渐受到各界关注。

其中，在中国家庭的亲子陪伴时长方面，据《2017中国家庭亲子陪伴白皮书》显示，中国家长工作日平均每日的亲子陪伴时长为3.7小时，且在55.8%的家庭中，日常陪伴孩子的都是母亲，父亲在工作日2.9小时的陪伴时长远低于母亲的4.6小时。

中国家庭中的纷繁矛盾，都集中体现于“内耗”之中。不同于夫妻间的情感博弈，父母与子女间的“内耗”则体现在对彼此时间和精力的消磨中。据艾瑞咨询及百度数说联合出品的《2019年中国青少年儿童睡眠健康白皮书》显示，80.8%的小学生在22点前入睡，60.8%在6—7点起床，平均睡眠时间8.45小时；68.6%的中学生在22点后入睡，45.7%在5—6点起床，平均睡眠时间仅有6.82小时。另一份来自PISA（国际学生能力评估计划）的数据显示，中国学生平均每周课外学习时长为13.8小时，名列全球第一，加上校外辅导和私人家教每周校外学习时长达17小时，远高于OECD（经合组织）国家7.8小时的平均值。

从数据上看，一位中小学生每天的学习强度，似乎并不比一位朝九晚五的白领低，并且上班族们起码有“双休”，孩子们却是全年出勤。而在父母安排的密集档期下，孩子们也是“超速”成长，但是注意，他们同时也被无限剥夺了休息和玩乐的时间，以至于和父母最多的交流场景都是在赶往不同补习班的通勤途中。

此外，在诸多家庭中还广泛存在着一种恶性消耗，即貌合神离的无效陪伴，例如一家人聚在客厅却各自玩着手机，名义上说花时间陪孩子，实际却是边“刷屏”边监督孩子写作业……明明同在一个家，有的夫妻却过成了“异地恋”，老人孩子也成了“空巢老人”“留守儿童”。

几组数据分析，不难勾勒中国式家庭的沟通图谱——爱多、表达少；期望多、陪伴少；抱怨多、沟通少；内心多、口头少……

在这种并不平衡的信息桥里，“感恩”终究显得“意难平”了一些。

◎ 都欠彼此一个认真的拥抱

讲一则故事，美国一位名叫李斯曼的华尔街金融分析师，在每一个星期天的下午1点至4点，都会在华盛顿广场“摆摊”，为过往的陌生人提供免费的拥抱。李斯曼说，这个世界现在有太多的血腥和战争，让人感到残酷，即使在和平的世界里，也有太多的寂寞和孤独。“免费拥抱”可以温暖人心。

2018 年 10 月，南京市推出了“爱的抱抱”重阳节系列活动，其倡导为人子女者给父母一个拥抱。

著名心理治疗师萨提亚曾说过：“我们每天需要四个拥抱才能生存，需要八个拥抱让我们精力充沛，需要十二个拥抱才能成长。”与其他行为相比，拥抱是一种双向互动，即拥抱双方都是有情感输出，并且能在短时间内获得反馈的一个过程；因此，拥抱能让个体降低压力，减少恐惧和孤独感，缓解抑郁和疲劳。一项由美国人贾森·亨特发起的 Free Hugs（“抱抱团”活动），崇尚与陌生人自由拥抱。那些给予他人拥抱的人获得了成就感和幸福感。

卡内基梅隆大学心理学家柯恩博士表示：“被信任的人拥抱，可能被视为传达支持的有效方式；增加拥抱频率，可能是减少压力带来不良影响的有效办法。”并且有研究表明，我们的大脑将拥抱这一行为认定为一种愉快体验，拥抱带来的触摸感受被定义为感官享受，促使我们的大脑合成多巴胺，产生开心、愉悦的情感体验。

研究发现，当个体被他人拥抱时，身体表面的“快乐纤维”会被快速激活。同时，它会向大脑的情绪中枢传递一种快感，使个体产生积极的感受。这种积极感受令被拥抱者对拥抱者持有积极的态度，并提高被拥抱者对拥抱者的信任水平。

在拥抱促进信任的过程中，父母对孩子的关爱是一种无条件刺激，孩子因为这种关爱而信任父母，这便是一种无条件反应。当父母多次用拥抱来表现自己的关爱时，拥抱也会像无条件刺激一样促进孩子对父母的信任。

迈耶（Meier）等人从具身认知的角度解释了拥抱行为对个体人际关系的促进作用。他认为，因为大脑和身体是相互联系的，所以身体姿势和运动可以影响认知。当个体与他人拥抱时，拥抱过程中的身体重叠会促使拥抱双方的认知自动重叠。

换言之，一“抱”解千愁！但中国家庭是缺乏这种表达的。

河南某学校在军训结束之后为孩子们举办了一场特殊的活动。身穿迷彩服的学生在军训的最后一天见到了自己的父母，在校方的安排下，他们与几天未见的父母紧紧相拥，其中不少孩子都哭出了声，场面令人泪目。而这也正是学校给孩子们上的开学第一课：拥抱亲情，感恩父母。

同样的活动还出现在一所小学中。学校在孩子未知的情况下将他们的父母请到了学校操场上。活动中，学校安排每个孩子都和自己的爸爸妈妈深情相拥，但其中有个男孩因为父母没空来，脸上露出了失望的表情。

虽然这类活动经常被网友吐槽尴尬，但很多家长认为这样的感恩教育对孩子来说很有必要。

林女士的女儿是一名高中生，在女儿 18 岁生日时，恰巧学校为高三的学生举办成人礼，孩子们面对家长鞠躬，感恩他们这些年来的辛苦付出。起身时，林女士和女儿四目相对，两人都湿了眼眶。林女士坦言女儿平常在家里就是一个娇生惯养的小公主，常和自己顶嘴，自己也怪她不懂事，母女之间的关系一度很紧张。但这一次的成人礼让她明白了女儿是爱着自己的，两人拥抱的那一刻所有的矛盾都烟消云散了。在林女士看来，这样的感恩教育对于青春期的孩子和家长来说很有必要。

现如今，很多人对待感恩教育的看法不同，有人认为感恩教育的表达应当是含蓄的，不应当通过烘托气氛的方式呈现，也有人觉得现在很多孩子将父母的付出当成理所当然，因此感恩的意识需要我们通过呐喊去传播、扩散、影响。

其实不论表达方式如何，学校的出发点都是好的，为人子女，拥抱父母并不尴尬，亲情的表达也不该被淡化，父母为子女的付出是爱之本能，但这样的本能也应当被看见，被感动。

◎ 用生活小细节，破冰中职生的“家庭表达”

虽然本人比较赞同最直接的感恩方式“拥抱”——简单省力，效果好。

但考虑到中国式孩子和父母的直接表达程度，尤其是一些职业学校的孩子，大多来自农村，他们的表达又更加含蓄。我和几个副校长、教学班子，为他们量身打造了几个活动——将爱默默体现在生活细节中，既不那么突兀，也体现了孩子的价值。

第一个就是“我做年夜饭”活动——通过专业技能的巩固与展示，让家人直观感受到学子在校的学习情况，感受到学校所厚植给学子的感恩教育。

“最美年夜饭”评选既是“我做年夜饭”活动的后续，也是“我做年夜饭”的督促，这是线上投票的一个有奖征集活动，学子们趁着过年为家人制作年夜饭，表达自己对家人的感谢，将自己的年夜饭作品统一发送至班主任处，之后转发给亲朋好友为自己投票，获得投票前三名即可获得精美新年礼品。

除夕夜，一盘盘饭菜冒着腾腾热气，一张张笑脸洋溢着喜悦，这，就是幸福的家的感觉。一声声父母的唠叨叮嘱，一副副红彤彤的春联，还有自己亲手制作的丰盛大餐——梭子蟹炒年糕、玉米面金杯盏、什锦如意菜、红枣开口笑……看着我独自忙碌了一个下午的成品，妈妈突然哭了。

她还有点不好意思，回到房间擦了一会眼泪，平静了情绪才出来和大家一起干杯。

这一夜，我似乎长大了很多，妈妈给我说了很多心里话。

她说，以前想让我当医生，说出去很有面子。可是完全没考虑我想做什么。我们总是为了学习、为了以后做什么吵架。她不是在嫌弃我，是怕我学不到知识，以后出去工作辛苦。但看见这么一桌她做了大半辈子都没做过的饭菜，她想通了，她很骄傲，以我为荣。觉得我长大了，心里无比欣慰。

我们敞开了心，才明白彼此这么多年，都是那么爱对方。

这一刻，漂泊的心回到了自己的港湾……

这是一个孩子写的“我做年夜饭”日记，我看后很欣慰。更坚定了我要把好这种介于含蓄和直白之间的分寸，以恰到好处且真诚自然地解开心结的方式，为“中国式疏离”加一把黏合剂，让孩子在理解父母、感受到爱与尊重里，在自我价值得到肯定时，深深领悟“感恩”之心带给自己的宁静、满足和幸福。

感恩之心，一定是爱唤醒的，而不是“学分”逼出来的。

除了“我做年夜饭”活动，我们还定期举办“给父母洗脚”“给父母写感恩信”的活动，鼓励孩子和家长迈出靠近对方的第一步。

感恩情感的形成永远都是双方面的，你不能只要求孩子去感恩父母的不易，也要让父母明白孩子内心世界的真实想法，相互理解才能用真诚感恩对方。而学校开展家长见面会，就是一次专门为家长们了解自己孩子成长经历、内心想法的最好平台。

这天，金典大厨六班的同学们怀着激动不已的心情，迎接本次特殊的家长会。因为在他们加入职业院校这个大家庭之后，这是第一次邀请家长到校参观，也是第一次让家长这么近距离地了解和接触学生们的学习和生活。

家长们按照流程到宿舍参观，温暖而又明亮的宿舍让家长们赞不绝口。此时，让他们没想到的是，学子们整齐划一地每人端来了一盆洗脚水，扶自己父母坐在床边，为他们洗去一路风尘和辛苦。

家长们刚开始还很惊讶，有的不好意思，直到慢慢接受，细细去体会孩子对自己的孝敬，陷入沉思。

“妈妈，不要流泪，我已经长大了。我在学校一切都好，我一定会好好学习，不辜负您对我的期望，不辜负老师对我的培养，我不会再让您操心，您陪我长大，我陪您变老。”

有个孩子一边给妈妈洗脚，一边大胆地说出了自己埋藏心底的话，彼此抱头痛哭。

这一哭，感动了在场所有的家长和学生，像点燃了一把火，融化了一屋子的冰。

这一刻，作为职业教育工作者，我问心无愧了——三年时间教不会他们太多，但这颗种子种下去，我相信会在他们心里开出芬芳的花朵，沁香那些迷茫的岁月，似星星点点的霄汉。

在此，我分享一些从我们学校走出去或正在校学习的孩子们的感恩感言。

（一）

亲爱的妈妈：

这应该是我第一次离开家，离开你们这么远的距离了吧。其实我一开始是挺激动、挺开心的，但是你走之后我看到你那充满泪水的眼睛时，心里很难受，眼泪不自觉地就掉了下来。你每天那么辛苦上班，早早就要起来去为这个家而拼搏，我自己却不知道珍惜，还那么不听话，让你操心许多。每次你都是为我们着想，把最好的东西都给我们，你让我们干什么都是为了我们好。一开始听到要来西安上学的时候还有点高兴，想着你就可以不用管我了，还可以不听你说我，但是你才走了一会儿，我就有点想你。之前在你身边的时候我什么都不用做，都是你帮我把所有的事都处理好，但是现在你不在我的身边，我就要自食其力了。我要自己独立起来，尽量不要你操心太多，“三八”妇女节快到了，我没有什么珍贵的礼物送给您，只能自己多努力，以技艺来回报你，少让你操心，没有你在我身边，我就更要懂事一些，现在我也慢慢明白了你的用心良苦，我会更努力学习，为了自己的前途，也为了你们以后能享我的福，以后我就长大了，会帮你们分担，理解你们。

我会在接下来的三年里，认真学习，磨炼我自己，虽然这会很辛苦，但是这是我自己选择的路，再难也要走下去，以后会经历很多更难的事情，要不然以后怎么能养你们呢？我在这儿会好好照顾自己的，你不用担心。妈妈，我爱你。

祝你：万事如意

天天开心！

林晓珊

（二）

亲爱的爸爸妈妈：

你们好！伴着岁月的流逝，伴着你们越来越单薄的背影，我才清晰地意识到你们已经老了，如今我早已毕业走向社会，结婚生子，有了家庭和工作才体会到你们当初的不易。感谢你们给了我生命，哺育我成长，感谢你们，我最亲爱的人。

记忆中都是你们忙忙碌碌到处奔波的样子，从年轻到苍老也仿佛成了一瞬间的事。感谢你们不辞辛苦，日夜操劳，即使我们现在有了自己的家庭和生活，但你们的重心还是放在我们身上，出钱又出力地帮助着我们，我们还总是向您抱怨生活。你们未曾享受我们的孝敬，我们也未曾让你们感到骄傲，是我不够努力，不够有追求，才造成你们现如今的平淡，很遗憾。

希望在以后的日子里你们天天开心，身体健康，不再那么操劳和忙碌。我们也会努力工作创造更好的生活，感谢你们无微不至的照顾。在接下来的日子里，换我照顾你们。

祝你们身体健康，万事如意。

爱你们的女儿：杨燕

（三）

爸妈：

你们好。这是儿子二十几年来第一次给你们写信，思绪万千。回想起这么多年来，我和姐姐在你们的照顾下都已经成家立业，感谢你们这么多年对我们的照顾与关怀。还记得小时候为了我们两个更好地生活，你们外出打工，虽然挣的钱不多，但是每次回来都给我们带好吃的，我们的成长离不开你们的关怀。

一眨眼，你们年纪这么大了还在为我操心，我知道我出发的时候你们哭了，但是没让我看到，你们不想让我担心，从小到大，你们把最好的都给了我。

感谢你们这么多年的养育，如今的我已经长成了男子汉，可以独当一面了，我相信接下来的日子里，就如爸爸之前常说的一样，只要我们共努力，日子一定会越来越好。我爱你们，爸爸妈妈，你们辛苦了!!!

爱你们的儿子　卓信

（四）

亲爱的爸爸、妈妈：

你们好！

这是我第一次写信给你们，有千言万语想跟你们讲，但是不知从何说起。从毕业到现在也工作5年了，平时大多时间都在外漂泊，没有在放假的时间陪你们，可能是男孩子性子野，平时也不着家，也没有经常跟你们多沟通，多关心你们。有时想来很自责，但是内心深处懂得：正是有了你们，所以我在外很有安全感。

想起小时候母亲起早贪黑每天给我做早餐，晚上盯着我学习，小时候我身体不好，大半夜发烧，母亲晚上背着我去医院看病，经常挂吊瓶至深夜，一直陪在我身边，付出了许多努力与辛劳。我从来没给您说过感激的话，但是很感谢你们的养育之恩，也时常想关心你们，也许是不好意思，每次话到嘴边就咽了回去。看着你们一天天地苍老，每次回家后你们唠叨的各种话语，我知道那都是爱的表现，也记得你们仍为我做的点点滴滴。

在成长的岁月中，我从憧憬走向成熟，但是在成熟中难免有迷惘，重要的是我已经拨开迷惘。虽然也曾不屑你们的唠唠叨叨，但是我心中却永存那份唠叨背后的暖暖的亲情！

亲情悠悠，亲爱的父母，是你们养育了我，看着我成长！

在这里我想对你们说：谢谢亲爱的父母，希望在后面的时光中你们可以身体健康，笑口常开！

刘嘉

（五）

亲爱的爸爸妈妈：

你们好！提起手中重若千斤的笔，怀着矛盾的心情，我写下了这封信。

儿子有许多心里话要向你们诉说。就像所有的父母一样，你们也为我的衣食住行而整日地操劳、奔波。虽然每次回家，你们都会笑脸相迎，可是儿子心里明白你们心中的委屈：把烦恼只能埋在心里，自己去承担、自己去感受。为了我的成长，你们付出了许多努力与辛苦。

我是个感情不易外露的孩子，即使心中对你们充满了无限的感激我也不会说出来。我是你们的广阔天空下自由翱翔的小鸟，我是在你们不断燃烧自己的太阳下茁壮成长的小草，我是在你们几点星光陪衬下的明月，你们无时无刻不在奉献着自己，照顾着我这个幼小的生灵，我爱你们！

我一定会把父母点点滴滴的关爱汇成涓泉，在不远的将来会持久地涓涌流进父母的心田！

最后我祝福你们：身体健康，工作顺利，平平安安！

您的儿子：韩森

第三节　感恩是最大的“情商”和福报

《增广贤文》中说道：“鸦有反哺之义，羊有跪乳之恩。”在这个世界上，连动物都懂得报恩，更何况是我们。

人最开始的感恩之心来自家庭氛围的熏陶与自我的和解。而走向社会，我们要感恩的东西则更多。

感恩之心，是最高的情商。

有这样一则故事：两个人结伴而行，寻找天堂之路，上帝见到他们一路风尘仆仆，饥肠辘辘，于是分给他们一些食物。其中一人万分感激，另外一人却无动于衷。最终表示感谢的那人进入了天堂，另外一人则被拒之门外。他不服气地问道：“我不就是忘了说一句‘谢谢’，至于吗?”上帝说道：“并不是你忘了，而是你没有感恩的心。”

天堂之路是由感恩铺垫而成，而感恩的心，正是打开天堂之门的钥匙。一个懂得感恩之人，他的福报会逐渐增长，而不懂感恩、忘恩负义之人，上天则会消掉他的福报。

感恩也是一种处世哲学，是生活中的大智慧。

人生在世，不可能一帆风顺，种种失败、无奈都需要我们勇敢地面对、旷达地处理。当挫折、失败来临时，你会怎么选择呢？是一味地埋怨生活，从此变得消沉、萎靡不振，还是对生活满怀感恩，跌倒了再爬起来？

英国作家萨克雷说：“生活就是一面镜子，你笑，它也笑；你哭，它也哭。”

如果我们时时能用感恩的心来看生活，则会觉得这个世间很可爱、很富有！树上小鸟的轻唱，太阳无私的光明与热能，路旁花朵的芬芳，都会令你感到心旷神怡。

《诗经》云：“投之以桃，报之以李。”

孔子说：“鱼知水恩，乃幸福之源。”

韩信在成为楚王之前，经历了诸多磨难，时常饿肚子。在韩信经常钓鱼的地方，遇到了一位心善的妇人，妇人看他可怜，每天接济他，给他粮食吃。韩信对于妇人的恩惠十分感激，表示将来出人头地后一定要感谢她。妇人表示无需韩信的报答，只希望他能够照顾好自己。多年后，韩信为汉朝立下了许多功劳，被封为楚王。他回到当年钓鱼的地方，寻找到那位妇人，为表达当年的相助之恩，送其许多美酒佳肴，还有黄金一千两。“一饭之恩，当永世不忘”，韩信的品质值得人们敬佩。

而在当今社会，企业作为一种社会单位，更是人际交往的微缩版百科全书。

企业的“业”字，像是一株正在成长的草，一棵正在成长的树，它扎根于大地，方能枝繁叶茂，这似乎说明了作为一个企业职场人，对“向上”的追求需要脚踏实地，需要日积月累，要实要正。企业两字蕴含着企业职场人所追求的目标与追求目标所需要的途径和手段。

中国人深受儒家思想的影响，特别是受惠于人时，更需要感恩戴德，正所谓“滴水之恩，当涌泉相报”。作为职场人，我们要感谢企业给予我们的工作机会。有工作才有生活的保障，才有乐趣。在企业这个大家庭里，我们在不断地进步着，从一个个没有点滴企业实践经验的“门外汉”，逐步成长为一个个企业的专业人才，我们要感谢企业，是企业教我们成长，是企业使我们变得更理性。

一名员工只有感恩于自己的企业、自己的这份工作，以及周围与自己朝夕相处的家人同事，他才能享受到工作所带来的幸福和快乐。只有心怀感恩的员工，才能快乐地实现自己的理想，在工作平台上更快乐、更进取地展示自己的能力。试想，如果一个人不懂得感恩，就不能正确摆正自己的位置，从而使自己游离于职业道德和社会道德范围之外，对本职工作、社会风气产生负面影响。

人们常为来自一个陌生人的点滴帮助而感激不尽，却无视朝夕相处的同事的种种关照和工作中的种种机遇。这种心态总是让他们轻视工作，并把公司、同事对自己的帮助视为理所当然，还时常牢骚满腹、抱怨不止，也就更谈不上恪守职责了。

每一份工作或每一个工作环境都无法尽善尽美，但每一份工作中都有许多宝贵的经验和资源，如失败的沮丧、自我成长的喜悦、温馨的工作伙伴、值得感谢的客户等，这些都是工作中必须学习的感受和必须具备的财富。

◎ 感恩一份工作，工作就会反过来爱你

在儿子踏入社会前，有位父亲告诫儿子三句话：“遇到一位好领导，要忠心为他工作；假如第一份工作就有很好的薪水，那算你的运气好，要努力工作以感恩惜福；万一薪水不理想，就要懂得在工作中磨炼自己的技艺。”

这位父亲无疑是睿智的。

人力资源专家表示，许多知名企业在招聘员工时，看重的不仅仅是他们的专业知识，还有他们处理问题的方式和融入企业的速度。换句话说，就是能否怀着一颗感恩之心去踏实做人、做事。

程序员史蒂文斯在一家软件公司干了八年，正当他干得得心应手时，公司倒闭了。这时，又恰逢他的第三个儿子降生，他必须马上找到新工作。

有一家软件公司招聘程序员，待遇很不错，史蒂文斯信心十足地去应聘了。凭着过硬的专业知识，他轻松地过了笔试关。两天后就要参加面试，他对此充满了信心。

可是面试时，考官提的问题是关于软件未来发展方向的，他从来没考虑过这方面的问题，他被淘汰了。

不过这家公司对软件产业的理解让他耳目一新。他给公司写了一封感谢信：“贵公司花费人力物力，为我提供笔试、面试的机会，我虽然落败了，但长了很多见识。感谢你们的劳动，谢谢！”这封信经过层层传阅，后来被送到总裁手中。

三个月后，史蒂文斯却意外地收到了该公司的录用通知书。原来，这家

公司看到了他知道感恩的品德，在有职位空缺的时候自然就想到了他。这家公司就是美国微软公司。十几年后，史蒂文斯凭着出色的业绩成了微软的副总裁。

石油大王洛克菲勒在给儿子的信中曾这样写道："现在，每当我想起我曾供职的公司，想起我当年的老板休伊特和塔特尔两位先生，内心就涌起感激之情，那段工作经历是我一生奋斗的开端，为我打下了成功的基础，我永远对那三年半的经历感激不已。"

所以，我从未像有些人那样抱怨老板说："我们只不过是奴隶，我们被雇主压在尘土上，他们却在美丽的别墅里享乐，高高在上。他们的保险柜里装满了黄金，他们所拥有的每一块钱都是压榨我们这些诚实的工人得来的。我不知道这些抱怨的人是否想过，是谁给了他们就业的机会？是谁给了他们建设家庭的可能？是谁让他们得到了发展自己的可能？如果他们已经意识到别人对他的压榨，那为何不一走了之，结束压榨？工作是一种态度，决定了我们快乐与否。"

班尼迪克特说："受人恩惠不是美德，报恩才是。当人拥有感恩之心的时候，美德就产生了。"不要以为工作是平淡乏味的，当你满怀感恩之心去工作时，你就很容易成为一个品德高尚的人，一个更有亲和力和影响力的人，一个有着独特个人魅力的人。

满怀感恩去工作，并不仅仅有利于公司和老板，感激能带来更多值得感激的事情。这是宇宙中的一条永恒的法则。感恩将为你开启一扇神奇的力量之门，发掘出你无穷的潜力，迎接你的也将是更多、更好的工作机会和成功机会。

感恩一份工作，工作就会反过来爱你。

"千里马常有，而伯乐不常有。"多少千里马郁郁不得志，更终成为卧槽马？人的一生，如果能遇到一两位赏识自己并给自己机会的贵人（上司、尊者等），将会少奋斗很多年。贵人之恩，没齿不忘。

"无路请缨，等终军之弱冠……"这是王勃的慨叹，滕王阁下，他满腹才华，缺乏一个机会，于是写下文章，希望能有人赏识他，遇到他的伯乐。"闲来垂钓碧溪上，忽复乘舟梦日边。"这是李白的感慨，他希望如同姜太公一样，得到君王赏识。如此看来鲁肃是幸运的，周瑜的出现改变了他的命运。

一项针对 3 万余人的大规模研究（分为三个不同的样本）发现：懂得感

恩的人拥有更高的主观幸福感。另一项针对患有创伤后应激障碍（PTSD）的越南战争老兵的研究发现：感恩可以增强老兵对创伤的适应能力。

此外，感恩能够增进彼此之间的关系和认同感。研究表明，每天向另一半表达我们的感激之情可以让这段感情更加长久。

心理学家罗伯特·埃蒙斯（Robert Emmons）和帕特里克·麦克纳马拉（Patrick McNamara）对感恩的理解是这样的：“感恩的情感来自于两个信息处理阶段：（1）肯定自己生活中的善或好的东西；（2）认识到这种善至少部分来源于他人的给予。当一个人意识到自己从别人那里得到帮助的时候，随之产生的感激之情就会在其中调节彼此之间的关系。”

也就是说，感恩能够增进我们对他人的了解，并且加深彼此之间的关系。

比如研究表明，在一段人际关系中，我们的感激之情可以作为一种社交暗示，告诉他人我们彼此之间是平等的伙伴关系，并没有高低贵贱之分。它还能起到积极的促进作用，鼓励我们今后再次做出有益的行为。

在一项研究中，研究人员将一个本科生班级分成三组，每周都要写日记。

第一组的学生被要求记下五件本周发生的、对他们影响最大的事情；第二组的学生被要求记下五件特别的麻烦事或给他们带来压力的事情；第三组的学生被要求记下五件他们想感谢的事情。

同时，这三组学生还要记下他们自己的情绪、身体症状和健康行为表现。

研究人员发现，每周写下五件令他们感激的事情的学生“在实现个人目标方面取得了更大的进步，并且对自己生活的满意度也有一定的提升，抱怨的次数更少了。而且与其他两组学生相比，他们更愿意花时间在锻炼身体上了。”

这些研究表明，心怀感激之情不仅有利于个人的身心健康，还能增强个体的精神活力。

职场无外乎技能与人际关系，一个人站不站得住靠技能，走不走得远却靠人际关系的积极作用。作为中职生，他们对社会的意识还处在朦胧的临界状态，培养对职业的感恩之心，是必须打的一张“先手牌”。

◎ 把感恩教育作为培养学生职业精神的重中之重

感恩教育虽然处于我国学科知识的体系之外，却是素质教育中不可缺少的一部分。它能给人精神上的向导，培养人正确的价值观。任何人都应当学会感恩，但是这一品性并不是每个个体都能够具备或者牢记于心的，这就奠定了感恩教育的基础与重要性。

在职业院校，短短两三年的学习时间，如何使学生成人成才，是我们长期苦思冥想的重大问题。

中等职业教育是面向人人的教育，是提高人的素质、教会人的技能，并以一技之长找到工作的教育。中职教育的培养目标主要是招收初中毕业生，通过系统、正规、全面地接受思想文化和专业技能教育培养而成为高素质劳动者和技能型人才。中职教育属于高中阶段教育，学制一般为三年，一、二年级在学校学习基础和专业知识，三年级到企业进行顶岗实习，提高实践动手能力。由此可以看出，中职学生往往是学习不佳或者学习能力不太强的学生。他们可能与相应同龄的高中生会有一定的差别，正是由于主体的不同，感恩教育在中职教育中就显得更加重要了。但从整体而言，感恩教育还未能在我国的教学中形成一个完整的体系和科目，它常常是融汇于其他的教学当中，而所起之作用也不过只是点缀。

我曾观察过中职学生在感恩品质方面的缺失，我认为学校是一个场域和转换器，尤其是中职学校——它的感恩教育是“连接”父母之恩、树立职场感恩，最终培养对国家对时代的感恩之心。总体来讲，我认为有四个层面。

1. 让他们发现“时遇之恩”

一些中职学生表现得冷漠、自私，社会责任感淡化，回报意识减弱，对社会和国家的关怀表现冷漠。国家的助学政策，体现了党和国家对中职学生的关怀，大部分的中职学生都是该政策的受惠者，理应以实际的行动感谢党和政府的关怀，努力学习好自己的专业知识和技能，提高自身素质，增强文化修养，用智慧和知识来报效祖国，回报社会。然而，部分中职学生对国家、社会的关怀表现得比较冷漠，他们把国家、社会的帮助视为理所当然的事情，毫不珍惜，不思回报，甚至不愿提起。

饮今日之水，思其源；承此时之重，感其恩。我们应以殷殷之志，回报无边之恩。以鸿鹄之志，广成达之才，终雏鸟化鹰，于九天翱翔。我们要让孩子学会感恩，不仅要感恩赋予我们生命、养育我们长大的父母，还要感恩那些为了我们能拥有今天美好生活而抛头颅、洒热血的革命先辈，更要感恩我们今天所在的这个伟大时代……这些都是作为职业教育工作者要给孩子的感恩教育。

《觉醒年代》的导演张永新讲了这样一个故事：

2021年的清明节和往年有些不一样，上海市龙华烈士陵园中，陈乔年、陈延年、赵世炎等烈士的墓碑前放满了鲜花，甚为壮观，有的鲜花上插有卡片，写着：“这盛世如你所愿。”有的鲜花中还夹有少年用稚嫩的笔迹写的信……

《觉醒年代》吸引了不少孩子观看，因为在电视剧里，毛泽东、李大钊、鲁迅……这些课本中的名字变成了有血有肉、会说会笑、生动形象的人物。

张永新导演告诉我们，他希望通过这样的拍摄方式，用艺术的手法让这些历史人物走出教科书，再现一百年前中国的先进分子和一群热血青年走过的那段追求真理、燃烧理想的澎湃岁月，深刻地揭示马克思主义与中国工人运动相结合以及中国共产党建立的历史必然性，让孩子们感受到这些革命先辈们的人格魅力，感恩他们当年不屈不挠地探索救国救民之路，感恩在中国共产党的领导下，我们的国家才从贫穷走向繁荣昌盛，并且正在实现着中华民族的伟大复兴，从而在孩子们的心灵中种下家国情怀的种子。

2. 让他们感受到“教育之恩”

为了学生的成长成才，老师付出了辛勤的劳动。有的学生却不能理解老师的良苦用心，反而对老师的教诲表现出反感、厌烦的情绪。部分学生认为老师付出劳动是理所当然的，不尊重老师的劳动、不遵守课堂纪律的现象屡有发生。有些学生对待老师缺乏起码的尊重，个别学生见到老师擦肩而过不打招呼，如同陌路人。更有些学生觉得老师的管教是对其自由的妨碍，甚至辱骂、顶撞老师，师生感情淡薄。一些中职学生对于学校的培育之恩缺乏感激之情，甚至埋怨学校。

这些情况在所有学校几乎都有可能上演，每一件都是感恩教育缺失的体现。

张干是毛泽东在湖南省立一师读书时想开除他的老校长。新中国成立后，当年的老校长张干贫病交加，最困难的时候竟无米继日。他几次想给自己的学生毛泽东写信请求援助，但几宗往事却使他实在难以启齿。

1951年10月，毛泽东举行家宴，欢迎自己青年时代敬重的师长徐特立、谢觉哉、熊瑾玎和同学周世钊等。席间大家忆一师时自然谈及当时每一位清苦的老师。毛泽东问到了张干和罗元鲲等老师。周世钊有点难过地说：“张干一家六口，现在十分困难。他身患重病，整日卧病在床。一家人的生活全靠他微薄的工资，有时竟几天无以为炊呢！”毛泽东站起来，用略带责备的目光望着自己的老同学：“惇元，你怎么不早说？对于张干这样的老教育家，应该照顾，应该照顾！”之后一连几天，毛泽东都约周世钊（时任湖南一师校长）到家中相聚。每次，毛泽东和周世钊都谈及老校长张干。几天后，周世钊写信向张干说了毛泽东对他的关注。周世钊哪里知道，毛泽东已直接致函湖南省人民政府主席王首道酌情给以资助。

王首道接信后，立即先后两次给张干一家送去救济米1200斤和人民币50万元（旧币，折合新币50元）。张干看到毛泽东给王首道的信，又接到王首道送来的米和钱，激动得双手颤抖，泪流满面。

3. 让他们懂得“知遇之恩”

特别感慨《出师表》的这一段：

臣本布衣，躬耕于南阳，苟全性命于乱世，不求闻达于诸侯。先帝不以臣卑鄙，猥自枉屈，三顾臣于草庐之中，咨臣以当世之事，由是感激，遂许先帝以驱驰。后值倾覆，受任于败军之际，奉命于危难之间，尔来二十有一年矣。先帝知臣谨慎，故临崩寄臣以大事也。受命以来，夙夜忧叹，恐托付不效，以伤先帝之明，故五月渡泸，深入不毛。今南方已定，兵甲已足，当奖率三军，北定中原，庶竭驽钝，攘除奸凶，兴复汉室，还于旧都。此臣所以报先帝而忠陛下之职分也。

有才华的年轻人很多，但有如此胸怀的凤毛麟角。

所以古往今来才会有太多太多文人墨客悲叹自己怀才不遇。

在你年轻，血气方刚，最有冲劲，但是又一穷二白的时候，此时此刻的你，出身平平，头脑单纯，没有经历过社会复杂，更不知道人心险恶，有知识有抱负却无处施展，迷茫没有方向。

如果此时此刻，有一位前辈，愿意提供给你平台，帮你对接资源，挖掘你的潜力，培养你的才华，承担你的试错成本，为你的人生掌舵，帮你在黑暗之中摸索方向。

可想而知，这是多么金贵的机会，值得你用一生去珍惜。

明代宋濂《元史·刘因传》：“因尚感偃蹇不出，贪高尚之名以自媚，以负我国家知遇之恩。”

中职学生大多是“企业订单”培养的，里面有企业的一部分心血，企业的发展离不开懂感恩、强技能的员工去不断强大它的主体，因此，提早唤醒学生“知遇之恩”的认识，就是帮助他们赢在“社会起跑线”上。

4. 让他们珍视“相遇之恩”

现代社会，物质利益充斥着人们的大脑，功利化的思想严重影响中职学生正确的人生观和处世哲学的形成。一些中职学生无视他人的努力和付出，把老师、同学和朋友的帮助视为理所当然，少有谢意。甚至稍有不如意便大发牢骚，诸多怨言，总觉得世界欠自己太多，社会太不公平，动辄诉诸暴力。对同学的关怀，朋友的帮助不懂得珍惜，不知道包容，毫无感恩之意，更无感恩之举。

1915 年，时年 22 岁的毛泽东常感伤自幼失学：少年学问寡成。壮岁事功难立，单靠学堂一天上几节课是不行的，必须多结胜友，以求学业广博。7 月，他写信告诉萧子升：“第近年来有所寸进，于书本得者少，于质疑问难得者多。苟舍谈论而专求之书，其陋莫甚。”带着求友心切的心情，毛泽东在 9 月中旬以署名“二十八画生”发出《征友启事》：意欲结交对学问、时事感兴趣，又具有强烈爱国心的青年为友，“嘤其鸣矣，求其友声”。应者有李立三等五六人。之后，他们也来往密切，每逢周末，就常漫步市郊各胜处，谈论包括治学方针与方法、国内外政治、经济以至宇宙人生等。

与毛泽东差不多同时，一批追求进步的热血青年也纷纷考入湖南第一师范，其中有蔡和森、何叔衡、罗学瓒、张昆弟、周世钊、萧三等。他们纷纷聚集在堪称培养新青年摇篮的湖南第一师范，求知、立志、爱国。在他们的吸引下，被称为周南女校“周南三杰”的向警予、陶斯咏、蔡畅，周南女校初中部的杨开慧等也纷纷加入他们的行列。

“恰同学少年，风华正茂；书生意气，挥斥方遒。指点江山，激扬文字，粪土当年万户侯。”这就是毛泽东和他的同学们学生时代的真实写照。在学生时代，他们开始形成自己的思想方法和政治见解，获得了社会活动的初步经验，结交了一批志同道合的朋友。毛泽东后来对他的学生时代这样评价：“在湖南师范学校中，我的生活上发生许多事件。在这一时期，我的政治观念开始确定，并且在校中初次得到了社会行动的经验。”

马克思指出：“人的本质不是单个人所固有的抽象物，在其现实性上，它是一切社会关系的总和。”“一个人活着不只是在为自己而活着，由于一些千丝万缕的情愫，使得人在某种程度上乐意为别人而活着，不得不为别人而活着。”这情中之一便是恩情，正是由于恩情的存在，我们不能只为自己考虑。

“恩情是联结人与人之间的一个良好纽带，更是联结小到人与人、家庭与家庭，大到地区与地区、国与国，进而支撑起一个社会。所以，社会中的每一个人，都应该心存感恩。”

感恩教育，是递给孩子们打开新世界的一把钥匙。

我的中年碎碎念：

在我们的文化里是极重感恩的：“投我以木桃，报之以琼瑶”，“滴水之恩，当涌泉相报”，“人之有德于我，不可忘也”都是人们耳熟能详的了，甚至被古人不断改动和引用。我随手翻阅了“感恩”一词，源于“……令其感恩戴义，怀预报之心……”自产生这个词至今其义未变。

“如果你是一个善良的人，你得到了别人的善意对待和帮助，心中会产生一种自然的情感，这种情感就叫感恩。”

你会记得那些在黑暗中抱紧你的人，逗你笑的人，陪你在深夜聊天的人，坐车来看望你的人，陪你哭过的人，总是以你为重的人，带你四处闯荡的人，和说想念你的人……

第四章　先爱自己，后奉献

作为一名教育工作者，我深知我的孩子们拥有一个世俗枷锁——他们因为应试成绩不理想，或者不那么爱学习，就被一棍子打到“差生”行列。常听说，当你觉得一个人有问题时，你觉得他干啥都有问题。这些孩子们幼小的心灵上，大多有被这样的“质疑”烫伤过的痕迹。

有的孩子产生逆反心理，索性破罐子破摔，故意做一些“坏事”引起家长和老师的注意。

所以，我想，在聊“德育”问题的时候，我们必须先关注一下这些孩子的“心理环境”。

王宝强最新力作《八角笼中》迎来了亲子观影潮，也给教育者带来了深思。当这些孩子们最终突破命运枷锁，走向优秀的人生赛道时，我最关注的是马虎比较“开叉”的成长之路，他最终走向了犯罪，好在被教练及时拉了回来。当王宝强饰演的向腾辉在车上抽自己耳光时，深深震撼了我。我脑子里不断在思考一个问题——我们需要给孩子怎样的心理保护？当他们陷入心理泥潭时，我们要怎样做好一根牵引绳？

他们需要一个安全、健康、温暖的环境，来培养他们的自信、自尊、自爱和自律。他们需要一个公平、正义、尊重的社会，来保障他们的权利、利益、尊严和价值。他们需要一个多元、包容、开放的文化，来激发他们的创造力、想象力、批判力和表达力。只有这样，孩子才能健康地成长，拥有一个美好的未来。

所以，说到“德育工作”，我想它不仅仅是采用什么样的教学引导方式这么狭隘，而是更应该关注为他们建造怎样的心理环境。

2004年，一部由著名导演克里斯托弗·巴哈提亚执导的法国影片《放牛班的春天》(又名《唱诗班男孩》) 轰动了世界影坛。故事发生在1949年的法国，失败的音乐家马修来到了一所名为“池塘之底”的寄宿学校做学监。他面对的不是普通学生，而是一群被大人放弃的野男孩：有来自低收入家庭的，有因过度顽劣而被赶出家门的，还有双亲战死的孤儿。辅育院院长崇尚“铁的纪律”，凡调皮捣蛋者，皆关禁闭，校园俨然成了一个地狱。马修老师虽然常被学生整得团团转，但仍选择违背院长，将他们组成了合唱团。

马修用音乐启发孩子的潜能，并引导他们感悟生命的真谛。夏天过去了，野男孩们一个个都成了发光的小天使，并拥有一生都受用不尽的珍贵宝藏。

其实，“德”的培养，是以“爱”为养分的。

首先，让孩子们发掘自己的价值，从“自爱”中生“德”。

教育者应从学生自我价值实现的角度，鼓励其发现自我，认识自我，培养道德的良性主体。

在影片中，马修在晚上查房时听到了男孩们唱着骂他的歌：“光头，光头，死光光……”他并没有动怒，大骂孩子们私德有亏，品德败坏，反而是先关注到了孩子们的价值切入点——音乐。他决定为孩子们写歌，并将他们组成合唱团。

“我们是池塘之底辅育院的菁华，正因为如此我们才令人伤透脑筋!”

“黑暗中的方向，希望之光，生命的热忱，荣耀之巷。童年的欢乐，转瞬消逝被遗忘，一道绚烂金光，在小道尽头闪亮。”

一次次成功的演唱，获得了周围人的认可，在良性的信息反馈里，孩子们的心灵大门就慢慢开启，快乐灌满了心脏，他们也就忘记了自己曾是“差生”的标签。

让孩子认识到自己具有他人所不可替代的价值，并明白每一个人都可以在人生社会中找寻到自己的位置，在德育过程中绝不能忽略了学生自我价值的实现需要。

其次，尊重孩子的想象，让他们得到心灵自由。

20世纪出现了一个惊世魔鬼，但他原本也只是想做一名画家而已。在老师一次又一次的否定与侮辱中，他不得不放弃梦想。当那个充满生力的灵魂不能从天使的大门出来时，它便会从恶魔的暗门进去——希特勒诞生了。

如果，当时有老师尊重并鼓励他呢？

教育者的德育管理不应禁锢了孩子的想象，自由应是孩子们创新的翅膀。

在《放牛班的春天》中，马修所写的歌曲就充分考虑到孩子们的世界，歌曲中充满了孩子的想象与渴望，充满了童真和童趣，孩子们唱着一首首歌就仿佛插上了梦想的翅膀。

“夏日的微熹，驿动的梦。我的心燃起骤然飞舞飘离大地。泪花早无痕迹，风中的船帆远方的海岸。这是夏天的时刻，唱颂自由的歌曲……”

“风中飞舞的风筝，请你别停下，飞向大海飘向高空，一个孩子在希望着你呢……”

虽然马修最终被解职了，但池塘之底的孩子们已经迎来了属于他们的“春天”，终有一天都会高扬着翅膀，展翅高飞。

不是每一个孩子都要一次性考大学，也不是每一个孩子都要当官。有的就是有天生灵敏的味觉，他可能是一名优秀的厨师；有的对文字有极强的感知，他可能会成为一位优秀的作家……人生实在有无限可能，但我们的传统教育只要求“中考成绩”。

卢梭就曾要求在德育中应尊重孩子们的自由，反对压制儿童的个性、束缚他们的自由——“应把成人看作人，把孩子看作孩子”，并创造一个能促进他们自由发展的环境。

而在现实的德育工作中，很多学校都将德育量化考核作为德育管理的主要形式。殊不知管理中的过度量化会束缚学生的行为与思想，使他们做事畏手畏脚，不敢大声说话，也不敢大步走路，严重地挫伤了其活动的积极性与创造性。

最后一点，也是最重要的一点，一个没品格的老师，教不出有德的孩子。

教育者的品格对德育效果的成败有非常大的影响。

在影片中，有音乐老师马修、古板的数学老师、严厉的体育老师，还有善良的马桑大叔和残暴的哈珊校长，他所信奉的教育信条就是“犯错——惩罚”，一概只看到孩子们叛逆、偷窃、抽烟、打架的一面，也习惯了用严厉的惩罚方式如禁闭、毒打虐待学生。而学生在皮球效应下也反弹得更为厉害，总是想方设法地报复整蛊老师，也因此导致了师生间的关系日益紧张。马修真正懂得与孩子进行心灵的对话与沟通，并还给他们一个明媚、温暖的未来与世界，皮埃尔后来成为著名的音乐家，便是马修教育理念颇有成效的明证。

保罗·韦地博士曾根据9万名学生所写的信，概括出作为一个好老师的

12 种素质，其中包括友善的态度、尊重课堂内每一个人、耐性、兴趣广泛、良好的仪表、公正、幽默感、良好的品性、对个人的关注、伸缩性、宽容、有方法。

在学生的德育工作中，教师的品格素质对德育效果影响很大。中国有句古话："爱人者，兼其屋上之乌。"老师对学生的爱，会被学生内化为对教师的爱，进而把这种爱迁移到与教师相关的事物上，正所谓"亲其师，信其道"而"乐其道"。

第一节　给予比接受令人快乐

人之所以伟大，在于奉献。如果把德分成一个一个级别，奉献肯定是最顶格的那个。

有这样一个故事：

在一个漆黑的夜里，荷兰的一个小渔村里发生了事故——巨浪击翻了渔船，船员们的性命危在旦夕，他们发出信号求救，16 岁的汉斯上前报名，因为父亲在 10 年前海滩里丧生，而三个星期之前，哥哥保罗出海，到现在音讯全无，"孩子你是我唯一的依靠，千万不要去呀……"母亲劝说他。但汉斯违背了母亲的意思，紧紧拥吻母亲后，义无反顾地登上了求援艇，结果找回了哥哥保罗……

这是我经常讲给自己身边孩子的故事，行好事时，福报自至，但奉献的前提是"无所求"——始于自然，似饮水、吃饭那般生发。

揆诸中国古今历史，细数君子之为，有"鞠躬尽瘁，死而后已"的伟大责任，有"春蚕到死丝方尽，蜡炬成灰泪始干"的牺牲精神，也有"先天下之忧而忧，后天下之乐而乐"的奉献担当，这些都是中华民族绵延了数千年的精神财富。

季羡林先生认为，中国传统文化中非常讲求奉献和担当。传统儒家伦理思想要求人们勇于承担社会责任，积极入世，建功立业，为社会和国家奉献聪明才智。"学而优则仕"，而"仕"是为国为民，施展抱负，为他人服务，这实际上是一种奉献精神。

秦末楚汉之争，刘邦发兵攻打田横，田横兵败，带领五百部下退到一个海岛上。刘邦建立汉朝之后，消灭各地残余反抗势力，田横为了保全五百部下的性命，拔刀自尽，并遗命两个副将把首级送给刘邦，让他放过那五百人。他临死前说道："大义载天，守信覆地，人生遗适志耳。"刘邦知晓后非常感动，认为他是贤德仁义之人，想要封赏送首级的两个副将，但两个副将都拒绝了，他们埋葬了田横之后，双双在坟边自杀。而海岛上的五百人听说此事后，全都悲痛落泪，为表达对田横的忠义和感激之心，集体横刀自刎。

古往今来的许多仁人志士，不乏这方面的好榜样。他们可以为国捐躯，可以为了他人牺牲性命，鲁迅先生所说的"中国的脊梁"，孟子所谓的"浩然正气"，就是形容这样的人。

也许我们不能指望"人人皆成尧舜"，但在无私奉献者身上，可以感受到传统美德的吸引力以及高尚人格的感召力。这样的力量可以支撑起民族的骨架。

还记得2020年初春，新冠肺炎疫情突然袭来，来势凶猛。迅即武汉告急，湖北告急，一场史无前例的抗疫战斗打响了。全国人民驰援武汉，无数白衣天使和人民子弟兵闻令而动，逆行出征。他们离开了温暖的家，舍弃了与亲人春节的团聚，毅然奔赴危险重重的湖北武汉，抗击疫情。

奉献，纯朴而高洁，温暖而感动。

◎ 奉献的心理学：为何付出会让人感到满足？

1943年马斯洛指出，人们需要动力实现某些需要，有些需求优先于其他需求。他认为，需求层次结构是心理学中的激励理论，包括人类需求的五级模型，通常被描绘成金字塔内的等级。从层次结构的底部向上，需求分别为：生理（食物和衣服），安全（工作保障），社交需要（友谊），尊重和自我实现。这五阶段模式可分为不足需求和增长需求。前四个级别通常称为缺陷需求（D需求），而最高级别称为增长需求（B需求）。

而奉献行为至少满足了后三层的需求。且另一项研究也表明：一个人层次越高，越喜欢奉献。

为何付出会让人感到满足？有学者总结过以下四点：

首先，奉献可以增强自我价值感和自尊心。当我们做出奉献行为时，我们会感到自己有能力去改善别人的生活，这种感觉会让我们更加自豪和自信。同时，通过奉献行为，我们也可以获得他人的赞扬和认可，这会进一步提升我们的自尊心。因此，奉献可以带来一种"成就感"。

其次，奉献可以建立和加强人际关系。当我们为他人付出时，我们会产生一种“社会责任感”。这种责任感会让我们更加关心他人的需要，同时也会让别人更加信任和依赖我们。因此，奉献可以带来一种“归属感”。

再次，奉献可以提高幸福感和身心健康。研究表明，对他人的奉献行为会促进自身的幸福感和身心健康。这是因为奉献可以减轻我们自身的负面情绪，如焦虑、抑郁和孤独感。同时，奉献也可以促进身体健康，如降低血压和心率等。

最后，奉献可以增加生命的意义感。人们通常都会寻求生命的意义和目的。而通过奉献行为，我们可以找到一种更加深刻和有意义的生命体验。奉献可以让我们感受到自己对周围人和社会的贡献，从而为自己的生命赋予更多的意义。

央视名嘴白岩松在《我为什么喜欢当志愿者》一文中说：“我通过帮助天下而让自己走进天下。志愿服务不是一种行动，而是一种需求。”他在书中诚恳地袒露自己的感受：

提起志愿服务，我们首先想到的是“奉献”，这没错。但如果将它理解成一种单向给予的概念，“帮助别人”，就有点儿问题了。要知道，志愿精神中还包括“互助”的含义。在我看来，志愿行为首先是在帮助自己、提升自己，是为了满足志愿者自己的需求。人不是简单的动物，吃饱喝足就行，而是有着不同层次的需求提升。在大多数都吃饱穿暖，不再为生存问题担忧的时候，帮助别人、提升自己、完善自己，拥有一个和谐温馨的人际环境和社会环境就成了许多人的内心需求。

有一次，我在参与一次志愿服务活动中，有人问我，你为什么愿意辛辛苦苦做这件事，搭上大量的时间和精力？我坦诚地告诉他，人到中年，最大的奢侈是平静。当我用大量时间做这方面的工作，我的内心更容易平静。做完志愿服务，我可以心安理得地在家里听听音乐、喝喝茶，我觉得工夫没有白搭。志愿者首先是为自己，这是实话。只是这种“为自己”，是心灵更高层面需求的提升。

北京有一位老大姐现在快七十岁了，叫孙洵，做好事已有四五十年了。她走不出屋子，患有重症肌无力，医生预判她二十几岁就要离开这个世界，但是她却一直活到现在。几十年来，她通过做节目帮助别人，有这方面困扰的人经常来到她房间里聚会。因为她天天想着帮助别人而不是纠结于自己的病，心情放松了、愉快了，疼痛反而在减弱，创造了人类医学史上的奇迹。孙洵的故事不正应了“送人玫瑰手有余香”这句老话吗？

我还采访过一个编剧，他是一个非常有才华的电视人。后来由于出了车祸，被人家给撞得坐在轮椅上生活。原本前途大好的事业被残忍地画上了句号。他说的一句话令人难忘：“我也曾经埋怨别人，怨恨肇事者，但是突然有一天我豁然开朗，当我在抱怨的时候世界越变越小，只剩下了我自己，终于有一天当我原谅了肇事者，我发现我可以原谅更多的人，可以包容更多的人，心胸逐渐打开，我走出了自己的房间。”

2005 年，我做过一档《岩松看台湾》的节目。其间，我发现台湾的人间佛教搞得非常好。他们虽然叫佛教，寺庙里却没有香火气，也不是到那儿就跪下磕头，而是大量地以志工的方式存在于这个社会当中。慈济的证严上人跟我说过一句话，她说：“我要求慈济的所有志工们一定要对被帮助的人说谢谢。这就是志愿与自我之间的关系。”因为志工在帮助别人的时候感受到了自己的价值，体会到了幸福，要感恩，对不对？

志愿者也是得到者，甚至是更大的得到者，所以应该有一种感恩。志愿者要意识到自己很幸运，我还可以去帮助别人，我得到一种愉悦，我去的时候可能心情很不舒畅，但在帮助完别人的时候我的心结打开了，这是一个自我拯救的过程，我怎么可能不对被帮助的人说声“谢谢”呢？我要感恩，他居然还允许我帮助他，他提供了我能帮助他的可能。《道德经》中有这样一句话：“无私为大私。”正是在帮助他人的过程中，自己得到了最多，也正是在利他的行动中，我们一点一点找到自己。

《道德经》里有一句名言“天长地久”，那为什么天最长、地最久？天和地从来不会考虑自己，但最后的结果是，天和地服务的那些人总是有周期的，而天和地本身却是最长久的，所以是“因其无私而成其私”。

◎ 德者，才之帅也！

从先秦开始，古人在论述人才的素质条件时，就已注意从品德和才能两方面来考虑问题了，并相继提出了“既知（智）且仁”“才行俱兼”“才行兼备”“才德兼优”等概念。不仅如此，古人还非常明确，并相当科学地论述了“德”与“才”之间的关系，先后提出了“德”为“才之帅”，用人以“德行为先”“德行为首”“以德为本”等概念。

孔子说过君子之道有三："仁者不忧，知者不惑，勇者不惧。"这三项行为标准里面"仁"属于德，"知""勇"属于才智能力。

儒家经典著作《大学》开篇就提出了"修身、齐家、治国、平天下"之道，《周易》里也讲到"天行健，君子以自强不息""地势坤，君子以厚德载物"。孔子认为"大德必得其位，必得其禄，必得其名，必得其寿"。司马迁在《史记·商君列传》中提出"恃德者昌，恃力者亡"。

在古代传统社会，选人的标准首先应是道德上的贤人，即所谓"修身而不能及治者有矣，未有不自己而能及民者"。《左传》中有"太上有立德，其次有立功，其次有立言，虽久不废，此之谓不朽"，把人的道德修养排在了第一位。

北周时，太祖宇文泰要变革时政，富国强兵。大臣苏绰起草了六条诏书，包括"选拔贤良"一条，其中说道：当时从基层文书工作人员中选拔官员有个不好的做法，就是"唯试刀笔"，只考试文字能力。苏绰认为这样做是不对的，"如果从文字好的人员当中挑选到了品德好的人，那自然是金子般的外表、玉石般的内质，内外俱美，实在是得到了人中之宝啊；如果在文字好的人员中得到的是虚伪之人，那就等于在朽木上装饰图画，虽好看一时，但终究不可用作房梁屋椽啊!"就是说，文字好而又品行好，是难得的人才；如只是会写报告和讲话，而品行不端，那是不能重用的。

唐代贞观二年，唐太宗对身边大臣说过一段有关用人的话，堪称精辟，他说："为政之要，惟在得人。用非其人，必难致治。今所任用，必须以德行、学识为本。"最后这句话讲的是任用标准，唐太宗认为应以德行和学识二者为主要依据。

宋代司马光认为，首先要弄清才与德是不同的，由于人们弄不清二者的区别，不论是有德还是有才，都被认为是贤人，所以在用人上往往失误，"聪察强毅之谓才，正直中和之谓德"。聪慧、明察、刚强、坚毅这一类素质属于"才"，心术端正、诚实正直、中庸适度（不走极端）、宽和仁爱这一类素质属于"德"。就是说，选拔人才应当首先看他的行为品德，其次看他的学识理论，再次看他处理行政事务的能力，最后看他的文学水平等。司马光指出当时选拔人才只重文辞，这是不对的。

金世宗曾对宰相们说："一个人如果有十事的能力，固然是难得的人才，但是德行好的人更为优秀。"他是这样说的，实际用人时也是这样掌握的。大定七年（1167年）十二月，有三个被任命为地方官的人到朝廷辞行，因这三个人都是有功劳的，所以金世宗给每人送一条金带，并教育他们说：“你们虽都有才，然而爱搞阴谋诡计。我的左右必须是忠诚老实之人，所以把你们安排到外地任职，不能留在我身边。”金世宗在用人问题上，可谓是坚持原则，毫不含糊。

元朝初年，由于很多蒙古贵族大臣崇武轻文，讨厌儒士，所以几十年内未开科举，仁宗即位后，才命令程钜夫等几位大臣研究出台了科举办法。仁宗在诏书里说：“选拔人才‘宜以德行为首’，考试应该以经学理论水平为先，文字水平次之。文章浮华无实，我是不取的。”元代规定，选拔吏员“以品行纯正恭谨，儒吏兼通者为最好；有才学，办事机敏麻利，行政事务程序娴熟者次之”。

清代康熙皇帝非常重视用人，在用人标准上也把握得比较好。他说，“国家用人，当以德器为本，才艺为末”，“论才则必以德为本”。

古人关于用人标准方面的基本观点大致有两个：一是德才兼备，二是以德为先。

孔子讲“德不孤、必有邻”，张衡言“不患位之不尊，而患德之不崇；不耻禄之不伙，而耻智之不博”。从古至今，中国就是一个崇尚道德、遵守道德的国家，道德在中国文化中占有极其重要的地位。

品德是选人之首，崇德乃教育之首。如果我的孩子们在传统的“考才”模式落败，从而失去进入社会的“结构性优势”，那我一定会从“崇德奉献”中补上这张“首位门票”。

◎ 中职教育里的“德育”——不断强化的政策保障

改革开放以来，为培养德才兼备的技能型人才，教育主管部门和广大职业院校一直高度重视德育工作。尤其是党的十八大以来，中国职业教育德育工作地位进一步提升，“育人为本、德育为先”成为职教战线的共识。广大职业院校始终以“立德树人”为根本，坚持正确的政治方向和育人导向，在强化政策保障、深化德育课程改革、创新职业道德教育、拓展德育实践形式等方面采取了扎实措施，积极拓展新形势下德育工作的有效途径，职业教育德育工作取得了新进展。

20 世纪 90 年代以前，中国没有专门针对职业教育德育工作的政策，中等职业学校的德育工作主要是参照其他几类学校德育工作的要求开展的。随着教育体制的改革和发展，中国职业教育规模迅速扩大，职业学校德育工作也愈加引起关注。1991 年，国家教委在吉林长春召开了中等职业学校德育工作座谈会，明确了中等职业学校德育工作的主要内容。此后，教育部门将中等职业学校的德育工作逐步从普通高校和中小学中分离出来，专门予以研究、规划和推进。

进入 21 世纪，教育部门高度重视职业院校德育工作。2004 年，教育部颁布实施《中等职业学校德育大纲》，明确了中职德育工作的基本规范和要求，推动中职德育工作完成从“参照做”到“专门抓”的重要转变，对规范和推动中职德育工作发挥了重要作用。2010 年，《教育部人力资源社会保障部关于加强中等职业学校校园文化建设的意见》发布，强调了校园文化的育人功能。

2010 年国家教育规划纲要颁布后，教育部启动了对《中等职业学校德育大纲》的修订工作。2014 年，教育部正式颁布《中等职业学校德育大纲（2014 年修订）》。同年印发的《国务院关于加快发展现代职业教育的决定》明确提出要“坚持以立德树人为根本”，通过全面实施素质教育，科学合理设置课程，将职业道德、人文素养教育贯穿培养全过程，把提高职业技能和培养职业精神高度融合。2015 年，《教育部关于深化职业教育教学改革全面提高人才培养质量的若干意见》出台，提出要坚持把德育放在首位，大力加强社会主义核心价值观教育，帮助学生树立正确的世界观、人生观和价值观。同年，教育部印发的《职业院校管理水平提升行动计划（2015—2018 年）》进一步强调：职业院校要坚持立德树人，积极培育和践行社会主义核心价值观，弘扬“劳动光荣、技能宝贵、创造伟大”的时代风尚，营造以文化人的氛围，从学校理念、校园环境、行为规范、管理制度等方面对学校文化进行系统设计，充分发挥学校文化育人的整体功能。

21 世纪以来，伴随职业教育的快速发展，中国高度重视职业院校德育工作，从政策层面不断提升德育工作的地位，保障德育工作的顺利开展，促进立德树人根本任务的落实，为加快实现发展现代职业教育的目标保驾护航。

2014 年全国教育工作会议明确，当前的关键是要把党的教育方针和社会主义核心价值观细化、实化、具体化，转化为学生的核心素养和学业质量，体现到课程标准、教材编写以及考试评价之中。中职德育课和高职思想政治理论课作为职业院校学生必修的公共课，是学校开展德育工作、实施道德教育的重要途径。

自2008年启动教育部新一轮中职德育课程改革以来，中等职业学校德育课程改革逐步深化，教育教学效果明显增强，取得了显著进展。

2008年，教育部印发《教育部关于中等职业学校德育课课程设置与教学安排的意见》，同时，颁布了《教育部关于印发中等职业学校德育课课程教学大纲的通知》。这一轮课程改革，将社会主义核心价值体系的基本内容、科学发展观的内涵和精神实质、构建社会主义和谐社会的总体要求等内容纳入了德育课课程教学内容，充分体现了党和国家对中职学校德育工作的新要求；大纲将德育课程的必修课程设置为“职业生涯规划”“职业道德与法律”“经济政治与社会”“哲学与人生”，选修课程设置为“心理健康”，在强调思想政治教育的同时，加重了职业生涯教育、法制教育、职业道德教育方面的内容，突出了职业教育的特点，更利于中职学生全面发展和综合职业能力的形成。2011年，《中共中央宣传部办公厅教育部办公厅关于加强中等职业学校形势与政策教育的意见》进一步强调，形势与政策教育是中职学生思想道德教育工作和德育课教学的重要内容，对于中职学生全面理解党和国家的路线方针政策，了解国内外形势的发展变化，增强分析形势、解读政策的意识，提升综合职业素质和能力具有重要意义，并规定了中等职业学校开展形势与政策教育的主要内容。

2014年，教育部颁布《中等职业学校德育大纲（2014年修订）》。该大纲把社会主义核心价值观作为主线贯穿始终，从德育工作定位、指导思想、目标、原则、内容、途径等方面系统设计、全面体现，对推进职业院校德育工作具有重要指导意义。2017年《中小学德育工作指南》强调，要充分发挥课堂教学的主渠道作用，将中小学德育内容细化落实到各学科课程的教学目标之中，融入渗透到教育教学全过程。

此外，为帮助中等职业学校德育课教师深入理解掌握党的十八大精神，并通过课堂教学主阵地推进党的十八大精神进教材、进课堂、进头脑，2013年3月，教育部研究制定了《中等职业学校德育课贯彻党的十八大精神教学指导纲要》，就中等职业学校德育课程教学中贯彻党的十八大精神提出了指导性意见。根据该教学指导纲要精神，承担中职德育国家规划教材出版任务的高等教育出版社等对原教材进行了修订，开发了相关的教学资源。

近年来，各职业院校切实推进德育课教学改革，不断提高课堂教学的实效性。广大职业院校教师积极探索德育课教学方法改革，注重实践教育、体验教育、养成教育。通过对德育课教师进行业务素质培训、开发德育教学资源、组织优质课及说课比赛等形式，充分展示了中职德育课教学理念的转变、德育课堂形式的改变以及信息化教学手段在德育课堂中的应用，提升了教师应用现代化教育技术手段和数字化资源能力，促进了教师素质与教学质量的提高，切实增强了德育课的针对性、实效性和时代感。

第二节 “才”有所短 “德”有所长

2015 年，一部探索职业操守、个人道德与公共边界的电影——《搜索》火了。影片由陈凯歌执导，高圆圆、姚晨、赵又廷等主演。

电影女主人公叶蓝秋是一家知名企业的骨干，也是社会精英人士。她确诊绝症后，在公共汽车上没有给身边的老人让座，并言语挑衅，态度跋扈。

这一情景刚好被车上的电视台实习记者杨佳琪用手机拍了下来。回到电视台，她将这段视频交给了资深记者陈若兮，陈若兮出于对新闻热点的敏感，对“让座”事件做了大肆渲染，由此而引发了观众、网友的极大关注。于是社会舆论批评、批判叶蓝秋的声音一浪高过一浪，以致其正常生活受到了干扰，无论她走到哪里，看过她的“事迹”的不真正了解她的人，都会给她一个否定的评价。

她想去家政公司请个保姆，不仅被拒绝，而且遭到许多人的围堵、拍照，他们将叶蓝秋视作道德败坏的人，甚至她所在的公司也因她的“不道德”行为股票下跌，与国外公司的签约被搁浅……

即使叶蓝秋是高级人才，但只要贴上“公德有亏”的标签，便几乎“无路可走”。可见传统的公序良俗里，仍然把“德”放在“才”前。当一个人被贴上“德行有亏”的标签，几乎就面临着“社死”的境地。

◎ 人才应用公式

在《世界 500 强人力资源总监管理日志》里，作者李浩分析了苹果、GE 等世界 500 强企业的用人标准，我们不妨罗列几条看看。

苹果公司：看学历、看经验、看创新，更注重工作绩效

1. 学历

苹果公司要求应聘者具备基本的学历，如果能够取得各种证书，则对求职很有帮助。

2. 经验

苹果公司很看重应聘者的工作经历，要求应聘者必须要有本行业内的工作经验。因为苹果公司基本上不招聘应届毕业生，所以应届毕业生如果想去苹果公司，就应先去其他公司积累一些工作经验，哪怕是一些小公司也没关系，但是不能丢掉 IT 专业，并且在技术上要跟进最新的知识，不断学习、积累，否则很快就会落伍。

3. 创新

苹果公司强调创新观念。也就是说，员工的创新意识、能力越强烈，就越能得到苹果公司 HR 管理者的青睐。

4. 工作绩效

苹果公司特别重视员工的工作绩效。对应聘者，苹果人力资源总监除了提出前面三点要求以外，还有很重要的一个要求就是高绩效文化。高绩效文化从来没有说你是哪个学校毕业的，是什么学历，而是看你在工作上的贡献及工作热情。

GE（美国通用电气公司）：专业水准、道德品质、未来潜力

1. 专业水准

在专业技术方面，GE 公司主要看应聘者的专业素质与专业标准是否符合基本要求。

2. 道德品质

在道德品质方面，GE 公司主要看应聘者是否符合 GE 公司的价值观，其中包括诚信、变革、热情和自信等。

3. 未来潜力

在员工发展的潜力方面，主要看其未来是否有潜能去做一些带有领导性质的更高位置的工作或更广范围的工作。

GE 公司除了对应聘者的“硬件”有要求外，也非常看重应聘者的“软件”，其中包括团队精神、沟通技能、逻辑思维和分析能力、创新能力等。

此外，GE 公司在全球招聘员工时采用的是同一个标准，也就是说，GE 员工无论在哪一个国家工作，都具有相同的特点与素质。

宝洁：优先招收热心社会活动者

宝洁公司招聘员工的具体要求如下：

1. 强大的主动工作能力

宝洁公司认为，如果员工具有极强的主动性，就能够坚韧不拔、独立自主，并且以极大的热情来做好自己的工作。

2. 善于相处

宝洁公司认为，只有与周围的同事保持良好的工作关系，才能更好地完成自己的工作。

3. 较强的表达、交流能力

宝洁公司善于用客观、开放的态度来吸取员工的建议和反馈，因此，较强的表达、交流能力就显得非常重要。

4. 较强的分析能力

宝洁公司倾向于招收具有较高才智的员工，希望员工能对瞬息万变的商业竞争及时做出反应。

5. 优秀的合作精神

宝洁公司希望员工懂得如何激发自己的热情，以便在工作中更好地发挥出个人和集体的作用。

6. 诚实正直

诚实正直是宝洁的“公司信条”。尽管时代在发生变化，但具有传统的“侠义之风”的应聘者是宝洁公司非常期待的。

7. 热心于社会活动

宝洁公司会经常询问应聘者，是否经常参加活动或组织活动，而且通常会优先考虑录用那些热心于社会活动的应聘者。

以上我们可以看出，何为对社会有用的人才？至少在这几家顶级企业里是“品德＞潜能＞创新＞专业＞学历”的。

作为职业教育工作者，我们所面对的学生并不是传统意义上的“绩优生”，他们未来能取得怎样的学历，也不是我们所能目测的。但职业教育最终的宗旨是培养社会需要的、有上升潜力、让家长放心的有为青年。

对于这些孩子来说，未来所服务的企业就是“社会”这个词语的第一步，企业最需要的素养，就是社会最先考量他们的东西。我们需要参照以上选人用人的公式，制定一套适合的教育理念。

优良的品德与奉献精神，是八个核心社会能力之一。这不仅是中职教育的要求，更是时代迫切需求的青年素养。

◎ 新时期需加强青年学生社会责任感的培养

习近平总书记在清华大学考察时就指出，当代中国青年是与新时代同向同行、共同前进的一代，生逢盛世，肩负重任。只要我们传承和发扬奉献精神，不懈奋斗、敢于担当，就能成为一名有所作为的青年人，像早晨的太阳那样发光发热，实现自己的人生价值，推动社会进步，为服务国家富强、民族复兴、人民幸福贡献自己的力量。

而德育与奉献精神的培养，最终要唤醒的是祖国青年的社会责任感，这其实是一个三位一体的问题。

当前，世界正处于百年未有之大变局，我国也正处于实现中华民族伟大复兴的关键时期，新时代的中国青年要学习雷锋坚守崇高理想和坚定信念，学习贯彻习近平新时代中国特色社会主义思想，不断增强“四个意识”、坚定“四个自信”、做到“两个维护”，深刻领悟和把握“两个确立”的重大意义和实践要求，要自觉以实现中华民族伟大复兴为己任，增强做中国人的志气、骨气、底气，不负时代，不负韶华，不负党和人民的殷切期望，把自己的成长追求同党的事业、国家的命运、民族的前途紧密结合在一起，为实现第二个百年奋斗目标、实现中华民族伟大复兴的中国梦贡献自己的青春、智慧和力量。

十八大以来，习近平总书记围绕青年工作发表一系列重要论述，立意高远，内涵丰富，思想深刻，阐明了新形势下青年工作的重大理论和实践问题，指明了当代青年的历史使命和成长道路，对于准确把握青年工作的基本要求和重点任务，引导青年树立远大理想、热爱伟大祖国、担当时代责任、勇于砥砺奋斗、练就过硬本领、锤炼品德修为，激励和动员广大青年为实现“两个一百年”奋斗目标、实现中华民族伟大复兴的中国梦而勤奋学习、努力工作，具有十分重要的意义。

梁启超在《少年中国说》中写道：“故今日之责任，不在他人，而全在我少年。少年智则国智，少年富则国富，少年强则国强，少年独立则国独立，少年自由则国自由，少年进步则国进步。”

习近平总书记在文化传承发展座谈会上指出：“要坚持守正创新，以守正创新的正气与锐气，赓续历史文脉、谱写当代华章。”青年社会责任感的培养离不开文化的熏陶和感化，应从多方面入手，营造和优化促进青年社会责任感培养的文化氛围。

其一，从中华优秀传统文化中汲取营养。自古以来，中华民族十分注重国民社会责任感的培育，并流传着许多与此相关的格言警句。为此，应通过开展中华经典诗文诵读、“中华文化青年说”等活动，引导青年不忘根本、汲取精华，筑牢社会责任感的传统文化根基。

其二，大力弘扬包括雷锋精神在内的社会主义先进文化。将学习传承雷锋精神与青年社会责任感教育紧密融合，引导青年关爱他人、帮助他人、服务社会、奉献社会，促使青年在志愿服务、助学帮困等实践活动中不断提升社会责任感。

其三，整合多方力量共建网络文明，打造清朗网络空间。涵养健康向上的网络文化，积极运用网络媒介讲好中国故事、传播中华文化、培树优秀青年典型，推动形成良好的舆论氛围，牢牢把握培养新时代青年社会责任感的正确舆论导向。

《国家中长期教育改革和发展规划纲要（2010—2020 年）》强调，要“着力提高学生服务国家服务人民的社会责任感”。是否具有社会责任感，是一个人是否真正适应社会，一个青年是否顺利实现社会化的重要标志，也是很长时间以来，社会对以“80 后”“90 后”为代表的改革开放以后出生的一代人的最大疑虑。那么，什么是社会责任感？怎样看待这一代人的社会责任感？在现代多元价值观念的背景下，如何有效地进行社会责任感教育和培养？无论是从社会和谐建设的角度，还是从当代青少年发展的角度，都是我们必须认真思考的问题。

确立社会责任感对于人的一生具有重要意义。

第三节　结合学科特色打造“德育品牌”

学校，作为德育的重要阵地，就要充分发挥思想政治理论课立德树人、铸魂育人的关键作用，提高思政课的含金量和获得感，让思政课“有营养”“冒热气”，让青年体会到崇高理想信念、爱国主义精神、社会主义核心价值观的伟力，在耳濡目染中培育家国情怀，在学习对标中提升实践本领。

同时，发挥社会实践的重要作用。习近平总书记在给中国农业大学科技小院同学们回信中，肯定他们走进乡土中国深处、深刻理解什么是实事求是、学会去联系群众，有“自找苦吃”的精气神。应充分利用社会大课堂，引导青年积极参加志愿服务、认知实习等活动，在实践中提高本领、拓宽视野，实现自我责任、家庭责任、国家民族责任与世界责任的内在统一。

我们应该结合时代所呼、国之所需、企业之所用、社会之所急，并结合学科特色，加强社会实践，做出一些值得一说的“德育品牌”。

“立志而圣则圣矣，立志而贤则贤矣”，志存高远才能堪当大任。要实现这样的追求，新纪元作为职业院校，在培养学子德育成才方面做出以下努力：

首先，新纪元围绕校园文化主题设计多种形式的德育活动，将教学内容与德育素养要求相结合，教学形式与教学环境相结合。比如通过组织学生参加“情系敬老院”“慰问环卫工”“关爱聋哑儿童”“慰问老兵”等社会公益活动，培养学子的公益大爱精神；通过举办家长见面会，为父母洗一次脚等活动培养学子的感恩养成精神。

其次，依靠“教中学、学中悟、悟中育”，将德育目标渗透到每个学子的心田，形成他们的固有意识，促进他们成人成才。大力开展德育实践活动，通过举办技能大赛、演讲比赛、文明进校园、安全演练等活动，增强学子的社会责任感，塑造学子德育品质的建立和养成。

再次，定期开展易传播、可操作的校园德育文化主题，围绕主题逐步实现美化校园环境、强化环境育人的作用。通过对学生进行半军事化管理的方式，推进校风、教风、学风建设；通过校刊、校训等载体表现校园德育文化，为学子营造积极向上的德育氛围，营造师生共同的精神家园。

同时，新纪元还将德育培养计划渗入到教学课堂中，前期通过教师培训、主题研讨等活动，提升教学老师的德育队伍工作能力，后期授课老师及各班班主任，将德育教育融汇到日常的思想政治教育、法治教育、心理健康教育、职业道德教育、职业指导教育、创业指导教育等过程中，灵活渗透，使课堂成为开展职业道德教育、强化职业技能和培养创业精神的重要平台。

下面我介绍一项新纪元德育活动，摘取了孩子们平时社会实践简报的内容。

◎ 组织开展为环卫工人夏季送清凉慰问活动

7 月 25 日上午，我校学子们在学生处团委徐书记的带领下前往朝阳社区慰问在这里辛苦工作的环卫工人们，为他们送去了来自学校浓浓的关怀和夏日清凉。

学生处团委徐书记首先代表学校向朝阳社区环卫工人的辛苦劳动付出表示感谢，是他们无时无刻守护和装扮着我们周边场所，让我们拥有干净整洁的生活环境。徐书记现场呼吁我校学子要从身边的小事做起，养成文明行为习惯，不乱扔垃圾，自觉维护环境卫生，减轻环卫工人的负担，切实关爱环卫工人。

学子们把西瓜、牛奶等慰问品一一发放到每位环卫工人的手里，并亲切地叮嘱他们在高温环境下务必要时刻注意身体状况，做好防暑工作，合理安排作息时间。环卫工人们接过慰问品，脸上洋溢着欣喜的笑容，他们在炎炎夏日感受到了阵阵清凉，也体会到了学校、社会对他们的关爱与关怀。

◎ 手把手教老人制作香甜月饼，温暖老人心

每年在传统佳节中秋节来临之际，新纪元都会组织师生驱车前往陕西周边的敬老院、养老院，看望并慰问那里的老人，为他们送去温暖、关怀和节日的问候。

学子们的到来，让平日里安静的敬老院顿时变得热闹起来。在敬老院里，学子们与老人进行了亲切的交流，询问他们的身体状况，了解他们的日常起居，叮嘱他们要保持健康的身体和愉悦的心情，健康幸福地过好每一天，并带去制作月饼的原材料，手把手教敬老院的老人们如何制作月饼。

办学至今，西安新纪元烹饪技工学校积极履行社会责任，每逢传统节日，学校都会组织教职员工代表前往福利院、敬老院、养老院等地慰问老人和孤残儿童，为他们送去慰问品、慰问金，并亲切地向他们致以节日的问候。学校用实际行动温暖社会，并身体力行倡导全校师生为社会多做好事、实事，弘扬中华民族尊老爱幼的优良传统美德，传递爱心，也在莘莘学子的内心深处播撒下一颗“立德树人”的种子，让这颗种子在学子的心里长成参天大树。

◎ 向中国军人致敬

每逢八一建军节来临之际，学校学生处团委志愿者一行都会定期走访慰问朝阳社区退伍老兵，向他们致以亲切的问候，送去关怀与温暖。

“身体怎么样？生活上有没有什么困难……”在走访慰问中，学生处团委志愿者一行每到一处都与老兵们叙家常、问冷暖，关切询问身体状况、家庭生活情况，了解他们所需、所盼、所难，从精神及生活上给予关心，为他们送上慰问品，并向他们致以节日的问候，感谢他们为党的革命事业和国家建设作出的突出贡献。

几位退伍老兵感谢学校对于他们的关怀和照料，大家一起畅谈了往日军营中的峥嵘岁月，感慨虽青春不再，但心中仍旧军旗飘扬，如今社会安定，国家繁荣富强，他们的内心感到由衷的自豪。

◎“学雷锋”纪念日活动

每年 3 月 5 日，学校团委会组织志愿者学子前往西安灞桥福利院慰问老人，带去慰问品，并为福利院进行卫生清扫，让老人们感受到来自新纪元学子的关爱与暖心呵护。每当此时，老人们总是喜笑颜开，整个福利院充满了欢乐的气氛，增添了一份春日的温馨。我们希冀通过这样的“自我价值”感应，让孩子们认识到自己之于别人的作用，在奉献与爱中，帮助孩子们找回或巩固对自我的价值追求、信心和责任感。学校也在这样的活动中去落实立德树人根本任务，培养德智体美劳全面发展的社会主义建设者和接班人。

◎ 来自学生的“修德”成长感言

1. 利用专业技能给敬老院老人做月饼

老师给我们布置了一个跟往常不大相同的任务——给敬老院的爷爷奶奶们做月饼并亲手送给他们。

到达目的地了，我提着事先准备好送给爷爷奶奶的礼品和水果，昂首挺胸地向前走着。当走过敬老院大门时，墙上布满了绿绿的爬山虎，把我们映衬得更美！

这时，我看到了许多老人家有的坐在树边，有的坐在椅子上。我观察了一下，有的只穿了薄薄的短袖，有的只穿了拖鞋，有的甚至连鞋子都没有穿。看到这些，我的心里不由地升起了怜悯之情。看着他们的衣服、鞋子都这么破，我巴不得把我家里的衣服都搬出来给他们穿。

接着，老师给我们分配任务，把我们一共分成四组，两组做月饼，两组做游戏，让老人们快乐快乐。

我们高级班接到的任务是做月饼，分成两组。老师把已煮熟的豆沙和面粉分配给我们。另一组已经开始做了，我们这组也不能落后呀！我们开始拼命地做月饼，忙得不可开交，连擦汗的时间都没有。时间到了，是该看看我们战利品的时候了。呀！我们这组做了 30 盒，另一组做了 28 盒，我们居然做得更多，可开心啦！

该我们做游戏了，首先是做抱抱游戏。这个游戏怎么玩呢？很简单，老师说几个人抱在一起就几个人抱在一起，抱在一起的人数不对就算输。输的同学要受到小小的惩罚，就是抽一张信封并按照上面的要求做。后来又玩了拖凳子的游戏。在一片欢声和笑语中，游戏结束。

最后，该给爷爷奶奶们发我们的劳动成果——豆沙月饼。我给了一位老爷爷，又给了一位老奶奶。看到他们因为我们的到来而绽放的真挚笑容，我的内心充满了自豪感，原来我也是被社会需要的人，原来我也是可以让别人感受到幸福的人，原来我也是有社会价值的人……在充满童真的房子里，结束了我们的活动。

在回来的路上，我暗暗下定决心，下次我还要来，还要为爷爷奶奶们献爱心。

2. 把烹饪专业的价值，奉献给空巢老人

带上蒸锅与托盘，志愿者一同前往独居老人糖姨家中，准备为糖姨包饺子。大家的如约到来，让糖姨非常开心兴奋，一进门她就马上为大家泡上茶水。社工和志愿者向糖姨问好后就直奔厨房忙碌了起来。剁肉、洗韭菜、刨胡萝卜丝、切香菇、拌料，一系列驾轻就熟的步骤下来就准备开包了。不一会儿，一个个精致可爱的饺子在大家的巧手中呈现。

糖姨看着大家忙碌的身影，既感动又心疼，生怕大家渴了，不断招呼喝茶。早上发现手机连接不上网络了，糖姨忙向社工求助，经过调试，连上了网络后，糖姨手舞足蹈地说太好了，手机不能用还真不习惯呢，感谢你们总是帮我解决问题。

正包着饺子，二楼的肖婆婆敲门进来了，糖姨马上高兴地把肖婆婆迎进来，两位老人开心地攀谈起来。肖婆婆说看到社工与志愿者都在，也来热闹开心一下。肖婆婆与糖姨都是健谈的老人，平时很少有人与她们聊天，今天难得相聚，有说不完的话。包好饺子后我们陪同老人一起聊天话家常，关心她们的身体状况等。糖姨平时自己一个人在家，孤单寂寞，长年的腰疼腿痛出门很不方便，每次社工与志愿者上门探访都意犹未尽，依依不舍。今天终于可以打开话匣子，聊个尽兴。肖婆婆今年已经 87 岁高龄了，多病缠身，但每天坚持锻炼身体，有自己的一套养生之道，现场还为大家展示了养生手操，乐观积极的生活态度感染了在场的我们。

午饭时间到，我们与糖姨围成一桌，开心地品尝美味的饺子，看着糖姨脸上洋溢的笑容，我们再辛苦都是值得的。

※ 我的一些感触

有一次一位记者采访我，聊完我的奋斗故事后，她由衷感叹：你是一个“逆袭者”。问我实现理想的感触。

我一时语塞，成功学从来就不用营销，更何况或许我还不是很成功。但硬要说点什么，我想就是“平凡的力量”，只要守住一个平凡人该有的品德节操，社会大抵不会对这个人太差。

一个人要做一些事情，技能知识是敲门砖，还有最重要的一点：品德。它能吸引别人与你合作。别人之所以相信你，绝非乍见欢喜的投缘，而是历久弥香的某些细节所透露的品质。

还记得孩子们课本上那个《苦柚》的故事吗？

作者有一个旅居海外的伯父，带着十五岁的女儿从遥远的南美洲回到了故乡浮云镇。因好久没吃家乡的柚子，第二天一大早三人便到集市上去买柚子。挑选时，遇到一个小姑娘，她不像其他人一样吹捧吆喝，反而介绍自己的柚子有点苦。

“这叫棉花柚，个儿大，其实里面的肉不多，还有点苦。”

当伯父提出要买十个时，小姑娘又说：“少买一点吧。这种柚子确实不大好吃，苦味很浓，人们都不喜欢。再说，你好不容易从国外回来，要把家乡的柚子带到外国去，应该买点好的，甜的。”

最后，伯父买光了她的柚子，也由此感叹道：“在这个世界上，金钱可以买到山珍海味，可以买到金银珠宝，就是买不到高尚的灵魂呐！”

其实，好人品就是一个人最大的运气。所谓得道多助，失道寡助。做人越诚实、越善良，越会得到意外的好运与机会。相反，一个人学历再高、能力再强，若是品德不好，终究会一无所获。

“有时候，善良不会马上报答你，但会给你意想不到的惊喜；有时候，善良会变换一种方式降临，让你感受它的博大与丰盈。”

电视剧《大江大河》中的小人物寻建祥就是如此。他没有宋运辉那样的学习天赋和钻研劲儿，也没有杨巡的机灵滑头，却因为仗义和实诚收获了好人缘，朋友们纷纷叫他大寻。

大家都知道他的为人处世，也知道他花花肠子少，跟他交往就图个舒心、爽快，这就足够了。老话讲：小胜靠智，大胜靠德。

一个人若想长久存于世而不败，最终还是靠自己的品德。

因此，与其挖空心思、斤斤计较，不如提升自己，厚道待人，让自己成为德行兼备之人。

曾经在网上看过一则故事：一位求职者在面试过程中被问到过往的经历。他骄傲地说："我的学费一年一万，都是通过招生减免的，累计完成了 45 人的业绩。"面试官又问："你把这么多家乡的亲戚朋友介绍到这个学校，请问这个学校的学历证书是教育部认可的吗?"求职者沉默了许久才说出一句："现在是不认可的。"

最后，面试官拒绝了他的求职，并说了这样一句话："如果你想要在社会上行走，先做人，再做事。你做事很精明，但做人很失败。"

原来他所在的学校已经连续两年上了违规招生的黑名单。而他明知这一切，却为了凑自己的学费，还是把身边的亲朋"骗"到这里。

人的德行是一切根源，所有的财富、智慧、名望，都需要它来承载。人品不过关，一切都免谈。

李开复就说过："我把人品排在人才所有素质的第一位，超过了智慧、创新、情商、激情等。我认为一个人的人品如果有问题，就不值得一个公司去考虑雇用他。"德不配位，再有能力也无济于事。品不及能，再多算计也于事无补。

唯有让德行跟上才能的脚步，人生才能细水长流，有始有终。

第五章　要不要做一个“老实巴交”的孩子？

战国时期，在秦国国都城墙的南门聚集了一群人，大家围绕着一根木头纷纷议论：“这根木头谁都能拿动，还用得着黄金10两？这当官的，莫不是跟我们开玩笑吧？”

虽然此前国家早已颁出布告：只要把这根木头从南门搬到北门，就能领取10两黄金的奖励。但大家此时还是面面相觑，没有一个人去扛木头。

秦国新上任的左庶长商鞅得知这一情况，立即将赏金涨到了50两。但出乎意料的是，赏金越高就越没人敢尝试。

众说纷纭之下，终于一人站出来说：“我来试试。”说罢便将木头抬起来就走，一直到北门。

商鞅见状，当场赏赐给他50两黄金。此事一经传开，立即轰动全国，秦国的百姓纷纷说道：“商鞅的法令不含糊。”

商鞅这一举动在百姓心中树立起了威信，变法很快在秦国推广开了。新法使秦国渐渐强盛，最终统一六国。

这是商鞅“南门立木”的典故，成语“徙木为信”也是由此而来。到了宋朝，王安石还在一首诗中称赞商鞅改革的决心和信守诺言的可贵精神，诗文为：“自古驱民在信诚，一言为重百金轻。今人未可非商鞅，商鞅能令政必行。”

孔子弟子曾子曰：“吾日三省吾身：为人谋而不忠乎？与朋友交而不信乎？传不习乎？”

诚信是儒家思想最核心最重要的理念之一，孔子认为君子人格是修身的最高境界，而诚信是成就君子人格的内在要求，可以作为衡量君子的标准。

同时，诚信也是为政之要。子贡曾经向孔子请教治理国家的方法，孔子给出三条建议："足食，足兵，民信之矣。"即粮食充足，军备充足，民众信任朝廷。子贡说："如果迫不得已要去掉一些，三项中先去掉哪一项呢？"孔子说："去掉军备。"子贡说："如果迫不得已，要在剩下的两项中去掉一项，先去掉哪一项呢？"孔子说："去掉粮食。"孔子强调为政立国的核心政德就是民信。

《论语》中还把诚信思想作为社会交往的价值准则和道德基础。孔子主张通过诚信交往来实现社会安定有序。《论语》中，孔子及弟子都以诚信为交友的原则，忠实地践行诚信之德。一是自己讲诚信，用诚信之心获取对方的诚信。"为人谋而不忠乎？与朋友交而不信乎"，曾子忠信于人，勤勉于己，通过尽心尽力地为朋友做事，获取诚信之友。"与朋友交，言而有信"，子夏同朋友交往恪守信用，通过言行一致的诚信行为结交诚信之友。二是对方讲诚信，君子之交"信以成之"。

诚信是一个道德范畴，是公民的第二张"身份证"，是日常行为的诚实和正式交流的信用的统称，也是践行社会主义核心价值观的实践要求。

十八大以来，习近平总书记在多个重要场合强调诚信的重要性。党的二十大报告提出："弘扬诚信文化，健全诚信建设长效机制。"深刻学习领会习近平总书记关于诚信的重要论述，需要我们将理论和实践相结合来思考"为什么新时代需要高度重视诚信文化建设，如何加强新时代诚信文化建设"这个重大课题。

自觉培育和践行包括诚信理念在内的社会主义核心价值观，已越来越成为全社会的共识。弘扬诚信文化、建设诚信社会，是我们在中国式现代化进程特别是文化建设和社会建设中面临的一项重要任务。

2022 年，中办、国办印发《关于推进社会信用体系建设高质量发展促进形成新发展格局的意见》，强调信用体系对推进高质量发展的支撑作用。在传统意义上的失信行为得到有效遏制，整个社会诚信文化向上向好、社会信用体系建设日益完善的同时，我们也看到，伴随着互联网新业态的发展、大数据技术的广泛使用，一些新的诚信问题又涌现出来，如网络诈骗、"大数据杀熟"、商标抢注、论文倒卖等备受关注。这些诚信"堵点"，不仅成为推动经济发展和社会进步的障碍，也极大地影响了人民的获得感、幸福感和安全感。

诚信，是黑暗灵魂中细细涌入的一束温暖的阳光；诚信，是干涸心田里缓缓流入的一股清澈的泉水；诚信，是迷茫迴途中指引方向的一个希望的罗盘……就个人而言，诚信是高尚的人格力量；就社会而言，诚信是正常生产生活的秩序；就国家而言，诚信是良好的国际形象。新时代呼唤诚信，每一个人都要做诚信道德的践行者、诚信文化的建设者。

在对新纪元学子进行诚信教育的过程中，学校通过定期开展诚信教育主题周，经常采用各种形式强化学子们的诚信意识，引导学子们将“诚信”内化成为一种思想美德，外化成为一种行为习惯。主要体现在以下几个方面：

首先，进行诚信教育主题演讲。

通常在周一大晨会上，以学生代表的演讲为主。

以下是精品西点 2101 班马同学作为学生代表在国旗下作主题为“诚实守信，从我做起”的演讲。

诚信分为“诚”和“信”。诚是真诚、诚实的意思；信是信任、守信的意思。它们共同反映一个人的基本道德，是社会最普遍也是最基本的伦理价值需要。

作为新时代青少年和现代文明学生，诚信是我们做人的基础，如果没有诚信的品德和素质，不仅很难塑造完美的自我，而且很难将自己的能力充分发挥，更不可能取得成功；诚信是我们成才的基石，再聪明有能力的人一旦失去诚信，永远只是一个危险品；诚信是我们塑造人格魅力的必备要素，也是获得和睦友好关系的前提，在人际交往中以诚相待，会更容易被他人所认可、树立良好口碑，从而在轻松和睦的氛围中收获真挚的情谊。“欲立言，先立德；欲成才，先成人”。所以，我们要从自身做起，做事求“真”，做人求“实”，说诚信话，办诚信事，做诚信人，爱护自己的信誉，珍惜自己的诺言，以实际行动营造“人人重信用、讲信用”的良好社会氛围。

其次，召开诚信教育主题班会。

通常由学生处统一筹划和精心组织，各班班主任老师以多样的形式，通过“一诺千金”“商鞅立木取信”“一言九鼎”等诚信小故事，带领学子们深度剖析“诚信”的涵义，加深学子们对诚信的理解。

随后，针对目前学子们身边可能存在的一些不诚信行为，老师们进行列举分析，提出警示，引导学子们树立“诚信赢未来”的意识观念，踏实诚信做事，提高自身素质内涵。班会结束后，学子们纷纷表示，诚信是一种道德原则和规范，自己要把“诚信”二字落实到日常学习生活的点点滴滴，养成诚信待人、诚信处事、诚信立身的良好品质，要以诚信赢得尊重，以诚信收获成功。

诚信教育一直是德育教育工作的一项重要任务，我们以“八个方面教育体系”为引领，深入浅出地为学生树立正确的人生观、价值观，秉持诚信准则，践行“诚以养德，信以立身”的精神，营造“人人讲诚信”的良好班风和校风，不断提升自己的综合素养，炼就优秀品质，成为新时代德能兼备的君子少年。

我们知道，中职学生的诚信教育是一项繁重的系统工程，只有整合各种现有的教育资源，形成一个德育教育的合力，才能将中职学生的诚信教育落到实处。要根据职业教育的特殊性和中职学生的内在特点去完善中职学生的诚信体系，这是当务之急，也是重中之重。

诚信是中华民族的传统美德，也是社会主义核心价值观的重要内容，更是莘莘学子立身为人、成长、成才的必备品质。我们愿与各位家长和社会各界人士，为孩子们的诚信教育筑牢青春地基。

第一节　从“反手举报老师”说起

曾经在网上有这样一则令人五味杂陈的新闻，以下是某媒体陈述事件的原文：

沈阳，中考之前，一对双胞胎的家长，因为孩子物理成绩不好，于是想找老师补补课，临阵磨枪，不快也光。

但大家都知道，老师是不能私下有偿补课的，于是家长找了熟人当中间人，成功找到了一位物理老师给孩子补物理课。

这个物理老师还给两个孩子补课，一个是自家亲戚，没收费，另外一个是收费的。

双胞胎一共补习了 15 天时间，按照每天收费 200 元（每节课 100 元），收了家长 6000 元。

中考结束后，双胞胎成功被高中录取。

按理说，家长应该感谢老师，虽说花了 6000 元，但相比于考上高中来说，老师的辛勤付出更可贵。

没错，家长确实非常“感谢”老师，因为她反手就向教育局实名举报了老师。

教育局立刻开始调查，约谈了这位老师。

原来，这位家长早就下好了套子，让双胞胎孩子在补课的时候录了音，结合家长给老师的转账记录，人证物证俱在。老师当场就把6000元补课费全部退给了家长。

这事让中间人也很难堪，无地自容，于是和老师各出了1000元给家长，想让家长撤销举报。

按照我的理解，也就是说这对双胞胎学生不但一分钱不花补了课，还倒赚了2000元。

这条新闻一出，没想到网友非但没有争论该不该补课，反而一边倒地指责这名家长的“背信弃义”，是精致利己主义者。随后，我打开检索查找，发现近几年类似情况并不少，如：

小玲在男友的介绍下顺利成为男友外甥的家教数学老师，但是男友并未将两人的关系告诉姐姐，只说两人是大学同学，可以保证家教的人品。

一整个暑期，小玲与男友姐姐一家相处得十分和睦，男友姐姐还经常说能遇到这么好的家教是孩子的荣幸。补课结束后，小玲本想接受现金支付，但想到是男友姐姐，就接受了微信转账。不过没想到的是，小玲还没将补课费捂热，就接到学校领导的电话，说有人举报她利用假期私自给学生补课。起初小玲还以为是被和自己关系不好的同事举报的，但后来得知举报人竟是男友姐姐。

我逐一看完这些新闻以及网友评论，不禁倒吸一口凉气。老师有令不止，继续给学生补课，固然不对，但家长如此过河拆桥，更是拉低了社会道德的底线。如果说老师补课加重了孩子学习负担而有损其身体，那家长的做法就是对孩子的荼毒了。

在此讲这类故事，想说明一件事情：我们进入了一个多元社会，各种价值观交错，“诚信”的评判语境已经变得非常复杂了。

◎ 遗憾“阿喀琉斯之踵”，还是推向“老君炼丹炉”

2023年初，一部电视剧《狂飙》火了，而比《狂飙》还火的就是“高启强”——一个手上沾满血腥、偷天换日、私相授受却也爱惜家人和兄弟，有几分“江湖义气”的复杂大反派。

《狂飙》开播之后，高启强这个角色就和男主安欣拉开了差距，高启强的网络搜索指数远远高于安欣，两者之间一直都是两三倍的差距。这说明自该剧开播之后，观众对高启强这个角色的关注和喜欢程度远远高于安欣。

一些观众似乎忘了，这本来是一部宣扬正义的扫黑剧。

而更令我震惊的是，高启强频频出现在学生试卷中。有中学政治科目的试卷里，分别分析了高启强、赵立冬和安欣三个人的思想，认为他们代表着不同阶层，因不同选择才有不同的结果，很有哲理。就连美术课老师都出题让同学们画《狂飙》里的形象。

这种“高流量”题目引来不少家长投诉——美化反派，让学生不想学习只想卖鱼。

当今社会的误读之一，就是衡量一个人的成功，事业是第一位的。与诚信相比，成功似乎更重要。

关于这一点，儒家曾有专门的关于“义利”关系的论述。

孔子讲过“君子喻于义，小人喻于利”，也说过“君子忧道不忧贫”，“君子谋道不谋食”。孔子不能原谅那种违背道德、不择手段获利的行为。他说：“不义而富且贵，于我如浮云”；“富与贵，是人之所欲也，不以其道得之，不处也。贫与贱，是人之所恶也，不以其道得之，不去也”，指利只是一种人生的副产品，追求它是一种低等的行为。

义和利在中国传统社会的道德体系中存在着矛盾和对立，而对于商业活动中的不诚信行为，却都是道德批判，始终没有有效的惩罚方式。

在中国古代故事中，对商人不诚信行为的制裁主要靠超自然力量。宋人撰写的中国古代文言纪实小说的第一部总集《太平广记》中的《庐山卖油者》记载，庐山有位卖油者在油中夹杂鱼膏，以图厚利，最终为雷暴击死。这部书中还有一篇《陈导》，说唐代豫章商人陈导因为人吝啬，未履行自己的诺言，家中遭火灾，财物皆毁。不管是不正当经营还是不履行合同，似乎都只能靠火光雷电惩罚。

到了清代，这类故事更为离奇，《聊斋志异》中有个《金陵乙》的故事，说是金陵酒商某乙为谋利，欺诈成性。他“每酿成，投水而置毒焉；即善饮者，不过数盏，便醉如泥”。客人喝后误以为酒精作用，其实是中毒所致，由是某乙酿酒名声越做越大，家遂暴富，得“中山”之名，富致巨金。如此恶劣的行径，也没有受到任何法律制裁或是公正的审判，而是等神秘力量解决。

某日，这奸商化为狐狸，“四体犹着人衣。将杀之，妻子叩请。僧命牵去，日给饮食，数月寻毙”。蒲松龄当然是用披着人皮的禽兽来寓意这种奸诈无良的商人，但是似乎也拿他没有什么办法，只能在冥冥当中给他一些惩戒，劝他人莫要模仿。

如今，我们进入法治社会，法律对于失信惩戒相对完善。

2013 年 7 月，最高人民法院发布《关于公布失信被执行人名单信息的若干规定》，探索信用惩戒机制，初步明确了信用惩戒的对象、措施和程序。

2014 年 6 月，国务院印发《社会信用体系建设规划纲要（2014—2020 年）》，提出了包括“守信激励和失信惩戒机制全面发挥作用”在内的主要目标。

2016 年 6 月 27 日召开的中央全面深化改革领导小组第二十五次会议强调：加快推进对失信被执行人信用监督、警示和惩戒建设，有利于促使被执行人自觉履行生效法律文书决定的义务，提升司法公信力，推进社会诚信体系建设。

随着失信被执行人跨部门协同监管和联合惩戒机制建设加快推进，“基本解决执行难”这一阶段性目标如期实现，并对营造向上向善、诚信互助的社会风尚产生重要作用。

“十四五”规划纲要更是对“健全社会信用体系”作出顶层设计，要求建立健全信用法律法规和标准体系，制定公共信用信息目录和失信惩戒措施清单。这就需要制定或修订相关法律法规，明确信用信息的收集、使用、公开和保护规则，确保信用信息安全和使用的合规性，防止泄漏和滥用信用信息；明确各方权利和义务，保障信用主体的合法权益；明确失信行为的认定规则和惩戒机制，严格规范信用惩戒的适用条件、程序，确保信用惩戒依法依规进行；拓展惩戒措施内容，强化“一处失信、处处受限”的信用惩戒效果，促使失信被执行人及时履行生效法律文书，兑现当事人胜诉权益。

但如此权法威慑之下，仍然有企业、名人、明星失信，让诚信与道德的底线受到了挑战。最典型的有以下几种情况：

第一，金融领域的爆雷现象。

（一）

2022 年，西部某城市的马女士在网上实名举报在某银行办理理财产品时遭遇该行客户经理周某欺骗，购买的理财产品变为保险。马女士称，2016 年其在西安某银行办理理财产品，被客户经理周某欺骗购买了太平洋人寿保险，每年交60万元，期限为5年共300万元，年收益15万元，并被告知理财金额在需要资金周转时随时可以取出。

但马女士表示，这款产品后来变成年收益5万元左右，并且事实情况是想要取出这笔钱，需要马女士8岁的儿子70岁后才可以拿回本金。马女士多次向银行相关领导反映，均未得到回复，去年她曾向银保监等机构反映也未得到解决。马女士还提到，在办理业务期间客户经理周某填写了马女士的个人信息、投保人、被保险人、身故受益者等保险事项，骗马女士勾选了保险已阅条款，在未让马女士看合同的情况下，令其抄写一行字。她表示表格上所有信息都是在马女士抄写完后由周某填写。其中，职业写为“内勤”，收入“500万元”，家庭收入“600万元”，马女士表示这些信息都是错的，自己作为单身离异女性，家里仅有未成年的儿子。“收入500万元家庭收入600万元”意味着8岁儿子的收入达到100万元，这显然是不可能的。（以上新闻来自凤凰网财经《银行财眼》版块）

（二）

2022年2月10日，雪松控股广州总部楼下聚集了一批投资者进行维权。约200亿元理财产品逾期未兑付，涉及投资者约8000人，人均金额约250万元。其中很多钱是父母的养老钱、子女的教育金。拿专款专用的钱去投风险理财，无异于赌博。

雪松控股此番爆雷，始于除夕前。1月30日，雪松控股发了一封致歉信，告诉投资者，兑付无法完成。按照此前方案，月底应兑付2021年8月前到期产品本金的10%。这意味着，众多投资人度过一个最痛苦的春节。自2021年3月雪松旗下多款理财产品发生大面积逾期，已经构成事实违约，其产品大都百万起投，多源于父母的养老钱、子女的教育基金和企业的经营周转资金。

在此期间，有投资者在多次与雪松控股寻求协商无果的情况下，几个月来通过向信访部门、金融管理部门递交举报信，向经侦部门报案、向法院提起诉讼等多渠道进行维权，但非常遗憾的是至今都未能获得实质性进展……

针对诸如此类的金融领域的失信问题，全国政协委员孙洁就在提案中表示，鉴于保险欺诈是较为恶劣的失信行为，建议将保险失信行为纳入社会信用体系，以遏制保险欺诈行为，维护保险市场的公平正义，更好地发挥保险的经济补偿、社会治理功能，为国民经济稳健运行保驾护航。

第二，烂尾楼问题。

近年来，因房企资金紧张引发项目停工，购房者买到烂尾楼的风险有所加大。2019年4月，西安市人大常委会官网发布的《集中解决我市烂尾楼的建议》引述说，据非官方统计，西安大大小小烂尾楼有2000多座，“重灾区”中一个区烂尾楼数量就超过500个。建议力争在3年到5年内使西安烂尾楼数量解决80%到90%以上。

第三，商业骗局。

这个不得不提骇人听闻的“三鹿毒奶粉事件”。

2008年9月8日甘肃岷县14名婴儿同时患有肾结石病症，引起外界关注。至2008年9月11日甘肃全省共发现59例肾结石患儿，部分患儿已发展为肾功能不全，同时死亡1人，这些婴儿均食用了三鹿问题奶粉。

最终三鹿集团承认经公司自检发现2008年8月6日前出厂的部分批次三鹿婴幼儿奶粉曾受到三聚氰胺的污染，市场上大约有700吨，同时发布产品召回声明。

事件曝光后，中华人民共和国国家市场监督管理总局对全国婴幼儿奶粉三聚氰胺含量进行检查，结果显示，有22家婴幼儿奶粉生产企业的69批次产品检出了含量不同的三聚氰胺，除了河北三鹿外，还包括：广东雅士利，内蒙古伊利、蒙牛集团，青岛圣元，上海熊猫，山西古城，江西光明英雄，宝鸡惠民，中澳合资多加多，被要求立即下架。

第四，明星失信。

某爽，因2019年至2020年未依法申报个人收入1.91亿元，偷税4526.96万元，上海市税务局第一稽查局依法对其进行处罚。

某冰冰，2018年9月因涉嫌“阴阳合同”参与偷税漏税，江苏省税务局依法对其进行处罚。

某伦，2022年3月15日，因通过虚构业务转换收入性质进行虚假申报，偷逃个人所得税4765.82万元，上海市税务局第四稽查局依法对其作出追缴税款、加收滞纳金并处罚款的决定。

当“诚信教育”所面临的社会土壤并不那么干净时，我们不可能再指望单纯地从模糊的“对与错”中去给很有个性与叛逆的中职生们一个答案，此其一。其二，现在社会上的“造假”之风，已经侵蚀到了教育领域。就我所知道的，常见的“造假”重灾区有以下几个方面：

有的教师得知领导要召开座谈会，便细致而周到地面授机宜，一遍遍地教育学生当着领导的面说假话；

有的教师要开公开课，也是提前准备，精心彩排，什么问题由谁回答、如何回答，都安排妥当，以确保课堂教学的顺畅、无差错；

有的教师甚至出面为自己介绍入学的学生考试作弊、补考说人情或改成绩……殊不知，这样教会学生的只能是虚假、伪善、远离诚信。往往在座谈会等场合经过教师点拨，一些学生心领神会，于是谎话连篇，且能面无愧色，泰然处之。

撒谎如此心安理得，我们的诚信教育环境已经开始割裂了——无论是家庭教育还是学校教育。

而中职学生在学校受到影响最大的莫过于高年级学生。有一位老师在网上总结了他所带过的学生们“从恶如崩”的表现形式有：

其一，请假不上课。看到高年级学生可以逃课，可以请假去上网或玩耍，新生自然会模仿，而且一学就会，编造各种理由找老师请假，如果请不了就干脆逃课，被老师发现后又会编造各种理由给自己洗脱“罪名”，最常见的理由莫过于身体不舒服。其二，考试作弊。有些学生在期末考试中把考试内容缩印，在考场上用手掌压在桌面上或用膝盖顶在桌底作弊，和监考老师玩猫捉老鼠的游戏，殊不知老师在上面看得一清二楚。其三，经常换手机号码。入学初登记的号码能联系到的寥寥无几，原因大多是欠费停机，然后就重新换个号。经过长期的经验我们发现，要得到真实的家庭电话号码，也只能在新生报到的时候从家长处得知。

同时，更糟糕的是社会大环境的问题——现在社会经济中形形色色的虚假宣传都与诚信原则格格不入，尤其是一些社交平台的夸张广告和引导，这些必然给鉴别能力较低、自控能力较差的中职学生带来诚信危机。

总而言之，我们面临的是诚信迷思与多元冲突语境下的诚信教育话题。这就牵扯一个诚信教育理念问题：是把花朵隔绝在校园相对真诚的环境里，还是早早就让他们认识社会，锻炼识别真假对错的“火眼金睛”？

有人提出，没收学生手机，让他们接触不良信息的机会减少，直至他们有坚定的辨别是非的能力。那么如何锻造这种能力呢？难道要让圈养的羊儿突然进入与狼共舞的社会？

也有人提出，实行“炼丹”式教育，就在学校预演复杂社会，在可控的“操练”范围内，及时纠正孩子们的价值观。

我倒坚信这么一个观点：用学生易于接受的方式，家庭、学校、社会多方面联手，用正反事例进行“滴灌式”诚信教育。因为我们不能把孩子教成“傻白甜”，更不能放任其成为“腹黑少年”，必须将其和社会适当连接。

第二节　故事的力量

我曾经问过新纪元的一些孩子们，大多人的梦想是去知名企业做名厨或者自己开店做老板创业。

总之，从商人较多，而商无信不立！我时常启发老师多给孩子们讲讲以信立商的故事，也定期邀请行业大咖与知名企业进校园，给孩子们讲讲他们对于诚信的理解、重视以及选人用人的信条。

我收集了几个好故事，在此与诸位分享。

（一）徽商胡雪岩，诚信赢天下

胡雪岩（1823—1885 年），本名胡光墉，字雪岩，出生于安徽徽州绩溪，13 岁移居浙江杭州。中国近代著名红顶商人，政治家，徽商代表人物。因其经商讲求“诚信”，为国家做了很多的好事，被商界奉为“商圣”。世人称：为官须看《曾国藩》，为商必读《胡雪岩》。

清末年间，胡雪岩凭借其卓越的商业才能和“戒欺”的商道，在全国各地设立了“阜康”钱庄分号达 20 多处，遍布大江南北。资金有白银 2000 万余两，田地万亩，被称为“活财神”。在杭州创立了“胡庆余堂”中药店，制“避瘟丹”“行军散”“八宝丹”供军民之需，药店传承至今，赢得“江南药王”之美誉。

清光绪四年（1878 年），胡雪岩亲笔作跋文“戒欺”一匾，将它高悬于厅堂，奉为店训。“戒欺”匾曰：凡百贸易均着不得欺字，药业关系性命尤为万不可欺。“戒欺”体现的是“真不二价”，向顾客正言胡庆余堂的“诚信”和童叟无欺。胡雪岩还把“顾客乃养命之源”写入店规，教育店员把顾客当作衣食父母。

胡雪岩用陶朱公的商训作为家训，要求家人经商要诚信，做人要守信。“天为先天之智，经商之本；地为后天修为，靠诚信立身；人为仁义，懂取舍，讲究君子爱财，取之有道”。

有一天，胡雪岩的钱庄来了一个清兵小卒，名叫罗尚德，欲在胡雪岩的钱庄存一万两白银，但这个罗尚德和掌柜说既不要利息，也不要存折。这又是为什么呢？原来这个罗尚德以前在老家时是个赌徒，花掉了岳父家很多钱，而岳父曾提出“宁可退婚也不要这些银子”，这深深地刺激了罗尚德。

为了找回尊严，罗尚德在当兵的十几年中积累了一万两白银，准备还债。可就在罗尚德准备回老家还债时，来了军令，军队马上要去前线打仗，罗尚德觉得上战场生死未卜，自己在杭州又无亲无故，他信任胡雪岩的钱庄，存折放在身边还不如放在胡雪岩的钱庄。

胡雪岩了解到这一情况后，当即决定按 3 年的利息算，并办理了一本存折，交由掌柜代管。后来，罗尚德战死沙场，他生前委托两位当兵的同乡，若自己战死，就请他们来胡雪岩的钱庄提取银子回老家还债。

两位老乡没有任何凭据，非常担心到钱庄提不出银子，胡雪岩在核实了他们的身份后，马上为他们办理了取兑手续。

这件事一传十，十传百，胡雪岩仁义诚信的口碑传播开来，胡雪岩的钱庄因为这件事得到了越来越多人的信任，生意也越来越好。

还有一次，当地一布商急需一笔资金周转，找到胡雪岩想贱卖全部家产兑 2000 两银子，而胡雪岩知道他的家产至少值 5000 两。胡雪岩对他说：“我买下你的家产，但不是 2000 两，而是按市价计算，我出 5000 两。”布商惊诧不已，好奇地问为什么低价不买却要出高价呢？胡雪岩说：“我只是暂时替你保管家产，等你渡过难关了，随时可以赎回去，到时你只需付给我微薄的利息就好。”

（二）近代镇江帮商人的诚信故事

“长袖善舞，多金善贾”，在历史上饮誉大江南北的镇江帮商贾，依靠雄厚的财力和丰富的经营管理经验，在近代对推动邻近地区的经济发展起过重要作用。特别是镇江帮商人最重信用，商铺拨款，仅凭口头一言，行业中谓之“点头算数”，从无纠纷。信誉之隆，名闻遐迩。镇江公估局的“二七宝银”与上海的“九八规元”同为清末民初长江中下游各埠著名的“硬通货”，关键全凭一个“信”字。现举镇江商人重信用的两例史料：

近代以来，镇江丝织业非常发达，以此为龙头，带动了蚕桑、印染、缫丝、织造等行业。丝绸产品以“江绸”出名，其质地细软柔滑，物美价廉而畅销国内外。在多年的经营中，镇江丝绸业产生了陶聚茂、陈恒顺、毛凤记、蔡协记四大家，他们兼营工商，凭借雄厚的经济实力，垄断镇江的丝织生产。其中为首的陶谱华，创立陶聚茂谱记绸号于城南谢家巷内，其第三子陶怡，字又怡，从小随父习商，以信守商规，重视承诺而著名，为丝织同业所敬重。1853 年，太平天国军攻陷镇江，为了逃避兵灾，陶又怡率家人由辛丰、丹阳转徙江北安平之仇家村避难。1862 年，陶又怡积劳成疾，日渐沉重，而他的两位兄弟厚培、怡心恰巧远出未归，临终时又怡召来两弟妇谆谆告诫：“往年有溧阳人王性明，卖丝银 800 两存我号，有书券（凭证）给他。将来王性明来兑，一定要如数偿还，商业以‘信’字为本，切莫损害了陶家招牌。”过了两年，果然有一中年妇女，携子来店造访，并诉告：“我是溧阳王石氏，夫王性明已死二年，遗嘱有售丝银 400 两存于贵号陶又怡处，原券毁于兵火。亡夫嘱咐：陶又怡是长者，汝往哀求，他必哀怜孤寡，如数偿还所存银两。”该妇女说着说着，悲从心来，声泪俱下。厚培、怡心因她所言银数不符，恐有差误，寻访熟知他家概况的某一伙计，并请来当面求证，得知王石氏确是王性明之妻。厚培、怡心即以白银 800 两偿付。王石氏和幼子跪拜二人，千恩万谢携金而去。在没有借贷凭证，且两位当事人都去世的情况下，陶聚茂谱记绸号能够信守为商根本，诚信为上，实难能可贵。此“信义”佳话一时传为美谈。

20 世纪 20 年代初，镇江清真寺阿訇谈季桢等三人创立“镇江回教敬恤会”，按《古兰经》规定征集五功之一的“天课”，以施济贫困。所积资金悉存涌兴裕号内，按月息八厘取利，1937 年已积累银元上万。镇江沦陷时，日军烧杀抢掠，该号全部财产毁于战火，所存资金荡然无存。当时店主杨光宇已病卧于沪上，经济十分拮据，为了偿还回教敬恤会的资金，杨光宇与九江涌兴裕分号经理金浩如，决定虽毁家亦不堕信用，毅然决然把位于九江大中路三层钢筋水泥结构的 577 平方米的门市房卖掉，偿还敬恤金。最后杨光宇本人虽贫病而死，但倾家荡产坚守“信义”的高尚品格却长久地在镇江商界流传。（引文来源于 2022 年 7 月 1 日《镇江日报·镇江周刊》“西津渡”版）

（三）红军的欠条：一诺千金

1934 年 11 月初，红军长征先遣部队到达汝城延寿乡官亨村，村民胡四德看到红军尽管严重缺粮，但纪律严明，对老百姓的东西秋毫不犯，他组织族人筹集了粮食、生猪等物资交给红军，红军第三军团司务长叶祖令给他写下借据，并告诉他，“将来全国会解放，到时候拿上它可以找当地政府兑换”。胡四德将借据珍藏在灶台的壁龛上，直到去世也没有提及此事。

1996年，胡四德的孙子胡运海在砌灶台的时候，就在这个地方发现了一个铁盒，他打开一看，是一张红军借据。借据上面写着“今借到胡四德伯伯稻谷壹佰零伍担，牲猪叁头伍佰零叁斤，鸡壹拾贰只肆拾贰斤。具借人中国工农红军第三军团司务长叶祖令。一九三四年冬。”

汝城县政府核实借据的真实性后，于1997年5月17日在胡氏宗祠兑现了这张借据，折合人民币一万五千元。“一张借据”彰显了军民鱼水情深，兑现借据体现了共产党人的一诺千金。

之所以收集诚信故事，因我一直认为“故事的力量”和“实践的感受”以及“社会的参与”是三股清气，比起枯燥的法律条文的解释和诚信理论的灌输，它们更具有穿透力。

我的诚信教育理念是“五个结合”。

其一，道德与法律的结合。

道德教育与法律教育相结合，不仅要注重利用道德诚信提升学生的精神境界，还要注重法律诚信对学生的明示、矫正、预防作用。

法安天下，德润人心。诚信建设是一项全方位立体化的系统工程，它既涉及学生自身的道德建设，也是弘扬法治精神、建设法治政府的重要基础。因此，道德教育和制度约束是开展学生诚信建设、弘扬诚信理念的两条基本路径。

因此，学校经常不定期邀请公检法干警进校园为学生进行案例宣讲，开展法治主题教育。学子们也会走进暖心警务会客厅，在民警的引导和讲解下，一边参观一边学习，了解了很多法律知识。

一系列校园宣传诚信教育活动的开展，不仅给新纪元学生培养了诚实守信的良好品德，更把主动学法、自觉守法、正确用法的法治信仰熔铸到了学生的头脑之中，引领学生们扣好人生第一颗“诚信与法治的纽扣”。

其二，故事与实践相结合。

将理论创新与实践教育相结合，才能把在实践教育中获得的认知和经验加以总结概括，将得到的理论再次在实践中进行科学验证，最终促进事物的发展。

对于诚信教育而言，不仅需要书本和课堂提供理论基础，还需要丰富多彩的诚信实践活动。只有亲身实践才能获得最直接的经验，在实践中锻炼自己，将基础理论化为自身的自觉行动，才能做到知行合一。

实践活动能够让学生体验正确的诚信观念和不良的诚信观念所带来的不同结果，在困难考验面前看到自己的长处和不足，更好纠正存在的问题。

“诚信主题”的手抄报评比是一个比较平常却并不可少的方式。具体是对各班进行诚信教育渗透，开展诚信手抄报创作活动。让孩子们用笔尖诉说诚信故事，用色彩表达争做诚信人的情感。作品与学校走廊文化建设相结合，择优在学校走廊文化墙展示学生诚信主题作品，让学生在潜移默化中时时刻刻受到诚信教育。

比如在“3·15”期间，由孩子们自己制作诚信宣传手册（包括自己选故事，自己写理解，自己讲身边人身边事）。手册做好后由社团带领大家走向街头发放，并向周边市民进行讲解。

其三，自我与外部相结合。

具体理念就是，尊重学生这一主体的地位和人格，发挥其主观能动性，开展批评与自我批评，提高其对诚信意识和行为的认识能力。

同时，邀请社会人士，比如知名企业进校园进行企业用人标准等方面内容的讲解，为孩子们阐释步入社会后，不同行为准则所造成的不同影响。比如，有企业讲到，国外就曾有过即使是成绩良好的名校毕业生，但是因为坐公交车逃票的失信行为而在找工作时屡屡被拒的记录。

通过这样直观的企业面对面讲解形式，在学子心中形成一定的权威性，引导学生树立诚信文明的正确人生观、价值观、世界观，让学子们在思想上高度认识诚信、重视诚信、维护诚信，远比口头说教的效果好得多。

其四，家庭与学校结合。

家庭是人生中重要的课堂，拥有良好家风、建设家庭诚信是建设诚信社会所需迈出的第一步。

讲清道理，培养家庭诚信意识。家庭成员之间要做到不故意渲染问题的严重性，更不要过早地对事情定性，对于家庭中产生的不诚信行为和现象要先分析产生的原因再进行纠正。要明确不讲诚信的危害性和消极后果，促使家庭成员产生抵触不讲诚信行为的心理；着眼小事，及时纠正不诚信行为。在日常生活中，家庭成员可以互相监督，及时纠正不诚信行为。家长在教育孩子时，要通过发生在孩子身上的具体事例现身说法，告诉孩子什么是诚信的行为，什么是不诚信的行为。孩子在家庭中也需监督家长的不诚信行为，可通过沟通、谈心等形式来与家长达成共识，共同建设家庭诚信。

其五，线上与线下结合。

信息科技革命在为我们带来便捷之时，也割裂了世界，对于孩子们的教育也分成了两个阵地：线上和线下。

近几年来，网络诚信问题也深受诟病，网红塌房、慈善诈骗等事件不断考验着诚信底线。互联网既不是法外之地，也不是失信之所。首先，要文明上网。要引导孩子们理性发言，坚守和传递向上、向善的精神力量，传播诚实守信的思想观念，让我们的网络空间风清气正、充满阳光。其次，要诚信用网。面对当前一些片面极端的思潮、别有用心的言论，我们要有正义感和担当精神，理直气壮地倡导正确思想、驳斥错误言论。再次，要依法上网。引导孩子们自觉对网上行为负责，讲诚信、守底线、不信谣、不传谣，远离网络欺诈，用自己的言行为诚信网络建设添砖加瓦。

第三节　遵守江湖规矩，还是看齐法律？

我想，还是再次回到“高启强”的话题上来，源于总有人在社交媒体上宣扬江湖与法律是两个世界，一些似是而非的所谓“内门”与“外门”价值观的阴谋诡谲论。体现最多的在以下几个方面：

第一，歪解历史典故。

第二，误读鬼谷子、三十六计等。

第三，渗透所谓“牧民”思想，宣扬诸如制定规矩的人不守规矩，锁子锁的是社会底层的君子。

第四，歪解所谓“狼性文化”，教唆学生不要做“老实人”……

诸如此类，五花八门，不一一枚举。

我一直在思考一个问题，为何高启强这个黑老大比警察安欣更受欢迎？

“咖啡不用冲，迟早会成功。”《狂飙》热播期间，高启强的一些画面和话语，成为网友们“造梗”的核心要素。例如“读孙子兵法，品启强人生”，硬是将《孙子兵法》捧上了近期的热销书榜单。甚至有人从“启强卖鱼”联想到“华强买瓜”，将这两位影视作品中的黑社会老大进行对比，并制作了大量的恶搞视频；有人硬嗑高启强和安欣的CP，甚至以二人为原型，写起了耽美文；有人从高启强加入建工集团的前后对比，联系到“职场生存之道”，最终延伸出一系列表情包。

也有媒体经过数据统计发现：低年龄段、女性人群更关注安欣，可能是因为安欣在剧中与几位女性角色的感情纠葛。高年龄段、男性人群（30—49岁）更关注高启强，多数是因为他们经历过人生起步时期的艰辛，有相似人生经历的观众容易与他产生共情。

我的个人观点：在“内卷”时代，有人号称要“破局”，就要有点“江湖气”。原本坚守的社会道德底线，自然在社会价值导向出现偏颇时，同频出现了一定程度的偏离。

此框架之下，我不得不尤其关注青少年对于“诚信”二字的当下理解与评判。要知道，在部分学生身上，是存在重大失信问题的。

为了使家庭经济困难学生能够顺利入学，国家在一些教育阶段建立了奖学金、助学金、助学贷款、勤工助学、学费减免等多种形式，还积极引导和鼓励社会团体、企业和个人面向高校设立奖学金、助学金，共同帮助家庭经济困难学生顺利入学并完成学业。有同学为了获得资助，谎报家庭收入，弄虚作假，编造家庭贫困等现象。更有个别学生毕业后对贷款时的所有承诺都置之不理，在背弃了贷款协议的同时也背弃了自己的诚信原则。

此外，学生中任意变更、撕毁就业合同的行为也时有发生，随意违约的行为给学校声誉造成不良影响。一些用人单位明确表示，从此不到该校招人。

在此浮躁社会的诚信迷思之下，我想反而应该“返璞归真”，向我们优秀的传统文化汲取信念力量，打好基石。重新理解和培育学生的“君子风范”。

首先，它不是延续传统诚信文化的“母版”。今天传统诚信观所依托的社会结构已经解体，基于传统社会结构的文化生态也已发生改变。所以，我们要在传承优秀文化基因的基础上，实现创造性转化和创新性发展，赋予传统诚信文化以新的生机活力。

其次，不是西方信用文化的“翻版”。在中国推进现代化的进程中，我们学习模仿西方的科学技术、管理经验，也在学习西方的契约精神和信用观念。但是，建立在西方个人主义基础上的诚信文化，并不能够为我们提供完美的答案，这就要求我们在批判吸收、合理借鉴西方信用文化精华的基础上，结合中国的国情和特点进行再创造。

“在中国共产党领导中国人民开创历史伟业的进程中，我们形成和发展了以马克思主义为指导的革命文化、社会主义先进文化，熔铸了以伟大建党精神为源头的中国共产党人精神谱系，为建设新时代的诚信文化提供了最直接的文化滋养。中国共产党人在百年奋斗中不忘初心、牢记使命的庄严承诺，不负人民、砥砺奋斗的卓绝行动，是新时代诚信文化建设的实践源泉。我们要树立大历史观的视野，从推进中国式现代化的历史进程看待新时代诚信文化建设，坚持以中国化时代化马克思主义为指导，在守正创新中形成有中国风格和时代特色的诚信文化。”（《光明日报》2023 年 5 月 25 日）

“信用”长久以来被认为是中华民族传统伦理道德中不可或缺的部分，中国人崇信的风尚更是源远流长，例如在儒家经典《论语》中，“信”字出现的频次达 38 次，高于多数表达道德规范的词汇。

翻开历史书，流传千年的诚信文化，映射在层出不穷的故事里：

季札挂剑——兑现心中承诺

吴国宗室季札出使北方大国，途中顺道访问了徐国国君，相谈甚欢。徐君对季札的宝剑十分赞许，季札心中暗许：出使归来，当赠予知己宝剑。然而，人有旦夕祸福，等季札归来，徐君已经去世。季札伤痛之余，把宝剑赠予徐国继位的国君，对方不敢受。随从也加以阻止，季札说：“我早在心中允诺赠剑与徐君，必须兑现承诺。因为爱惜宝剑就埋没良心，非廉洁之人所为。”最后，季札把宝剑挂在徐君墓旁的树上，慨然而去。

破镜重圆——诚信创造奇迹

南朝陈国将亡，驸马徐德言预料妻子乐昌公主将会被人掠去，事先打破一面铜镜，与妻子各拿一半，并且相约：若万一失散，每逢正月十五，就在市集卖这半面镜子，以寻找对方。陈亡国后，杨素掳走了乐昌公主。每逢约定之日，徐德言便到京城卖镜，年复一年，不曾错过一回，终于，他见到一人叫卖铜镜，与所藏半镜相合，含泪留诗：“镜与人俱去，镜归人未归。无复姮娥影，空留明月辉。”乐昌公主得读此诗，悲痛欲绝。杨素知道来龙去脉，深为感动，让公主与徐德言重新团圆。

季布一诺——诚信能赢得人心、赢得帮助

秦末有个叫季布的人，一向说话算数，信誉非常高，许多人都同他建立起了深厚的友情。当时流传着这样的谚语：“得黄金百斤，不如得季布一诺。”这也是成语“一诺千金”的由来。后来，他得罪了汉高祖刘邦，被重金悬赏捉拿。结果他往日的朋友不仅不被重金所惑，而且冒着灭九族的危险来保护他，使他免遭祸殃。一个人言行一致、诚实有信，自然得道多助，能获得大家的尊重和友谊。可见，诚信能赢得人心，招来挚友；能赢得尊重，换来真情；能赢得帮助，得来成功。

曾子杀猪、宋濂抄书——承诺容易信守不易

曾子与其妻将要去市场，年幼的孩子想要跟随父母一同前去，一边走，一边哭，曾妻不愿让其跟随，于是就哄骗孩子说：“你回去，等我们回来给你杀猪吃。”孩子同意了。不久，曾子与其妻归来，曾子提刀捉猪便杀，其妻连忙阻拦说：“哄孩子的话不可当真。”然曾子却反驳妻子说：“千万不能骗孩子，孩子小，不懂事，作为父母如果今日失信于孩子，孩子跟我们学骗人，我们将来还如何教孩子为人立身。”最后，曾子不顾妻子的反对毅然杀猪，不肯失信。

被朱元璋称为“开国文臣”的宋濂小时候喜欢读书，但是家里很穷，只好向人家借书来读。每次借书，他都讲好期限，按时还书，从不违约，人们都乐意把书借给他。一次，他借到一本书，越读越爱不释手，便决定把它抄下来。可是还书的期限快到了。他只好连夜抄书。时值隆冬腊月，滴水成冰。母亲见之心疼，说：“孩子，都半夜了，这么冷，天亮再抄吧。人家又不急着看。”宋濂说：“不管人家等不等这本书看，到期限就要还，这是个人信用问题，也是尊重别人的表现。”最终他凭着顽强的毅力抄完并按期归还了书。

传统故事，史上皆笔，如何把它变成学生能够消化和汲取的“营养快线”，却要靠我们的灵活转化。

在一次外出考察调研时，有一个学校的做法令我印象非常深刻。

首先，注重诚信教育顶层设计。“自主自强、诚实守信”是该校的校训，其还制定了多项诚信教育相关的制度，让诚信教育具体化、制度化，融入校园的角角落落。在学生中，建立学生信用档案动态管理，对学生日常行为、文明礼仪、社会公德等方面的诚信行为予以阶梯式评价和激励。学校组织开展了以诚信教育为主题的“特色班级创建”活动，全校 102 个班，一班一品牌，班班有特色，两学部组织评选“诚信班级”56 个、“诚信学子”108 名。

这一举措大大推进了学校诚信教育的进程。

其次，积极、稳妥、有序推进“诚信+传统文化”系列活动。结合多彩课堂美术社团，将诚信文化融入葫芦烙画、剪纸、国画、书法等传统文化技艺之中，实现在培养学生美育技能的同时，厚植诚信观念，从而引导学生知真、向善、爱美。

充分利用“让每面墙都说话”的教育方法，打造校园文化育人的活教材。始终遵循“自主自强、诚实守信”的校训，教育引导学生学会学习、学会合作、学会做人、学会做事。教育引导学生以古人为鉴，做诚信之人；举办“润诚信品格，扬中华美德”主题活动。学生们用不同的美术字，表现诚信名片；将诚信精神诉诸笔端，诠释诚信的内涵；用丰富的诚信元素，表达学生对诚信的理解；让诚信之花开遍校园的每个角落，绽放在每个学生的心中；合唱社团编排传唱《诚信歌》。学生用曼妙的歌声，生动地诠释了社会主义核心价值观的真谛；制作诚信打卡墙。

组织学生进行诚信考试签名活动，进一步明确新时代青少年的责任与担当；装饰并组织学生参观小学部“美德文化长廊”。“处其厚不居其薄，处其实不居其华。”“志不强者智不达，言不信者行不果。”“美德文化长廊”张贴的每一幅书法、国画、剪纸、篆刻作品都与诚信美德有关。

在这种长效性、全域化的诚信氛围里，不断启迪、固化学生的诚信观念。

我们可能也发现了，“质疑”与“好奇”是这个时代的孩子们最大的特点。也许应该从孩子们的视角出发，用他们这个时代独有的身边事，以他们喜欢的方式进行诚信教育。

比如，近几年汉服与古风在年轻人中十分流行，一些青少年节目很快塑造出穿着古装的人物，营造出古风情境，以沉浸式手段抓住年轻人的眼球。

总的来说，有以下几个点位引起了我深度思考，打算结合我校特色，推出本土沉浸式诚信教育。

第一，诚信“剧本杀”。

学生们根据传统诚信故事，自编诚信剧本，自己组织服化道，在演绎中感受诚信氛围。

第二，诚信“VR”体验。

结合我校本专业，用 VR 打造校园版《清明上河图》，扮演各种摊贩，为其创造诚信主题的情景台词或桥段。

第三，诚信校园剧。

开展沉浸式诚信主题家长会，邀请企业、警务、网络意见领袖做客，共同完成经典诚信故事校园舞台剧、话剧。

诸如此类方式，不一一枚举。总而言之，让学生有切身体会，把传统文化精髓转化成有形的东西，穿透到他们的灵魂中去，是现今复杂社会环境之下进行诚信教育的一条有效路径。

“诚”字首见于《尚书》，但作为实词使用，却最早见于《左传》：“明允笃诚。”疏云：“诚者，实也。”又见于《周易·乾·文言》“闲邪存其诚”“修辞立其诚”。疏云：“诚谓诚实。”《礼记·大学》：“欲正其心者，先诚其意。”古往今来，先贤都很重视人的内在品格——诚，孔子认为“人而无信，不知其可也。”孟子提出“诚者，天之道也；思诚者，人之道也。”荀子指出：“君子养心，莫善于诚。”李大钊认为“我们应该顺其自然，立在真实上，求得人生的光明，不可陷入勉强、虚伪的境界，把真正人生都归幻灭”。邓小平也朴实地指出“少说空话，多做工作，扎扎实实，埋头苦干”。

对于转型期中国社会的诚信状况，北京大学社会学系的一位教授曾在《转型期的中国人》中有过如下描述：“在历史上的任何时期，中国人的人性都没有像今天这样得到如此充分的表现。一个个灵魂，美丽的与丑陋的，神圣的与世俗的，高尚的与卑鄙的，天才的与平庸的，奋进的与堕落的，严肃的与游戏的，真诚的与伪善的，仁慈的与邪恶的……都在顽强地表现着自己，演绎着人生舞台一幕幕悲喜剧。”

一个时期以来，关于“老人跌倒扶不扶”的讨论成为网上热点，闹得沸沸扬扬，这本身就折射出中国社会的诚信危机和道德滑坡。一个关于此问题的网上小调查显示，四成以上的网友表示“不扶”，因为“扶不起”。尊老爱幼本是中华民族的传统美德，一个再明白不过的道理，现在让人糊涂了；一件简单无比的事情，现在变得复杂了。

古代社会的人际关系是熟悉的、亲密的、信任的、依赖的和胶着的，现代社会的人际关系是陌生的、反感的、不信任的、独立的和疏离的。由于这两种社会人际关系的性质截然不同。

在机械团结的古代社会，由于人际关系是共有的、首属的，自然秩序控制主导一切，没有以社会交换为基础的信用制度，因为在那时并不存在信用制度产生和发展的经济、社会、金融和法律基础。

而现代社会以地缘和相互依存关系来组织其公民，这种关系实质上是一种交换关系，互惠和利益是处于交换关系中的人首先要考虑的。在这种交换关系中，人与人的地位是平等的，没有绝对权威或绝对道德能够改变这种人际关系中的利益取向。只有承认对方的存在权利和合法利益，才能保证自己的存在权利和合法利益，这就是现代社会赖以整合的基础。

当社会逻辑更改时，诚实守信的“君子”风范需要以新叙事逻辑去黏合青少年那跳跃也躁动、热情也叛逆的心。

最后，我想分享一篇学生习作，也许对家长读者有不一样的启迪。这是我在每周的《国旗下的讲话》中听到的一篇演讲，原文如下：

同学们，如果骑车不小心撞到别人的车，而车主恰巧不在，此时，你是选择逃避还是面对？有个我们身边的同学，他没有逃走，而是选择在原地等待车主。因为赶着上课，只好留下带有联系方式的纸条准备赔偿。徐砺寒的诚信意识和责任感让车主十分感动，也引来无数人的赞扬，大家都表示，“诚信学生”，温暖人心。

“人，以诚为本，以信为天”。诚信作为一种道德规范，是指人的思想与行动应当一致。没有诚信的人活在世上，犹如一颗飘浮在空中的尘埃，卑微缥缈，没有根基。只有以诚来做人处世，才能在社会上立足，才能在事业上发展，才能有光明的前途。

闻名古今的孔子在此为我们做了表率。虽然他学识渊博，才高八斗，但他还是实事求是，从不虚伪。“人无完人，金无足赤”，孔子和平凡人一样，当被疑难问题困扰时，他虚心求教，老实善待。“三人行，必有我师焉”，孔子并不因为身份地位与别人存在着差异而放弃心中所解不开的结。

一个诚信的人，是一个胸怀坦荡的人，是一个有高尚品德的人。无诚则无德，无信事难成。在社会主义文明高度发展、人们相处难见真情的今天，诚信品质尤为重要。

作为新时代的青年，我们一定要有诚实守信的好品质。在日常学习中，有的同学没写作业就抄袭，或者对老师说谎；有的同学因为对学习不上心，但又怕考不好被家长和老师批评，就作弊。这样的行为怎么能称得上是个诚实的中职生呢？古往今来，没有一个靠坑骗、欺诈消费者而成为誉满天下的商家，也没有一个靠剽窃他人劳动成果、弄虚作假而成为学富五车的大学者。做一名好学生必须先学会做人，诚信乃为人之根本。

所以希望大家能够从我做起，从小事做起，做一个诚信的人！在这里，谨向大家提出三点建议：

1. 诚实待人，以真诚的言行对待他人、关心他人，对他人富有同情心，乐于助人。严格要求自己，言行一致，不说谎话，作业和考试求真实，不作弊。

2. 做到守时、守信、有责任心，承诺的事情一定要做到，言必信、行必果。遇到失误，勇于承担应有的责任，知错就改。

3. 遵守法律法规、校规校纪和社会公德，培养法律意识和规则意识，具备良好的道德品质。

同学们，一个人的真诚、守信不会从天而降，不是想有就有，而是实实在在，一点一滴积累起来的。成功者的真诚、信誉里总是装着太多对自己的约束，对别人的承诺。

让我们从今天起，从我做起，从小事做起，做一名合格的、诚实守信的新纪元学子！

第六章　自我、反叛与忠孝

东汉末年，天下大势即变。历史正在酝酿着新篇章，一位壮志的青年——20 岁的曹操——在官场出道了。他以“孝廉”而举。

自汉武帝正式采纳董仲舒的建议，儒家的“孝悌”思想便跻身治国大道。从此，每年朝廷选拔入朝为官的人，就会要求地方举荐孝子或廉吏，只有被举荐了，才有做官的资格。此谓“举孝廉”。

古人讲：忠臣必求于孝门。孝道，是儒家哲学研究的核心命题。儒家认为孝道与政道本是一体。

《论语·为政篇》子游问孝，子曰：“今之孝者，是谓能养，至于犬马，皆能有养，不敬，何以别乎？”孔子关于孝道的问题被规整到为政篇当中，这说明孝是修身齐家治国平天下的基础。

而流传至今的经典《孝经》开篇就提到“先王有治德要道，以顺天下、民用和睦、上下无怨”，说明“孝”是古人实现社会治理的根本“要道”，是社会制度制定的依据和基础。

自古以来，人们就认识到：对于父母的敬和爱，是顺着人性培养得到的；孩子从小被父母抚养长大，自然就有一种对于父母的依恋，利用这种孩子对父母自然而然的顺从与依恋，可以培养孩子对于父母的爱与敬。但同时，这种人性之光辉是可以被延展的——“老吾老以及人之老”，最终演变出社会治理的一种软性而有力的大道。一个人的人际关系，其实是与父母关系的延伸。

比如，在家庭这个秩序重建的基地里，孝是最重要的德目。家庭中最重要的关系是父子关系，孝则是基本伦理要求，这样从人入手重建秩序就落实在家庭中。这个最基本的社会单位稳住了，天下焉能不治？

千百年来，“孝悌”成为中华传统美德，它渗入了炎黄子孙的骨血里。

朱德在《回忆我的母亲》一文中，字字句句回忆了母亲平凡伟大的一生，并深情地写道：“我爱我母亲，特别是她勤劳一生，很多事情是值得我永远回忆的。”1965年，一位意大利记者向朱德提问：“一生中最大的遗憾是什么？”朱德脱口而出：“我没能侍奉老母，在她离开人间时，我没能端一碗水给她喝。”革命领导人在为祖国的前途、人类的命运操劳时，也没有忘记父母、长辈的养育之恩。

孝道是家风最根本的核心文化，也是一个家庭最有底蕴的力量。孝道是爱的教育真正的延伸和拓展，对于如今自我意识特别强的新一代学生的教育有着重要的意义，也与构建社会主义和谐社会、实现中华民族伟大复兴的理想信念和奋斗目标密切相关。

要知道，目前现代家庭教育中孝道文化的传承面临诸多现实问题，由于人口老龄化、流动人口增加、工作节奏快等问题，出现了空巢老人和留守儿童现象，导致子女身份缺失、父母角色缺失、实践行为缺失等诸多问题。

适应时代发展，紧跟时代节拍，注入中国特色尤其是符合新时代要求的孝文化，十分重要。

第一节 重新界定“孝”

在李光耀等领导人的大力倡导下，新加坡政府于20世纪70年代末发动了一场自上而下的全国“文化再生运动”，包括礼貌运动、敬老周运动、推广华语运动以及道德教育改革，极力倡导东方的文化价值观，尤其是儒家的精神遗产，在全国推行儒家伦理教育，从而一度掀起盛况空前的儒学复兴高潮。

而这个举措是有其时代背景的。当时，作为亚洲四小龙之一的新加坡曾经在现代化的过程中出现了严重的道德危机：一方面东方优良传统和价值的失落，犯罪、吸毒、色情、嬉皮、离婚、堕胎等社会问题日趋严重；另一方面追求西方的生活方式和个人主义价值观，怕吃苦，怕脏怕累，不赡养老人，年轻夫妻不想生孩子，等等。新加坡领导人觉察到传统大家庭的逐渐解体削弱了东方传统中最根本的孝道精神。家庭既然是社会的基本单位，那三代同堂大家庭的消失，必然动摇社会稳定的基础，新的社会问题也会接踵而至。

对比当今中国，60后的下一代几乎都是独生子女，要么就是随着物质条件的好转，很多父母变成了“单向度”的付出狂魔。最起码我的身边就有这样的情况：吃饭都是家长追着孩子一口一口地喂。饭桌上的第一筷子菜是夹给他的；摔倒时，做家长的恨不得 8 个人一起去扶他；玩游戏时，孩子只能赢不能输；孩子喜欢什么，家长就送到身边；不喜欢的东西，家长就不让它出现在孩子面前……孩子们渐渐地形成了以自我为中心，对人冷漠，不知感恩，不懂孝敬，全然不顾他人感受。

“孝道教育”必须是双向奔赴的，无论哪一头偏失都有可能达不到实际效果。

当然，这里面也包含着一些其他主客观因素。比如：

其一，社会整体价值观微调，我们已经不可能以“听话”与否，来评判孩子是否有孝心。如果父母不对，孩子依旧需要恪守传统孝道，岂不是愚孝？

我记得 2018 年有一位当红女星毛晓彤与其父之间的赡养费问题，就让全国网友吃了个大瓜，并全部一边倒地支持毛晓彤不要赡养她的父亲。事情始末如下：

毛晓彤的母亲叫毛慧玲，22 岁的时候，她认识了一个比自己大 13 岁的男人。结婚后丈夫对自己根本就不好，还好吃懒做，她一肚子苦水，只能独自咽下。没过多久，毛慧玲怀孕了，她希望孩子的出生能让丈夫收心，好好过日子。毛晓彤的父亲是一个典型的重男轻女的人，他越看女儿越不顺眼，一次喝多酒回家后，趁妻子不在，他抱起女儿来到街上，把孩子扔到了路边的垃圾桶里。毛慧玲回来后，到处找不到女儿，她冲到街上，听到垃圾桶里有响动，跑过去一看，是自己的孩子，她把女儿抱出来，泣不成声。在毛晓彤两岁的时候，深深绝望的毛慧玲选择了和丈夫离婚。毛晓彤由母亲抚养。

为母则刚，毛晓彤成了母亲唯一坚强下去的理由。而她本人也十分努力，最终凭借电视剧《甄嬛传》一路走红，戏接到手软，各种综艺应接不暇，她终于完成了人生的华丽转身。

但这时，她的亲生父亲李超却找上门来。毛晓彤恨他，当年，是这个人抛弃了她们母女，连一分钱的生活费都没给过她们，她不认这个父亲。没有办法的李超就去上了一档综艺节目求助，说自己的亲生女儿不孝顺，不赡养自己。

节目上，李超告诉主持人，自己是毛晓彤的亲生父亲，现在来要自己的赡养费，这件事天经地义。

李超干脆说出了自己的底线：“5000 万，我的要求不高，如果她愿意给我 5000 万，从此我们就老死不相往来。”

主持人很惊讶：“这也太多了吧？这可不是一笔小数目。”

李超：“一点儿都不多，她们挣钱太容易了，一集电视剧就几十万，还有各种综艺节目，我都给她算着呢！”

李超更直言，毛晓彤赚钱非常容易，这点钱对她来说根本不算什么，还说如果不给，他就会实施其他手段，一定要拿到这笔钱。

网友们纷纷谴责他的无耻。舆论一边倒地支持毛晓彤。

其二，父母是否有权要求女儿供养其哥哥或弟弟？如果父母是偏心狂，对于“反哺”要求怎么看？

电视剧《欢乐颂》里面的樊胜美出生在一个重男轻女的家庭里，樊胜美的妈妈不仅要求樊胜美将所有的钱都贡献给她那不成器的儿子，甚至恨不得樊胜美将生命也给她儿子才行。樊胜美的工资不低，就连安迪都这么说，每个月给父母 2500 元，还要给哥嫂还房贷，连哥嫂房子的首付都是樊胜美付的，可就算这样，樊胜美的妈妈依然觉得不够，她说樊胜美应该去住集体宿舍，不应该出来租房子浪费钱，说樊胜美不该买那么多衣服，都是在浪费钱。

更令人心酸的是，在现实生活中，很多女孩是翻版“樊胜美”。

2021 年，24 岁女孩洛洛江边散心遇到涨潮意外身亡，其父母向女儿生前所在公司索赔数十万元，公司则称洛洛父母“敲”钱是为了给儿子买房……此事经媒体报道后迅速激起千层浪，骂声一片。

天津一女子被父母要求抚养弟弟，女子不同意，为躲避父母的纠缠，和丈夫一起卖掉房子，并更换电话号码。可没想到，父母还是找到该名女子，并将她告上法庭，要求其每个月支付 2000 元赡养费。

其三，父母可以用“孝顺”来绑架控制子女的人生吗？

因为要“孝顺”父母，而事事听从父母意见、甘愿被父母控制生活的，也大有人在。

从小时候上什么培训班，大学选哪个专业、读哪所学校，毕业后考公务员还是考研究生或者找什么工作。甚至恋爱和结婚对象，都是父母亲自挑选满意的。之后连生几个孩子，可能都要自己的父母说了算。

前段时间，我在网上看到这样绑架式的“孝顺”：

我现在在外地，我父母经常打电话来督促我在工作之余学习英语和主流行业知识，但我心理状态不是很好，想要有更多时间来学习心理知识及休息放松，而且我未来打算从事自己喜欢的工作，英语和行业知识对我而言无关紧要。然而，由于父母的不断打扰、侮辱、打压，我很难使心理状态变得更好。我不知道该怎么办，如果我不接父母电话，我担心他们来我住的城市堵门，给我造成更大麻烦。我已将我的需求和想法都和父母沟通过了，但他们听不懂，只是强迫我学习他们认为对的东西，不学习就一直在电话里说，除非我说我学，才能挂电话。同时又通过道德绑架逼迫我节假日回家，可回家就要面对他们的侮辱打压，我不想回去。我该怎么办呢？

有类似遭遇的，还有另外一个网友：

我昨晚今早又和我妈大吵一架。我今年都本命年24岁了，刚来深圳还在找工作。昨晚我妈要和我视频，看到我没化妆又说我，还要求我今早化妆了拍照给她看，我当然不干，所以为这事昨晚和今早一直在吵。我妈的控制欲一直很强但我也不愿意听，所以我们经常会吵架，上一次比较典型的吵架是敬酒事件。过年很多亲戚一起吃饭，我本来也正常地在敬酒，我妈非要一直盯着我，在旁边指点该给谁敬，我瞬间就觉得丢人不想敬了，然后我妈更来劲了不停叨叨，最后吵得很惨烈。

我在写这一章节的内容时，其实更多的是想家长和孩子们一起来阅读，我们三方对话。故此，我不得不在阐释“孝道教育”之前，将其面临的当今主客观环境略点一二。

首先摆在我们面前的是，处于当今社会，如何来界定“孝”？

《传习录》中，王阳明理解的是，孝心是个头脑。

徐爱问：“如事父一事，其间温清定省之类，有许多节目。不知亦须讲求否？”

先生曰：如何不讲求？只是有个头脑。

仔细体会“只是有个头脑”这句话，生活中我们讲“头脑”通常与“心”联系在一起，可见“孝的头脑”是灵光的，不能像个木头疙瘩。王阳明不是迂腐愚孝之人，他没有告诉徐爱“孝”的繁文缛节，而是简单地归纳为“头脑”。

所谓“头脑”就是要有个分寸。欲求“孝道”，一是要用心，二是要脑袋灵活。王阳明这句话并不是说身为人子，尽人子之孝不讲求“温清定省”，而是要告诫弟子：为人子不能因为尽孝而尽孝。如果说一个人单纯追求尽孝而去行孝，那么追求到的“孝”也只是形式上的“孝”。

其实，对于这种不合常理人情的“孝道”，古人也有所警醒。在采用“以孝治国”的思想方略之时，是有扬弃之别的。

元代郭居敬据此编撰成《二十四孝》一书，将二十四个孝子孝行故事固定化，配以图画和五言绝句，编成通俗易懂、朗朗上口的《全相二十四孝诗选》，其内容有：孝感动天、亲尝汤药、啮指痛心、芦衣顺母、负米养亲、卖身葬父、鹿乳奉亲、行佣供母、怀橘遗亲、乳姑不怠、恣蚊饱血、卧冰求鲤、埋儿奉母、扼虎救父、弃官寻母、尝粪忧心、戏彩娱亲、拾葚异器、扇枕温衾、涌泉跃鲤、闻雷泣墓、刻木事亲、哭竹生笋、涤亲溺器，在社会上流传甚广。学术界通常认为，这正是明清以来，我国民间流传下来的二十四孝故事的最初蓝本。其中的卧冰求鲤、埋儿奉母、戏彩娱亲就属于典型的愚忠愚孝。

明朝时朱元璋欲“以孝治天下”，在推广孝道过程中碰到了《二十四孝故事》的负面影响。据《明史·孝义传》记载：

沈德四，直隶华亭人。祖母疾，刲股疗之愈。已而祖父疾，又刲肝作汤进之，亦愈。洪武二十六年被旌。寻授太常赞礼郎。上元姚金玉、昌平王德儿亦以刲肝愈母疾，与德四同旌。

至二十七年九月，山东守臣言：“日照民江伯儿，母疾，割肋肉以疗，不愈。祷岱岳神，母疾瘳，愿杀子以祀。已果瘳，竟杀其三岁儿。”帝大怒曰：“父子天伦至重。《礼》父服长子三年。今小民无知，灭伦害理，亟宜治罪。”遂逮伯儿，仗之百，遣戍海南。因命议旌表例。

礼臣议曰：“人子事亲，居则致其敬，养则致其乐，有疾则医药吁祷，迫切之情，人子所得为也。至卧冰割股，上古未闻。倘父母只有一子，或割肝而丧生，或卧冰而致死，使父母无依，宗祀永绝，反为不孝之大。皆由愚昧之徒，尚诡异，骇愚俗，希旌表，规避里徭。割股不已，至于割肝，割肝不已，至于杀子。违道伤生，莫此为甚。自今父母有疾，疗治罔功，不得已而卧冰割股，亦听其所为，不在旌表例。”制曰：“可。”

朱元璋制止了受二十四孝的消极影响在民间产生割肝疗亲、杀子救母等违背人性人伦的所谓孝行，重新提倡儒家的仁爱伦理，是明智的举措。

步入新时代，如何构建符合时代要求的孝道文化新理念，我想必须坚持三个原则：

一是对传统孝道文化吸取精华，扬弃糟粕。

二是与时俱进，走入社会实践，扩展“大孝”赋予新时代精神内容。

小孝为家，大孝为国。中国人的孝，是宏远宽大的、是边界顶格的、是传导恢宏的。从疫情防控，无数90后白衣天使在母亲的嘱托叮咛下，披上战甲“由孩子变为英雄”，为人民健康福祉筑牢钢铁城墙、殊死搏斗；再到脱贫攻坚，无数扶贫干部在母亲的殷切期盼下，为“造福一方”的崇高使命砥砺前行、夙兴夜寐，等等。

“俗话说忠孝两难全，我觉得，对国家的忠就是对父母最大的孝，我相信终有一天我的家人会谅解我，能够理解我为国家所做的工作。”说这段话的是一位90多岁高龄的老人，他叫黄旭华。

黄旭华是中国工程院院士，被誉为“中国核潜艇之父”。中船重工集团公司719研究所研究员、原所长、名誉所长，中国第一代攻击型核潜艇和战略导弹核潜艇总设计师。2020年1月10日，获国家最高科学技术奖。

从1958年到1986年，由于严格的保密制度，长期以来，黄旭华不能向亲友透露自己实际上是干什么的，也由于研制工作实在太紧张，他没有回过一次老家海丰探望双亲。直到2013年，他的事迹逐渐“曝光”，亲友们才得知原委。

在他“隐身”的那段时间里，我国第一艘核潜艇开工建造，并于1970年顺利下水，这使得中国成为世界上第五个拥有核潜艇的国家，也因此黄旭华被誉为“中国核潜艇之父”。他深知，忠于国家的机密，也是一种孝。每次父母写信追问时，他始终闭口不答。他每天忙于研究，达到了废寝忘食的地步，他经常是通宵工作，外界仿佛是另外一个世界，即使是在20世纪70年代父亲因病去世，他也没有回家奔丧。

他说：“若有人问我们如何评价这一生，我们会说，此生没有虚度，我们的这一生都奉献给国家、给核潜艇事业，我们仅用不到10年的时间就实现了，我们此生无悔！”当有人问起他对“忠孝难双全”的理解时，黄老噙着泪说：“对国家的忠就是对父母最大的孝。”

他的这段话，令无数人为之动容，他的一生满是传奇，当时就听哭了不少人。

三是要坚持道德和法治相结合，拒绝精神绑架。

民政部、最高人民法院、最高人民检察院、教育部、公安部、财政部、共青团中央等 12 部门联合出台《关于进一步加强事实无人抚养儿童保障工作的意见》(以下简称意见)。意见从 2020 年 1 月 1 日起实施。

由民政部、最高人民法院、最高人民检察院、发展改革委、教育部、公安部、司法部、财政部、国家医保局、共青团中央、全国妇联、中国残联等 12 部门联合会签，将通过五种方式加强事实无人抚养儿童的保障工作。

对那些能够履行而不履行抚养和监护责任的父母，意见要求将给予失信的联合惩戒。

第一类是恶意、故意弃养孩子的父母，这类父母是在有条件抚养孩子的情况下，不履行抚养和监护的责任；第二类是长期不与家庭和孩子联系的父母，这一类情况经常在一些媒体的报道中能够看到；第三类是采取虚报、隐瞒、伪造等手段骗取保障的资金、物资和服务的父母及其监护人。

总而言之，传统孝道的经济基础已经转变，封建专制制度基础也已土崩瓦解，社会制度、经济、政治，以及当前人们价值观念的巨大转变决定了对传统孝道的本质要有突破性的认识。实现现代化传承，先要吸收传统孝道中的有益资源，并加以改造和创新，使之符合当代社会价值理念。

第二节　老吾老以及人之老

2023 年夏季，好几部电影火了，其中一个题材便是展示老年人的生活、情感状态，名字叫《我爱你》，由倪大虹、惠英红、梁家辉、叶童等人主演。

影片融入了导演韩延对老年群体议题的深切感悟："如今我们这代人都恐惧衰老，我想用这部电影来回答一个问题：我们都将面临老去，那我们该如何老去？衰老之时，我们又该如何谈论爱情？"

电影中"鞭打孝宴"的桥段，非常震撼影迷心灵，网友感叹："既是我们的父母，也是未来的我们。"

"头三鞭，打的是恩将仇报白眼狼，利字当头丧天良！"

"后三鞭，打的是没心没肝不孝子，长大成人忘爹娘！"

"再三鞭，打的是虚情假意立牌坊，脸上亲热肚里凉！"

影片中，"头三鞭"讲述了他们的三个子女个个都是白眼狼，不感父母养育恩，丢了孝敬父母心。这种恩将仇报、利字当头丧天良之行为，使得观众们深感震撼与愤怒；

“后三鞭”则以另一种方式展示了孝道的重要性。在这部电影中，有一个角色长大后忘记了父母的养育之恩，不顾他们的安危和需求，自私地过着自己的生活。这反映了现实社会中存在着许多不孝子女对待父母态度冷漠。

最后，“再三鞭”则将观众引入“虚情假意立牌坊”的场景。这里，子女们表面上对父母关心备至，但实际上他们只是为了面子而做出表面上亲热、内心却冰凉的行为。这样的情节使得观众深刻认识到真正的关怀和孝道不仅仅体现在形式上，更需要发自内心。

通过这些故事情节，向人们传递出一个强烈而真挚的信息：无论我们在何时何地，都不能忘记父母对我们所付出的一切。尽管世间万物变幻莫测，在现代社会中“孝悌”仍然是最珍贵、最纯净、最值得我们去珍惜和呵护的东西。

但同时，也不得不承认一个社会现实——老龄化问题。

我国自20世纪末以来，老年人口占总人口的比重就一直持续增长。2000年至2019年，60岁以上的老年人从1.26亿增长到了2.5亿，老年人占总人口比重从10.2%上升到17.9%。在这2.5亿老年人中，有75%都患有疾病。

“十四五”时期的人口老龄化压力将比“十三五”时期要大。1962—1976年婴儿潮人口在未来5—10年进入老龄化。预计2033年左右，我国进入占比超过20%的超级老龄化社会，之后持续快速升至2060年的35%。

尤其是高龄化、空巢化问题日益突出。2020年中国80岁及以上人口3660万，预计2050年将增至1.59亿，高龄老人可能面临更为严峻的健康问题，空巢老人和独居老人的增长将弱化家庭养老的功能。老年扶养比大幅上升，养老负担加重。2020年老年扶养比19.7%，预计2050年突破50%，这意味着每两个年轻人需要扶养一位老人。扶养老人和养育小孩成本高昂，年轻人两头承压。

更值得注意的是，老龄化对于文化的冲击会很大，尤其对于现在70后、80后身为父母的人来讲，上有老、下有小，养老压力就会非常大。虽然政策已经放开二胎、三胎了，但还有很长的路要走。大家知道，在传统社会里，“家有一老，如有一宝”，背后是因为传统社会变化小，特别依赖经验，而老年人有足够的经验。所以，在传统社会里老年人是家庭这个结构的权力中心，甚至是社会权力的中心。

但在一个高速现代化工业化的社会里，老年人的权威在不断地下降，而年轻人的话语权越来越高，越年轻越代表着时代的趋势，形成了非常激烈的文化结构的变迁。

从社会心理角度来讲，年轻人跟老年人越来越难以相处，所以我们要重新学习，在文化上做共同调整，为老年人在社会中找到合理的位置。

有分析认为，中国社会面临的最大问题不是钱，因为我们有足够的物质资源把老人养好，但是我们绝不能仅仅满足于把老人养好，还要让老人觉得自己在社会上是有尊严、有价值的。

新的人口结构形势、新的精神需求，赋予“孝道”新的内涵和要求：从物质转向物质与精神；从家庭转向社会。

我们需要形成一个资源整合的“大孝养”的物质保障和精神供养的新模式。

◎ 如何让学生认识“及人之老”？

面对当今孝道文化的传承现状，中北大学席道尧、韩秀兰教授提出过这样的总结：

1. 孝道观念的代际差异

随着社会的进步和发展，孝道作为中国人公认的文化价值观，也发生了改变或重建，这种变化称为代际差异。代际差异其本质即年轻人和老年人的价值观差异，由于个体生理和心理衰老，以及个体社会角色的改变，导致共同价值观发生改变的模式。多种因素共同作用导致传统孝道变迁，并适应当前社会的需求与现代化生活并存，形成复杂的特征。而影响代际孝道观念差异的因素有年龄、性别、城乡地区、受教育程度、经济收入、职业等。

2. 孝道行为的缺失

理论上说，年轻一代承担敬养父母的责任和义务是相对简单的。在现实生活中，由于各种复杂因素的影响，赡养父母的义务承担起来也不容易，主要有以下问题：子女的个人追求与孝养父母的冲突，敬老与养小的失衡，啃老、刮老、弃老、虐老问题突出，等等。

古代社会，消息闭塞、交通不便，个人生活范围基本为家族内部。家庭作为一个小型社会，可以满足大多数人归属感和成就感的需求，多世同堂、子孙绕膝是当时社会最大的天伦之乐。而在现代，信息化、工业化、城市化导致社会具有更高的流动性和开放性，年轻人更具独立性和自主性，不再依赖于家庭。国家建设及经济发展需要来自各方的人才，青年一代为美好的前途离开父母，陷入了两难：一方面，为了提高自身能力，为了更好地学习、工作、生活，远离家乡和父母去外地求学、上班；另一方面，考虑到以后的生活，他们又想回到父母身边彼此照顾。尽管当前信息科学技术飞速发展，高铁、动车及飞机等方便快捷的出行方式缩短了子女与父母之间的空间距离，但是老年期是风险系数较高的阶段，寿命延长的同时也延长了老人带病生活以及生活不能自理的时间，这是对年轻一代时间、精力、财力、耐心的一个严峻考验。而且，在我国生育政策的影响下，独生子女家庭不在少数，子女身处远方，老人无人照顾，甚至老人突发疾病时家中无人无法及时就医，致使老人丧命甚至死亡多日也无人知晓。这些都说明子女的个人追求与孝养父母之间存在着无法调和的冲突。

为此，有教育学者提出，必须提早给孩子们教授新型孝道文化，主要是针对即将到来的老龄化社会，必须尽早拉开“大孝养”框架，让学生在社会实践中理解“老吾老以及人之老”的内涵与要求。

在这方面，我看到有些社区工作者和社会机构已经有了典型的做法。比如这则短短的暖心新闻，题目为《“周末儿女”陪伴服务温暖如期》：

4 月 18 日上午，阳江市扬爱志愿者协会开展的“周末儿女”关爱空巢老人陪伴志愿服务温暖如期。25 名志愿者分成六个小分队，带着大米、生活用品、水果，还有志愿者亲手做的老人们喜欢吃的小食糕点等，分别来到江城区、阳东区等 6 户五保老人家里，陪伴老人度过了愉快的周末。

活动中，有的志愿者清理家居、打扫卫生，有的志愿者帮助老人砍柴……就像一家人，干得其乐融融。

干完活儿，志愿者与老人们愉快地聊着家常，屋子里时不时传出欢声笑语。

“你们不嫌弃我这个老头子，来了我就高兴了，还带来这么多好吃的糕点。”雅韶镇津浦村的陈伯津津有味地吃着志愿者做的糕点，嘴角绽放着满足的笑容。

“你们知道吗？我每天都看着日历，在数还有几天又是周末了！周末，你们就会来了！”家住北山公园旁的叶姆，像一个小孩一样羞答答地跟志愿者说。

陪伴的时间总是很快就过去了。志愿者要回去了，老人们都笑着叮嘱志愿者们："身体健康、工作顺利、学习进步。"其实，我们清楚地看到，他们的眼眶是湿润的，并充满着不舍。

类似于这种活动，也已延伸至大中小学生中间。

每年在特殊的节日期间，比如重阳节、端午节、父亲节、中秋节等，学校都会组织学生到社区空巢老人、失独老人、敬老院等地方，进行陪伴式慰问。其中，不乏学生因为小时候欠缺爷爷奶奶的爱护或者离家太远，和老人变成了常来常往的亲人。

老人们心疼孩子一周学习的辛苦和紧张，总是把好吃的留给孩子们，等着他们下次再去。孩子们也深刻体会到老人们的孤独与不易，定期去探望陪伴，帮做家务。

这是我从众多学生的心得体会中摘出来的一篇，如下：

2 月初，我到了我们学校附近的空巢老人李大爷家里。

这个时候新年的气息已经慢慢变淡，一些老人的子女已经离开家去城市里打工了。而李大爷的情况更特殊，老伴儿在几年前就已经去世了，女儿出嫁到很远的县城，儿子和儿媳妇在南方打工很少回家，只有春节才能在家里住几天。李大爷没有稳定的收入，只能领取补助或捡一些废瓶子等破烂来维持生活。

我去的时候已经是中午时分了，所以我决定利用自己所学的专业知识帮李大爷做一顿午饭。

他储备的都是一些很普通的蔬菜，数量不多，甚至有的菜叶子都已经腐烂掉了，可是李大爷还是舍不得扔掉。油盐酱醋剩的也不多了，米袋子的米即将见了底，总而言之厨房里就是简简陋陋的，我看了以后很心酸。

我用我省下来的零花钱去商店给他买了点东西，虽然价钱不高，却能让李大爷吃上几顿好的，我心里也就舒服一点了。

那天，我做的是老师教我们的油炸响铃、红烧豆腐，为了让老人吃得好，我还特意做了才第一次实践的东坡肉，烧得糯糯软软，少放了点盐。李大爷非常感动。

吃着饭的时候，他很感慨地告诉我："总是一个人在家里吃饭，老伴儿去世得早，也没有一个人能说说话。只有春节的时候，儿子儿媳妇才带着孙子回家来看看，可是待不了几天就要忙着回去。一年到头坐在家里，心里面却是满满的对家人的思念。”

李大爷对我的到来感到非常开心，说这是这段时间以来吃的最香的一顿饭了。

最后，我依依不舍地告别，他亲切地拉着我的手感谢我。我觉得我做的并不多，却让老人如此开心。在这里希望我身边的同龄人也多多为老人做一些事情，让他们能够开开心心地生活。

经过多次这样的社会实践，让我对空巢和孤寡老人这些相对于我们的弱势群体有了更多的了解，他们需要社会给予更多的关心和照顾。同学们和不少老人结成了一对一的关系，定期去他们家做饭。我会继续关注这些弱势群体，也呼吁大家一起来关心他们，让他们生活得更开心。

如今随着我们国家的经济不断发展，我们各方面的生活条件也得到了改善，所以，我们更应该好好珍惜眼前的时光，让我们的生命发挥出应有的价值。

总之，空巢和孤寡老人的生活条件不仅需要社会的帮助，同时也需要儿女、子孙们的帮助。那就让我们一起携手创造好的生活条件，让辛苦的老一辈人能够更好地安享晚年。

中国人自古就崇尚孝老爱亲。学校老师也在平常的教育中给我们说过，孝亲敬老为德善之先。在这样的活动中，我突然就明白了老师说的“君子”行为准则之一：老吾老以及人之老。

我立志要担负起这个责任，以后毕业了，自己开个老年餐桌，专门为老年人做饭，用最低的成本做出营养丰富、老人喜欢吃的饭。用自己的所学所长，将“孝道”和“君子”文化付诸实践。

敬老孝道文化在根本上是调整老年一代和年轻一代的代际关系。随着年龄结构的老龄化，年轻一代的数量将会减少，老年一代将迅速增多，代际关系的矛盾不可避免。如何调整代际关系，促进代际和谐，缓解社会矛盾，孝道文化是一个行之有效的黏合剂。

“夫孝，德之本也，教之所由生也。”孝是一切德行的根本，是教育的源头。因此，我总结孝道文化的主要教育途径，集中在以下几种：

第一，挖掘孝道教育资源。

学校基于传统孝道地域文化，将附近敬老院及社区空巢老人确立为学校德育基地，以孝文化中的精髓及其相关的地方孝道资源的挖掘作为孝道教育的切入口，加以推进。

1. 开设孝义课

教育的目的不仅仅在于教书，更重要的是育人，即帮助学生完善人格，做一个对社会有益的、具有崇高品格的人。因此，新生入学安排的第一节课就是孝文化的熏陶课，即正衣冠、净手礼、沐浴孝善文化，感恩立志、尊师重礼。旨在加强孝道教育，引导学生坚定文化自信。

2. 走进敬老院孝心基地献孝心

学校每年组织学生去敬老院开展孝行社会实践活动，除在敬老院扫地、拖地、擦桌子外，同学们还和老人们亲切地聊天唠家常，老人们就像看到自己的孩子回家一样，满眼的疼爱和笑意。孩子们还会为老人表演各种节目，在带给老人快乐的同时，学生逐渐理解“老吾老以及人之老”的内涵。

3. 向道德楷模学习

邀请当地口口相传的孝子孝女等典型人物，走进学生课堂，讲故事、谈感受，让学生耳濡目染。道德楷模们无私奉献、助人为乐、孝老爱亲的道德精神，深深鼓舞着每一个学子，让学子们切身感受到榜样的力量，感受到这些楷模在用无私的爱给世界带来光芒。

4. 德育主题教育与孝善教育融合

孝道与德育教育在教育目的上有着一致性，甚至可以说，孝道文化就是德育教育的重要组成部分。因此，学校每个月开展德育活动，如培养学生学习雷锋精神，进行爱国主义教育、劳动感恩教育等，将孝道文化渗透到德育课堂中，顺理成章地让学子理解孝道文化，立志做一个“常怀感恩之心，常为感动之行”的人，用心践行孝道。

第二，开发孝道教育课程新形式。

感恩父母，感恩师长，热爱祖国，回报社会，拥有一颗仁爱之心，这都是“孝”的体现。孝道作为中华民族传统优秀文化，是道德规范的首要标准。学校通过开设精品课程“孝子宴”，结合学校烹饪专业教育、劳动教育，鼓励孩子们用实际行动为老人做饭。实行“选材——加工、烹饪——献给长辈的一道菜”的全过程沉浸式教育。

第三，推进“孝行”活动。

近几年来，学校定期开展“孝道文化节”，通过诵读弟子规、孝道文化主题演讲的形式宣讲孝善美德故事；在班级内开展“孝善手抄报”活动，学子们亲手抄写编纂以孝善为主题的集刊；学校把社团活动和孝善教育相结合，组织学子开展感恩教育活动，如帮助父母做家务、慰问最美劳动者等，从小培养学生孝顺长辈、懂得感恩的美德。

第四，多元评价激励。

《孝经·开宗明义章》提出“夫孝，德之本也，教之所由生也”，孝道应该是教育的根本。孝道对教化世道人心、净化心灵功不可没。因此，学校坚持日常评价、期末评价、教师评价、学生评价、家长评价相结合，注重过程性评价，促使学生自我反思、自我教育，争做德智体美劳全面发展的优质好少年。

第三节　面向老龄化社会培养“职业孝养人”

职业学校与传统院校的培养目标是不同的。作为职校，能扣准社会潮流和时代之需，快速培养出上手快、能胜任的现代化产业分工所需要的技能人才，是我们的主要宗旨。

而“老龄化社会”这个词语对社会带来两方面的深度影响。

第一个影响在社会方面，它可能带来新的产业分工。老龄化意味着劳动力成本的上升，意味着需要被照顾的人越来越多，能够照顾别人的人越来越少。一些和“老”有关的服务行业的劳动力成本都是在快速上升的。除了吃穿用住、医疗保障，还要考虑老年人的社交需求、人生价值实现，等等，养老观念要与时俱进，要与中国社会现代化文明的进程相适应。

第二个影响在经济方面，老龄化社会的加速来临意味着消费将面临结构性升级。过去，消费基本是在做增量，不管是超大城市的形成伴随大量农村人口进城，商业中心（零售业）的繁荣，还是电商的快速发展，本质都是建立在消费人群的快速增长的基础之上。

但是，老龄化社会快速来临意味着能花钱、敢花钱的年轻人数量在下降，而老年人的消费习惯和消费需求与年轻人相比是有很大区别的，他们可能还有更多的储蓄习惯。而他们不太愿意消费时，经济就会面临着很大的下行压力。

所以，将“触角”伸向消费存量和挖掘老龄化社会的消费需求非常重要，我们今天讲“银色经济”指的就有这些方面的含义。

在疫情期间就有个非常新奇的发现：中老年人开始热衷于网上消费，展现出了他们对现代科技生活的高度适应和深度融入。但是，很多具体需求仍然存在供应不足的问题。

此外，在老龄化时代，年轻人数量不足，很多城市人口外流，越来越多的中小城市面临消费下行的人口空洞。

◎“孝需”变“刚需”

这些需求结构、产业分工的改变，催生了一个很大的市场空间——“孝需”变“刚需”。

新《职业教育法》第四条，首次明确了职业教育应该遵循的七项原则，也就是七个坚持：职业教育必须坚持中国共产党的领导，坚持社会主义办学方向，贯彻国家的教育方针，坚持立德树人、德技并修，坚持产教融合、校企合作，坚持面向市场、促进就业，坚持面向实践、强化能力，坚持面向人人、因材施教。

围绕“老龄化”这个社会现实，“职业孝养人”这个培养方向不可不谓面向市场、促进就业、德技并修的系统化教育。

目前，已经有一些院校迅速调整了专业结构，比如我们的西安高新技师学院就是以大健康专业为核心，近年又增设、优化养老护理等专业。

早在2012年，长沙民政职业技术学院与香樟路社区签署共建协议，探索形成了“1+4+N”的为老服务模式。“1”代表每年举办一次“树银发榜样”大型主题活动，“4+N”代表活动策划、康复照护、保健医疗、音乐文化等4个小组开展若干项基础服务活动。

近年来，养老专业来了更多的青年学子，以蓬勃青春为“夕阳红”增色。湖南省积极引导职业院校开设养老服务及相关专业，目前全省共有10多所高职院校开设了养老（老年）服务相关专业，在校生近3500人；40多所中职院校开设了养老（老年）服务相关专业，在校生逾9000人。

00后做养老护理员、90后开养老院当起了院长、高校毕业生选择养老专业……这种现象在年轻人中间越来越多。

网红“真叫卢俊”就在视频号上发布这样一则观察：

从数据上看，养老行业已经成为超10万年轻人的就业选择。

根据2020—2021年的《中国民政统计年鉴》相关数据，全国养老机构中，35 岁及以下职工人数逐年递增。2021 年 35 岁及以下职工人数约 10.6 万人，比 2020 年增加了近 1 万人。

为了培养专业的养老行业人才，全国各地的大学纷纷开设养老专业，我盘点了一下全国养老服务管理专业院校。

截至 2020 年 11 月 11 日，全国开设护理专业的高等职业院校为 506 所，比如安徽医科大学、南京中医药大学等都是养老管理专业排名靠前的学校。按照平均每所院校每年招生 100 人估算，合计每年能培养 5 万名左右的专业护理人才。

年轻人选择养老专业，比如养老服务管理、智慧健康养老服务等，也许是看中了专业对口的工作就业率 100%。

就拿南通来说，在这个全国老龄化最严重的城市，60 岁以上老人占到 30%，有 230 多万名老人需要养老。在这样的养老需求下，南通的养老护理专业毕业生也很抢手，刚毕业的 00 后，可以轻松拿到养老机构的工作机会。

2023 年 6 月，南通某学校养老服务与管理 35 名毕业生全部被养老机构聘用，就业率达 100%。

相比互联网、教培、地产等行业，养老行业的毕业生更好找工作。另外，目前就业市场上的养老行业岗位也在增多，根据猎聘大数据研究院《2023 年 Q1 就业趋势大数据报告》显示，2023 年一季度招聘旺季，养老服务新发职位同比增长超 65%。在线下服务为主的行业中，养老服务新发职位同比增长最多。

我国已进入老龄化社会，社会化的养老服务逐渐成为刚需，从不同城市的老龄产业应届生招聘需求分布来看：新一线城市>一线城市>二线城市>三四线城市。目前，新一线城市是养老产业企业，特别是大型企业最主要的招聘地域。

相对一线城市，新一线城市有更加舒适的生活环境，这里拥有养老社区、养老地产、养老金融服务等行业重点领域发展的优势条件，也更适合养老。

那么，年轻人进入养老服务行业，都在做什么？

所谓养老服务行业，主要是为老年人提供生活照料、医疗护理、精神慰藉和其他相关服务为主的行业。

有年轻人选择做上门养老助浴师，不仅要陪护老人洗澡，对于那些失去生活自理能力的老人，可能还要想办法帮助他们在床上洗澡。

年轻人进入养老行业之后，除了这些基本的生活服务，也带来了一些创新的服务模式。有的年轻人已经开养老院，自己当院长了，前段时间网上就有一位 90 后院长火了。他不仅花 120 万元开了 5 家养老院，而且把养老院打造得非常年轻化。在带电竞室的养老院里，90 后院长和老人们打成一片，甚至还亲自带队和老人一起组团打游戏。不得不说，这个操作确实很大胆也很有新意。

如今 60 后在公园下棋跳舞，又或者去 KTV 唱歌。未来 80 后、90 后可能一起开黑打游戏，想想也挺有意思的。

除了这些传统养老行业，如今也衍生出一些新型养老岗位。比如在小红书上，一对 90 后夫妻就开启了上门养老服务，他们会在小区里安排一名养老管家。这个岗位的工作就是免费帮小区里的老人提供健康检测服务，根据老人需求签订服务，可以上门照顾老人。随着年轻人进入养老行业，未来很有可能出现大量老年婚介交友机构、老年人 KTV、老年人电影院，等等，为老人提供多样化的养老服务。

为了吸引年轻人进入养老行业，各个城市也做了很多尝试。关于养老这一块，上海就有一个非常创新的做法，叫作“时间银行”互助养老模式。服务时长可以存入“时间银行”个人账号，然后等将来自己老了，再取出来兑换相同时长的服务，可以是实物也可以是服务，自从上海 2019 年在虹口、长宁试点之后，随后又在徐汇、普陀、杨浦等区试行。

这样做的还有杭州，比如上城区鼓励年轻人为老人理发、送餐、陪护等，即可存储服务时间。除了兑换养老服务，也可以兑换线下公益超市的生活用品。

随着对养老的重视度越来越高，现在已经有不少城市出台政策，鼓励年轻人留在养老行业，为了吸引年轻人从事养老服务行业的工作，不惜用真金白银吸引年轻人留下。以北京为例，2020 年北京出台了《北京市养老服务人才培养培训实施办法》。对于进入北京市养老机构的部分毕业生，本科及以上奖励 6 万元、专科（高职）5 万元、中职 4 万元，分三年发放入职奖励。这也就是说，学历越高拿到的奖励越多，另外，还给予养老护理岗位奖励津贴 500 元至 1500 元。如果参与人才能力提升培训，培训合格的，按照每人 1500 元的标准给予培训机构培训补贴。

同样的，上海养老行业也在向毕业生发力。对于中专（职校、技校、职高）学历的养老护理员和具有专科（高职）及以上学历的养老护理员，分别给予 3 万元和 4 万元的一次性入职补贴。

还有一些地方给养老护理人员降低了落户门槛。比如天津，养老护理员可以参照“海河英才”进行人才引进办理落户。江苏将养老护理员和养老服务管理人员纳入城市积分、准入落户政策范围。

不管是对养老行业的年轻人给予就业资金奖励，还是适度放宽落户门槛，从某种意义上来说，都是吸引更多年轻人进入我国养老行业的一个解决方式。

为什么越来越多年轻人选择进入养老行业？

本质上，养老行业虽然看似小众，但也在为面临就业压力的年轻人提供了另一个就业出口。

不可否认的是，现在年轻人就业越来越难，养老行业正在变成年轻人就业的一个新的选择，加上现在养老行业也越来越多样化，不只是以前的护理员，还有更多种可能的职业。

客观上来看，现在养老专业人才非常稀缺，年轻人进入养老行业，不仅可以找到一个稳定的职业，也是一个新的尝试和发展方向，更重要的是，未来老龄化也是一个不可逆的趋势，我国将在 2035 年进入重度老龄化阶段，中国 60 岁及以上老年人口将突破 4 亿人。

再看需求端，目前中国 65 岁以上人口占比超 14%，与之对应的养老行业专业护理员高达 2000 多万人缺口。

无论是机构养老，还是社区养老，都离不开养老护理员这一岗位的支持，未来养老服务行业的需求也会逐渐增加，在这样的时代背景下，我们的的确确需要更多的专业人才进入这个行业。

目前，养老行业的工作看起来认知度相对不高，但伴随着各个行业逐渐饱和需求过剩时，年轻人进入养老行业是个趋势。

对此，有南方一家媒体采访了几个选择养老专业的毕业生及在养老行业工作的学生。各位家长、社会仁人，我们不妨多费点笔墨，深度观察一下学生们的“孝需”行业心理及现状。

人物 1：朱诗怡

当我们置身在他们的健康养老大楼中，实训室布置得像病房，大二的学生穿着淡蓝色的护理服，在床位旁边熙熙攘攘，正在准备他们的养老服务技能大赛，轮流“扮演”老人，为老人拍痰、喂饭、翻身、叠被。朱诗怡是这项大赛的佼佼者，她在大二时曾在全国职业院校养老服务技能大赛中获得一等奖。

朱诗怡眉清目秀，当时选择累人的养老专业，是因为家人的触动。她家在农村，小时候和爷爷奶奶一起长大，后来在益阳市里上学。爷爷去世得早，奶奶怕晚年没人照顾，希望进养老机构养老，又担心服务不好。高三时朱诗怡因身体不好，选择了单招，她看到养老行业是未来 30 年的朝阳行业，那时中国 60 岁以上的老年人已达 2.5 亿，产业规模达到 6 万亿元，也希望未来可以照顾奶奶，便选择了养老专业。她记得自己选择这个专业时，父母起初并不同意，他们认为养老服务就是“端屎端尿”，会非常辛苦，但她当时逆反心强，极力坚持令父母妥协。

她选择长沙民政学院，不仅因为它离家近，还因为它历史悠久。长沙民政学院在 1997 年开设康复治疗技术专业。1999 年，中国 60 岁以上的人口占比超过 10%，正式进入老龄化社会，长沙民政学院成为最先开创老年服务与管理专业的大专院校之一。

“只有在养老院里才能见到老人。”朱诗怡对此体会很深，她从大一开始就参加夕阳之春助老协会，周末到养老院参加活动，也能见到毕业的师哥师姐们，他们比没有接受过训练的护理人员更为专业，在扶老人起床、坐轮椅这样的细节上，专业的护理人员都会鼓励老人自己行动，而不是一把将老人拉上去。而养老院里有许多课堂中没有的情况，比如在照顾失智老人时，上午老人还和颜悦色，牵着护理人员说话，下午就动手打护理人员。“但我曾参加过一个训练失智老人智力的活动，我们设计道具，给老人设计看老照片的游戏，通过照片带出回忆，老人一开始手足无措，坚持了一个月，就认知自如了，测试指标也有明显的上升。感到被老人需要，看到照顾的成果，就会很有成就感。”

人物 2：罗艳群

罗艳群的手指甲很短，深深地缩在指头肚里，她也从不戴耳坠。她是 2008 年考入长沙民政学院的，目前已经是一家在全国有 32 家连锁养老院的养老企业中层管理人员，在长沙总部为下属的养老机构做教培和内训，培训养老护理技能，2022 年她回到学校，从讲台下走到讲台上，兼职为在校生教授“老年人能力评估”的课程，一路走来，从学校养成的护理习惯始终没有变过。

相比朝气蓬勃的朱诗怡，罗艳群更为稳重，也更朴实。这源于她多年的工作经验，也与小时候的家庭条件相关。她来自农村，家中是三姐妹，高中的成绩本有机会上二本，高考发挥不理想，考到长沙民政学院的护理专业。“复读一年，家庭条件不允许，三本的学费太贵，家里也支付不起，就选择上大专，学个一技之长。”罗艳群说。毕业时她也给医院投过简历，但医院对身高等有更高的要求，最后她成了同学中少数到养老院工作的人，成为最基层的护理员，也成为像朱诗怡这样的后辈在养老院经常能够遇到的同门师姐。

罗艳群说，她每年至少回学校一次，找老师交流业务。而她记得2017年时，有4名学生来她所在的养老院实习，实习期有10个月，前3个月因为不适应，学生会极为痛苦，她经常跟学生交流，做考核。一名女生接受不了一位照料得好好的老人突然离世，心理崩溃，接连几天不想上班。她找到这位师妹，告诉她这是正常现象，她自己工作到第三年时，也遇到过类似的情况。当时老人离世，她是在场层级最高的人，需要带着一名阿姨为遗体做清洁，她当时故作镇定，实际一直到处理完遗体，为老人穿上寿衣，晚上自己躺在床上，手仍抖个不停，师妹能上班已是进步……一番话给了师妹不小的安慰。

从2003年起，学校开始有意识地送学生到上海、广州等老龄化更突出的大城市工作，收效显著。到2013年时，有三分之一的毕业生在上海工作，多一半学生在江浙、北京和广州。养老专业的毕业生遍布上海、广州等大城市养老机构的管理层。校友们在校友群中往来甚密，罗艳群发现，师弟、师妹找她那里的工作，往往先找她内推。

这两位年轻人身上有一个共同的闪光点——孝心、爱心、及人之老之心，这是最重要的。至于技术，可能成于短训，譬如翻身、擦洗；可能成于专业学习，比如基本医护知识。

我自始至终不变的理念是，即使一些烹饪专业的学生未来没有从事厨师这个行业，转而投向养老行业，那这短短几年教给他们的“孝悌”美德，也足以撑起他们的工作。

百善孝为先，重要的是初心不变。回头再看前文所述“举孝廉”之制，按照最初的设想，于国有利。但通途渐渐成了捷径。对士子而言，寒窗苦读多年，还不如对父母好点，装装孝子的样子，便能换得功名，这样的“买卖”确实“划算”，所以一时间，为了求名而弄虚作假、沽名钓誉者不在少数。

《后汉书·陈蕃传》中就记录着这样的例子。有个平民叫赵宣，下葬双亲后没有封闭墓道，吃住都在里面，地方官员感念其孝心，把他推荐给陈蕃。谁知一见面就露了馅儿，陈蕃一问，原来赵宣的五个孩子都是服丧期间所生，气得大骂赵宣："你睡在墓道里，样子做足了，结果在墓中养育儿女，这是欺世盗名，辱没鬼神！"赵宣没求到一官半职不说，还因此获罪。

正如《抱朴子》中所嘲讽的："举秀才，不知书；察孝廉，父别居。寒素清白浊如泥，高门良将怯如鸡。"

毕竟，当始于人性深处的温暖与慈悲，交织起利益和权名时，变质变味怕是无可避免。好在举孝廉止步于旧时，遵孝道却传承至今。有关"孝"的暖意，今天的很多年轻人正在用更多元的方式传递给长辈。

孔子在《论语》中指出："孝悌也者，其为仁之本与。"即孝悌是仁德的根本。《孝经》进一步确认了"孝为德之本，教之所由生"。由此可以得出结论：孝悌不仅是仁德的根本，也是教育的缘起。我想，无论什么专业，最后从事什么工作，把"孝"之道厚植在灵魂里，才能在未来人口结构下的社会里，如鱼得水。

孔子育人找到了德育的出发点和根本点，培根铸魂的教育就有了明确的理想和信念：人生以修身为本，修身以孝为本，以孝为先。毕竟，"孝悌"不仅是伦理准则，更是人际交往、人与社会连接的延伸。

◎ 中孝孝于企　大孝孝于国

子曰：夫孝，德之本也，教之所由生也。复坐，吾语汝。身体发肤，受之父母，不敢毁伤，孝之始也。立身行道，扬名于后世，以显父母，孝之终也。夫孝，始于事亲，中于事君，终于立身。大雅曰："无念尔祖，聿修厥德。"

孔子认为：人的身体四肢、毛发皮肤，都是父母赋予的，不敢予以损毁伤残，这是孝的开始。人在世上遵循仁义道德，有所建树，显扬名声于后世，从而使父母显赫荣耀，这是孝的终极目标。所谓孝，最初是从侍奉父母开始，然后效力于国君，最终建功立业，功成名就。

记者问比尔·盖茨："人世间最不能等的是什么？"比尔·盖茨说不是机会，也不是商机，最不能等的莫过于孝敬父母。比尔·盖茨把这种爱扩大到团队，最后扩大到世界，所以比尔·盖茨拿出 500 亿美元的 35% 捐给慈善基金会。

比尔·盖茨的故事说明：一个对父母都不好的人，怎么能把团队沟通好？一个连兄弟姐妹都处不好的人，怎么能把团队带好？把对父母的爱扩大到兄弟姐妹，把对兄弟姐妹的爱扩大到团队，把对团队的爱扩展到企业，企业就和谐了，好管了，顺利了。

有企业设定“孝节”或实行“每月给员工父母三百元零花钱”，鼓励员工孝敬父母，感谢那些帮他托起事业的员工，更感恩员工父母的支持，在企业上下形成以孝为美的风气。

我的朋友讲了一个他们单位员工的故事：

小李和小王是大学同学，毕业以后一起到了他们单位。最后当年的小李变成了老李，成了公司的总经理；小王也成了老王，是基层部门的一个业务主管。

李总是个孝子，家里的关系非常和睦，他礼贤下士，对待员工是发自内心的尊重。部门主管老王非常有才，只是脾气很暴，家庭情况不好，跟家人关系也很僵。他对领导往往恃才傲物，对下属常常盛气凌人，因此得不到领导的赏识，也得不到员工真正的尊重。他自己常常有怀才不遇的失落感。

公司从集团调过来一位董事长，年龄比老李和老王还小三岁。李总对这个董事长非常恭敬。他说，因为他的职位比我高，他是公司的一把手，就应该尊敬他。而老王打心眼儿里瞧不起这位董事长，觉得他比自己年龄还小，“我在这里是二十多年的元老了，你算什么？我业务比你强，方方面面我都比你熟”。

有一天突然夜里降温了，第二天早上下起了鹅毛大雪，老王出门的时候，他七十多岁的老母亲颤颤巍巍地追出了院子，对他说：孩子，天冷了，加厚点衣服吧，别冻感冒。老王立马心里就很烦，对自己的母亲就像训自己的孩子一样，说：“我都四十几岁的人了，什么不懂啊，还用你操心！看你整天唠唠叨叨的，烦死了，快点回屋里去吧。”

这个情况同样发生在老李身上，当看到母亲那种关怀的样子，老李当时鼻子一酸，泪水差点流了下来。他一把扶住母亲说：“你老人家这么大年岁了，千万别冻感冒，快点回屋里吧。我都这么大了，还让你操心。真是不应该啊。”老李赶紧把母亲扶到屋里坐下。转念一想，董事长刚从南方来，这里天气突然变冷，估计他没有准备厚衣服吧。想到这里，立马给董事长打个电话：“董事长，天气突然变冷，你在家里等我，我开车接你一起上班，我给你送个棉袄过去。”老李对领导的恭敬是发自内心的。

这天一位重要客户来访，想看看这个企业的管理水平如何，能不能签这个大单。客户一进门，不管前台接待，还是业务经理都是满脸欢笑。在这个寒冷的冬天让他感受到被尊重的温暖。这位客户刚坐定，业务员就端来了一大碗热腾腾的姜茶。客户开玩笑地说，怎么还搞特殊待遇？业务员说：“我们公司的李总对我们员工就像疼爱自己的孩子一样，今天早上一到，就安排食堂煮了一大锅姜茶。我们每个员工都有一碗，大家都很感动。”这位客户喝了这碗姜茶，暖在胃里，热在心头。见到李总的时候，这一单生意很顺利地签下来了。

“我们的人生为什么那么多的困惑和障碍？为什么老是遇到小人？原因就是我们的生命树断根了，我们的孝心出了问题。不孝父母就会生出傲慢之心，傲慢成习性，既不尊重领导，也不与员工和睦相处，事业怎么可能顺利呢？”朋友非常有感触地说。

我一贯主张“大孝于行”，让学生在社会实践中感触孝道文化，提出适合自己的解释，也启迪自己的职业思考。

再者，相较于社会职场人士，在校学生有着相当多的空余时间，也需要一定的社会实践来积累经验。让他们有组织地进入社区，为选择居家养老的老人提供服务，这样既可以解决社会居家养老服务人员“人数少、综合素质普遍不高”的问题，又可以在社会实践中锻炼学生的人际沟通、待人接物等各方面的能力。在政府及教育部门的组织协调和引导培训下，学生社区义工一定会成为居家养老服务的主力军。

“忠孝”和“家国情怀”思想，是中国人以修身齐家为原则、以天下为己任的一种有所努力、有所奋斗、有所作为的入世情怀，是中国人特有的精神气质和社会文化心态。

在这种实际行动中，激发家国情怀、实现民族与文化复兴的伟大志向，自发地形成对家庭、社会、国家的高度责任感，正确履行自己的公民义务，创造和维护社会与国家的安定团结。

第七章　扫一屋也扫天下

最近发生了这样一个热点事件，倒令我对“天道酬勤”这四个字要如何解释给孩子们，有了另外一个维度的思考。

2023 年 9 月 10 日晚，一名网友在李佳琦的直播间吐槽花西子的产品价格越来越贵。这一言论触发了李佳琦的回应，他直言：“不要乱说，眉笔价格一直都是 79 元，国货品牌发展困难，有时候我们需要反思自己，这么多年工资有没有涨，是否在认真工作？”这番言论引发了广泛争议，导致了一系列后续事件。

随后，李佳琦在微博发布了道歉声明，称自己本是一名彩妆柜台销售员，深知大家的工作都充满了辛劳和不易，他希望能够得到大家的谅解。

但这样的道歉似乎并没有缓解大家对“劳动”与“致富”的割裂性讨论的迷思。最后，有人直接挑明一个道理：勤劳能够创造财富，但勤劳本身并不分配财富。

诚然，浮躁的“一夜暴富”“千万网红”等社会现象，催生了另外一种论调：勤劳成了内卷，劳动成了消耗，甚至有不少社交媒体的营销号评弹：“富在术数”不在乏身。

在这样一个信息环境下，我们要如何正确告诉孩子们“身体劳动”，或者说“勤劳”的意义？

我们面临的是新的对于“劳动”的价值观界定，要在中职学校开展劳动教育，就不得不面对来自以下四个方面的挑战：

其一，对“劳动”有片面认知。

当前很多中职生劳动技能缺乏、劳动意识淡薄，甚至厌恶劳动、远离劳动，有的过惯了不劳而获的日子，安于享受现成的劳动成果。另外，中职学生群体中特殊学生占比较多，不良行为习惯学生占比较多，难教育、难管理的学生占比较多，家庭教育缺位的学生较多，好逸恶劳的学生也较多，对这些学生进行教育管理难度较大。

其二，网络对中职生的冲击很大。

如今的中职生几乎人手一部手机，借助手机学习的学生很少，聊天、玩游戏、刷视频的学生很多。有的学生受网上信息影响，热衷于消费、网购，嫌贫爱富，看不起体力劳动者，缺乏对广大劳动者应有的尊重。现在是海量信息充斥的时代，中职生缺少辨别能力，很容易被不良信息带偏，而网上关于劳动教育的宣传，关于工匠精神，关于青少年积极价值观的引导明显不足。学生也很少关注。他们对劳动不屑一顾，对坐享其成、不劳而获心安理得，不珍惜父母的劳动成果，胡乱花钱的现象很普遍。

其三，家庭中劳动教育、劳动实践的缺位和不得法。

中职生家长有很多对孩子的劳动教育不够重视，对孩子的劳动习惯和基本劳动能力的培养存在轻视现象。如今大多数家长仍把升学作为第一考量，希望孩子升入高校进一步深造，对于他们是否参与家庭劳动则持无所谓的态度。另外，农村学生家长大多从事的是以体力为主的工作，他们不想自己的孩子走自己的老路，也不忍心孩子吃苦，这些因素都让他们对孩子从事各类劳动不做过多要求。由于中职生在家一直没有形成良好的劳动习惯，动手能力也差，所以他们对劳动也存在不自信心理，长此以往，一些中职生就渐渐出现了漠视劳动、不会劳动的情况。

其四，中职学校劳动教育还存在一些误区。

中职学校劳动教育方面还存在一些误区，主要表现在：一是把劳动作为对学生的一种惩罚，例如有学生没有按时完成作业、上课睡觉等，就罚学生扫地、捡垃圾等，将劳动和惩罚等负面心理体验建立联系。二是不自觉把学习看成比体力劳动更高一等的事情，例如有的老师教育学生往往会这样说，不好好学习，将来你就会扫马路，当农民工。三是把劳动完成等同于技能的习得，通过劳动生产和实践学习某种技能，而忽视劳动的价值体验。四是把劳动教育异化为娱乐，如学校组织学生参观一线操作车间、工厂、种养基地等，然后拍几张照片，就当作完成了任务，当作学习生活的调剂，而没有让学生真正领会劳动的价值和劳动者的崇高。

有鉴于此，2020 年 3 月 20 日，中共中央、国务院印发《关于全面加强新时代大中小学劳动教育的意见》，指出劳动教育是中国特色社会主义教育制度的重要内容，直接决定社会主义建设者和接班人的劳动精神面貌、劳动价值取向和劳动技能水平。近年来，一些青少年中出现了不珍惜劳动成果、不想劳动、不会劳动的现象，劳动的独特育人价值在一定程度上被忽视，劳动教育正被淡化、弱化。对此，全党全社会必须高度重视。

要全面构建体现时代特征的劳动教育体系，把握劳动教育基本内涵，明确劳动教育总体目标，牢固树立劳动最光荣、劳动最崇高、劳动最伟大、劳动最美丽的观念。要设置劳动教育课程，在大中小学设立劳动教育必修课程。要确定劳动教育内容要求，针对不同学段、类型学生特点，以日常生活劳动、生产劳动和服务性劳动为主要内容开展劳动教育。健全劳动素养评价制度，把劳动素养评价结果作为衡量学生全面发展情况的重要内容，作为评优评先的重要参考和毕业依据，作为高一级学校录取的重要参考或依据。要广泛开展劳动教育实践活动，家庭要发挥在劳动教育中的基础作用，学校要发挥在劳动教育中的主导作用，社会要发挥在劳动教育中的支持作用。着力提升劳动教育支撑保障能力，多渠道拓展实践场所，多举措加强人才队伍建设，健全经费投入机制，多方面强化安全保障。

意见还规定，根据各学段特点，在大中小学设立劳动教育必修课程，系统加强劳动教育。中小学劳动教育课每周不少于 1 课时，学校要对学生每天课外校外劳动时间作出规定。职业院校以实习实训课为主要载体开展劳动教育，其中劳动精神、劳模精神、工匠精神专题教育不少于 16 学时。普通高等学校要明确劳动教育主要依托课程，其中本科阶段不少于 32 学时。

职业技工教育大多属于身体力行的“劳动”专业，不仅需要健康的体魄、勤劳的四肢，更要有精益求精、锲而不舍的“工匠精神”。当然，我认为，还要有对“劳动”的辩证性认知。

第一节　再说“天道酬勤”

“天道酬勤”出自《周易》中的卦辞：“天行健，君子以自强不息；地势坤，君子以厚德载物。”

《易经》里讲到“劳谦君子，有终吉”。至《尚书》就有“天道酬勤”的说法。

韩愈曾题词“天道酬勤”勉励后来者。

《书·大诰》中说“天閟毖我成功，天亦惟用勤毖我民”，类似的例子还有“建极绥猷”等，原文如下：“天閟毖我成功所，予不敢不极卒宁王图事。”

对于“勤劳”这个词，古之先贤感触颇深。

曾国藩是中国近代史上较有影响的人物之一，然而他小时候的天赋却不高。有一天在家读书，对一篇文章重复不知道多少遍了，还在朗读，因为他还没有背下来。这时候他家来了一个贼，潜伏在他的屋檐下，希望等读书人睡觉之后捞点好处。可是等啊等，就是不见他睡觉，还是翻来覆去地读那篇文章。贼人大怒，跳出来说：“这种水平读什么书？”然后将那文章背诵一遍，扬长而去！

位极人臣之后，曾国藩依旧保持着身勤神勤的习惯。曾国藩告诫弟弟、子侄们，尽管曾家现在家庭条件变好了，但是勤俭之风不能丢，不能忘本。在一封家书中，曾国藩还进一步说明了什么是勤，什么是俭。他告诉子侄辈：“勤字功夫，第一贵早起，第二贵有恒；俭字功夫，第一莫着华丽衣服，第二莫多用仆婢雇工。”

在曾国藩看来，家里不用奴婢和仆役，不仅仅是省一些钱的问题，更重要的是能培养家人一种爱劳动和爱惜劳动成果的习惯，培养一种勤俭的家风，一种俭朴精神。

曾国藩要求家里的兄弟子侄一定要学会干农活，不能忘本。他在咸丰四年（1844年）四月十四日写给弟弟们的信中说：“吾来子侄半耕半读，以守先人之旧，慎无存半点官气。不许坐轿，不许使唤人取水添茶等事。其拾柴收粪等事，须一一为之。插田莳禾等事，亦时时学之。庶渐渐务本而不习于淫佚矣，至要至要，千嘱万嘱。”

这句话的意思是说，家中的子侄辈，一定不要丢掉曾家务农的传统，不能有半点官气，不能坐轿子，不能让别人侍候自己，拾柴、收粪、插田、莳禾等农活都要学会，这样才能不会忘本，儿子、侄儿千万要记住这一点。

曾国藩不仅要求家中的男性勤劳，也要求女性参加劳动，他还会亲自检查她们的劳动成果。他为女性制定了功课单，也就是每天要完成的几件事：

第一件，“早饭后，做小菜点心酒酱之类”，这个被称为“食事”。

第二件，“巳午刻，纺花或绩麻”，这个被称为“衣事”。这里的“巳午刻”（巳时是上午九时到十一时，午时是上午十一时到下午一时），应是指吃中饭之前。

第三件，“中饭后，做针黹刺绣之类”，这个被称为“细工”。

第四件，“酉刻（过二更后）做男鞋女鞋或缝衣”，这个被称为“粗工”。酉时是下午五时到七时，“酉刻”是指晚上。

从这个功课单来看，他要求女性一整天都在劳动。对她们劳动成果的数量，曾国藩也有明确的要求，同治七年（1868 年）五月二十四日规定：“自后每日立定功课，吾亲自验功。食事则每日验一次，衣事则三日验一次，纺者验线子，绩者验鹅蛋，细工则每日验一次，粗工则每月验一次。每月须做成男鞋一双，女鞋不验。上验功课单谕儿妇侄妇满女知之，甥妇到日亦照此遵行。”

纵观曾家家训，从未放弃过“劳动教育”。而曾国藩的“劳动教父”却是宋朝文豪苏东坡，他的一生几乎都在“劳动”中修行。

苏轼幼年时深得母亲程夫人悉心管教。程夫人除了教导孩子勤勉读书外，还教他种树、爱鸟，做力所能及的农活儿。苏家宅院有一片幽谧的竹林，“林断山明竹隐墙，乱蝉衰草小池塘”。这里，便是少年苏轼最早的劳动课堂。做杭州的地方官时，为整治西湖，他不仅仅是搞调研、作方案和发号施令，还亲切带领身边工作人员和弟子挽起袖子加油干。他们挖沟、清淤、修补井壁，使得相国井水溢出井坎，向南流入漕河；疏通涌金池；在上池门外设置两道闸门，一道闸门连接池内将河水引入，另一道闸门以五根竹管引出池水，汇入河水流向东边，进入南井。

初仕凤翔府判官，便遇陕西旱情，他几上太白峰，带领百姓到道观求雨。密州遇蝗灾，他亲临田间地头，带领百姓用“秉畀炎火”之法和“荷锄散掘”之术，火烧、深埋，消灭蝗害，终至“蝗不复生矣”。斗徐州水患，他先是冒雨踏泥泞到禁军驻地求援：“河将害城，事急矣！虽禁军，宜为我尽力！”再亲荷畚锸，布衣草履，“庐于城上，过家不入”。

元丰三年（1080 年）初，苏轼被贬至黄州，好在二十年来一直追随他南北来去的好友马梦得，给他筹集到几十亩蒿草丛生、荆棘遍地的荒地，让他春耕秋种，过上了自给自足的农夫生活。他向来以苦为乐，从小的劳动教育在此派上了大用场。他脱去长袍，摘去方巾，一身农夫打扮，带着两个儿子，躬耕陇亩，挥汗如雨，自力更生。他给友人写诗：“去年东坡拾瓦砾，自种黄桑三百尺。”他给友人致信：“某现在东坡种稻，劳苦之中亦有其乐。有屋五间，果菜十数畦，桑百余本。身耕妻蚕，聊以卒岁也。”这段时光，会种地，会造屋，会做东坡肉的苏轼，以“东坡”之名，用劳动的方式，走出了最繁华的风景。

少时的劳动教育，逆境中的劳动历练，让苏东坡即使到了更加艰苦的岭南、儋州，也没被困住。在惠州，一边治西湖一边“日啖荔枝三百颗”；在儋州，他和乡野农夫开荒种地，自建茅屋三间聊以栖身，却命之以浪漫之名“桄榔庵”。至此，风雅之至，风趣之至，旷达之至。劳动者东坡，天下无敌。

他把自己的生活态度概括为一句话“人间有味是清欢”，赢得了后世的共鸣。

◎ 一勤天下无难事

清朝钱德苍在《勤懒歌》中提出：“百尺竿头立不难，一勤天下无难事。”意思是，只要勤奋，天下就没有难做的事情，即使百尺竿头也能昂然挺立。“勤”是中华民族的传统美德，对各行各业的人都非常重要。

功崇惟志，业广惟勤。任何梦想的实现都不是轻而易举的，它需要人们用超常的勤奋去努力获取。司马迁撰《史记》18 年，司马光编《资治通鉴》20 年，李时珍著《本草纲目》27 年，马克思著《资本论》40 年……科学研究离不开勤奋，袁隆平潜心研究杂交水稻，几十年栉风沐雨；侯祥麟院士在回答怎样才能成为一位科学家时，说了这样一句话：“每天只工作 8 小时，当不了科学家。”平凡的劳动也离不开勤奋，张秉贵、王顺友、包起帆、许振超等先进模范，无不是靠勤奋成为行业翘楚、敬业楷模的。

历史长河中，中华民族勤于劳动、勇于奋斗，创造出灿烂的文明，历经沧桑而生生不息。

习近平总书记同全国劳动模范代表座谈时讲到：劳动创造了中华民族，造就了中华民族的辉煌历史，也必将创造出中华民族的光明未来。“一勤天下无难事。”必须牢固树立劳动最光荣、劳动最崇高、劳动最伟大、劳动最美丽的观念，让全体人民进一步焕发劳动热情、释放创造潜能，通过劳动创造更加美好的生活。

陕北南泥湾，延安大生产运动纪念碑静静矗立。碑身上“自己动手、丰衣足食”八个大字遒劲有力。

抗日战争进入相持阶段后，由于日军的疯狂进攻和大规模“扫荡”，国民党顽固派的军事包围和经济封锁，陕甘宁边区及各抗日根据地财政经济发生极大困难，一度陷入没粮、没油、没纸、没衣、没经费的境地。

一场轰轰烈烈的大生产运动在黄土高原开展起来——1941 年春，迎着料峭寒风，三五九旅的战士们肩挎钢枪、手握镢头，挺进南泥湾垦荒。广大军民以高昂的劳动热情，将荒无人烟的“烂泥湾”变成庄稼遍地、牛羊成群的“陕北好江南”。

纺一根线、垦一亩荒，边区军民在逆境中自己动手、丰衣足食，顽强生存、英勇斗争。毛泽东指出“这是中国历史上从来未有的奇迹”。

老工人孟泰带领工友献交器材、刨开冰雪收集废旧零件，硬是没有花国家一分钱，建成鞍钢当时著名的“孟泰仓库”；产业工人许振超带领班组练就“一钩准”“一钩净”“无声响操作”等绝活儿，多次刷新集装箱装卸世界纪录；航天科技“嫦娥”团队勇于探索，成功研制我国第一颗月球探测卫星——嫦娥一号……一座座丰碑上，镌刻着不同时代劳动者只争朝夕、奋力拼搏、开拓创新的身影。

2004 年，柴闪闪成为扛包裹的转运员，每天要扛 3000 多袋包裹。他干一行、爱一行、精一行，靠着过硬的业务能力和吃苦精神，他成为全国邮政系统先进个人、上海市优秀青年突击队员、全国劳动模范，并当选全国人大代表。

外卖骑手宋增光、“拉面匠”韩木海买、“小砌匠”邹彬……一个个看似“开挂”人生的背后，无不洋溢着勤于劳动、勇于奋斗的精神。

重庆市巫山县竹贤乡下庄村老支书毛相林率乡亲们历时 7 年，在绝壁上凿出一条八千米长的“绝壁天路”，带领群众摘掉贫困帽，走上致富路；“人民楷模”、太行山上“新愚公”李保国扎根太行山 35 年，用辛勤的劳动和科研成果把富裕和希望带给农民……

没有人能随随便便成功，社会主义更是中华民族实实在在“干”出来的。没有撸起袖子去劳动的行动，一切理论，只是空谈。

◎“劳动教育”，独具一格的“光荣与价值”

十八大以来，习近平总书记多次强调劳动的重要性，指出：“劳动创造幸福，实干成就伟业。”物质生产是精神生产存在的必要前提，文化在精神生产的范畴内，因此劳动也是文化生产的前提。

劳动作为人类发展的物质性力量，正如恩格斯在《劳动在从猿到人转变过程中的作用》中所阐述的那样，“是整个人类生活的第一个基本条件”。劳动不仅创造了人本身，甚至“整个所谓世界历史不外是人通过人的劳动而诞生的过程”。在世界文化历史长河中，存在着丰富的劳动教育思想。朱熹的《童蒙须知》中将“洒扫涓洁”作为孩童启蒙教育；卢梭的《爱弥儿》高度重视手工劳动，将之视为重建身体与知识的有效中介；我国教育家陶行知曾说“不会种菜，不算学生”。劳动是实现人从自然性走向文化性的必经之路，对于人和社会的发展而言，是教育、文化、精神的来源，而劳动教育更是能够对人的身体和精神形成双重引领，使人直面生产、发展的需求，注重培养人在传承知识技能的同时形成对社会发展有益的文化知识，以此进行文化的启蒙和教化。

习近平总书记高度重视青少年劳动教育，在全国教育大会上强调：“要在学生中弘扬劳动精神，教育引导学生崇尚劳动、尊重劳动，懂得劳动最光荣、劳动最崇高、劳动最伟大、劳动最美丽的道理，长大后能够辛勤劳动、诚实劳动、创造性劳动。”劳动教育促进个体沉浸在身体力行的劳动文化中，完成对个人身体机能、工艺技能、知识水平的提升，并对个体的意志品质和精神力量予以完善，从而得到更高的精神文化浸润。当前，全国大中小学开展的多种劳动教育活动和课程，为中国传统文化和现代文明的浸润和传承创设了情境、建构了场域、丰富了载体，具有独特的重要意义。

二十大报告对中国式现代化的内涵特征作出了如下概括：“中国式现代化是人口规模巨大的现代化”“中国式现代化是全体人民共同富裕的现代化”“中国式现代化是物质文明和精神文明相协调的现代化”“中国式现代化是人与自然和谐共生的现代化”“中国式现代化是走和平发展道路的现代化”。这每一条特征都说明，中国式现代化是一条典型的以劳动创造逻辑取代资本增值逻辑的现代化的新道路。它绝不同于资本主义现代化的发展逻辑。

这就要求我们，作为青少年成才时期的关键导师，一定要结合“中国式现代化”的逻辑，主动扛起“劳动教育”的使命担当。

而我一直认为，职业院校的劳动教育，就是要突出价值和光荣。

当前，上上下下提倡劳动教育、重视劳动教育、发展劳动教育的时候，职业院校的师生们会有一种自然而然的亲近感、荣誉感，也就会自然而然地去想“我们应该把劳动教育做好、做得更好”。这是一种质朴的感情，对于劳动的认同的态度。

职业院校本就是培养技术技能人才，重视动手能力、劳动能力、劳动技术的教育类型，劳动教育已然就是职业教育最重要的构成部分，要如何“进阶式”地在“本分”内推动劳动教育呢？

两个重点：体现价值，享受光荣。

体现价值，就是应该在职业院校的教学中设计“劳有所得、优劳优酬”的观念和关联。比如，职业院校在学生的作业和课题设计中，可以开发这样的内容：将学生的作业、课程考试设计，进行标价竞拍，把他们的作品、他们的作业、他们的大赛作品，小至一个花束、一个面点，大至一个设计思路、一个产品包装、一个演出服务、一个开发应用，学校都会在有利的时间节点，展现在一定范围的用户、家长、企业甚至学生自己的小圈子里，进行有设计的投标竞拍，让学生在竞拍中意识到自己的劳动有价值、有价格、受欢迎、受重视，这是最粗浅的做法，一步步探索，也许就能打开劳动和价值之间的关联。而好的劳动能力、好的劳动成果，直接对应于市场价值、用户价格，那么对于师生的直接鼓励，其效果是不言而喻的。而竞拍中的失利和收获，都会助推职业院校师生勇于面对此后职业生涯的种种考验。

享受光荣这一点更为重要。如果说院校组织的竞拍互动活动还有些让学校感觉麻烦和担心“越线”的话，那么，如何让师生在劳动教育中享受光荣，增强荣誉感，则要更加“伟光正”一些。那么，光荣来自于什么活动呢？

其一，让职业院校担纲策划、设计所在区域所有学校，包括幼儿园、中小学甚至大学的劳动教育课程。越是一个区域性的职业学校，越是了解本区域劳动教育的刚需；而职业院校无疑具有了解当地劳动教育需求和缺陷的优势，由职业院校来设计本地所有学校劳动课程，有的放矢，大可实行。

其二，让职业院校的师生到本地区所有学校，包括幼儿园、中小学甚至大学担任劳动教育课的授课教师。如果同龄人站上了同龄人的讲台，甚至于中职生站上了高中生、大学生的劳动教育课的讲台，给自己的同龄人，给自己曾经的同学，甚至给自己曾经仰望的学霸学神们讲授餐点制作、花卉设计、网页开发、文物修复等技能课，那对于那些长时间处于学分考分鄙视链条末端的孩子们来说，应该是一次光荣的经历吧？对于那些在名校里求学的师生来说，也是一次正视劳动和技能威力的绝好机会吧？

所以说，劳动教育价值无限，关键是如何去开发去驾驭。希望我们的职业院校抓住这个机会，向校外、向社会释放劳动的魅力，展示劳动的价值，彰显劳动的光荣。这才是职业院校该重点去做的劳动教育，也是上上下下、方方面面希望劳动教育普及带来的新局面。

当劳动产生相应的社会尊重与认同，对等的报酬与价值，必然因势利导。故此，我一直认为“劳动教育”，是一种有关“价值”的生产与认知的教育。

2023 年 2 月 5 日 10:30，新纪元举办的“瑞兔迎春，喜乐元宵”游园会在校本部开幕了。

在元宵游园会现场，或是一家人或是三五好友，大家在这里共度了一个美妙难忘的元宵节。25 个小吃档口汇集了酸辣粉、凉粉、凉皮、肉夹馍、糖葫芦、洋芋叉叉、美味蛋挞、火爆烤肉等特色风味小吃，数不胜数，各个小吃摊位前人山人海，品味着来自学子制作出的特色风味。

根据每个小吃档口的游园券数量统计，最终一年西点 2201 班和西点主厨 2101 班的甜蜜元宵摊位出品的网红糖葫芦档口荣获一等奖；王牌主厨 2102 班的帅哥烤匠铺档口荣获二等奖；精品西点 2101 班的解忧串串铺档口荣获三等奖。他们所“售卖”运营的糖葫芦、烤肉、冷锅串串以其诱人的卖相和出色的味道，深受大家的喜爱，在众多小吃摊位中脱颖而出。

一个个摊位上，炸洋芋、春鸡脚、木瓜水、凉米线、棉花糖等美食琳琅满目。三间实训教室里，负责制作的同学们马不停蹄地忙碌着。随着他们的锅铲上下翻动，辣子鸡、黄焖鸡的阵阵香味从实训室里飘出，让人垂涎欲滴。烹饪专业 4 个班的学生轮番上阵，累计卖出炸洋芋 400 多盒、米线 200 多碗、包子 600 多个、各类饮品 500 多杯，所收费用全部补充到班费。在提升专业技能的同时让大家提前体验了就业的氛围。“本次美食周十天前就开始准备了，从制订菜单到最后成品的制作再到销售，全部由学生独立完成，经过后期的核算，各组最多的能赚到七百块钱，最少也赚了两三百块钱。”副校长给我这样分享道。

我特别要分享的是，这场开放型、创造型并具有经济价值型的劳动，学生是全程参与的，从制订菜谱、采买食材、动手制作到摆摊叫卖，都由学生自己完成。

通过这样的劳动教育活动，我想从专业教育上达到两个目的：

第一，锻炼专业技能，并且让学生感受未来在就业和创业过程当中我们应该怎么做？我们到底能不能挣钱？如果我们按照自己的思路来，会不会亏本？这样做的目的主要是让他们做一个综合的成本核算，为以后进入职场就业发展奠定一定的基础。

第二，得到现实奖励。唯有这样，才能让学生们真实感受到劳动附加的“光荣与价值”。不仅仅是通过自己的专业技能得到了赚钱的机会，也能让他们从内心深处认知到，无论什么样的正轨劳动，都是会被社会认可的。所谓“双手一勤，饿不死”，“社会尊重，是靠自己奋斗出来的”。

第二节　“劳动教育”的升华——“工匠精神”培养

早在5000多年前，华夏文明的始祖们就懂得把劳动附加上艺术审美，升华出精湛与执着的劳动精神——他们敬畏自然与神灵，用制器尚象的朴素理念为人类早期的器物生产提供造物原则，通过泥土和火焰的碰撞创造了史前陶器，并创造了史前石器、玉器、漆器等史前巫史文化标识。他们用朴素的线条与符号，对自然、物象与宇宙进行原始表达。

古人也很早就用“正”来为工匠官职命名，如车正、陶正、木正等，显示出中华工匠精神的本源属性。“正”为王室官职，乃规范、标准之意，其内涵及行为指向坚守正义、守正为公、守正为民。古公亶父不仅勤于营建匠事，胸怀“周原”，还礼让豳地；车正奚仲心系人民疾苦而苦思发明运输车辆，解决治水材料的搬运问题；“科圣”墨子始终站在服务人民的立场，勇于探索工匠造物实践……

更难能可贵的是，早期中华匠人心系百姓，持中守正，以工正精神铸成了早期中华匠人的守正精神品格。

西周，《周官》有掌邦土、居四民、时地利的工官“司空”。汉魏中央和地方郡均设有少府、尚方、大司农等工官。至隋文帝时期，汉代“三公九卿制”被“三省六部制”所取代，工官体系的“少府”亦被“工部”取代。司空、少府与工部是中央集权制度和官僚体制的产物，司空制度、少府制度与工部制度为中华工匠精神的形成发展提供了制度前提，也促进生成了中华匠人的民本精神品格。

周代六官体系中，工官之冬官乃为司空。“司空”的概念语义场包含了

“冬藏”与“闭空”的双重含义。所谓“司”，即管理之义，表达了工官对国家事务的承担与掌管；所谓“司空”，含有“闭藏”“空无”之义，工官的信条与宗旨要藏富于民，反映出工官以民为本的精神品格。周代工匠在司空制度体系下逐渐形成属于时代的工匠精神，即民本精神。

汉代，政府改“司空”为“少府”，以统管国家物资调配、器物生产以及山川田赋等。“少府”概念沿袭了“司空”的精神追求，它不仅有较强的中央集权性质或政府权力的语义内涵，还体现在国家对工官的政治立场以及民本态度。在文化鼎新发展的汉代，工匠“争芳斗艳”，如将作大匠萧何、弃官专髹漆艺的隐士申屠蟠、革新造纸技术的尚方令蔡伦、长安“机关达人”丁缓、“学者型”水工徐商、地动仪发明者张衡等。这些汉匠勇于创造、敢于创新，他们在中国文明史乃至世界文明史上都光彩耀目。汉代开创了汉代工匠文化的新定向，诞生了近乎后世所有的工匠行业、部门与手艺品类，演绎出较为齐备的工匠文化体系性结构、要素和内容，也孕育出具有民本特色的汉代工匠精神品格。

宋代，中华工匠开创了转型时代的新精神品格与风尚。活字印刷、航海罗盘、火药等得到发明或应用，“中国科学史的坐标”——《梦溪笔谈》面世，还涌现出成千上万的中华名匠，共同锤炼出独特的宋代工匠精神品格。宋代工匠在精雕细琢、极简主义和职业敬畏等方面表现出工匠精神品格的新气象。当然，他们也没有丢掉传统工匠一如既往的创新精神。譬如活字印刷术发明者毕昇，在宋刻雕版一片繁华中窥见“死板”的缺陷，开始进行“活板”试验，最后改进了雕版印刷工艺，展现了宋代工匠精益求精的创新精神。总体来看，宋代工匠精神已然朝向理性精神和美学精神迈进，这无疑是中华工匠精神品格走向成熟的显著标志。

明清时期，在工部制度的推动下，中华工匠精神出现了垂范后世的品格典范——人文精神和科学精神。

伴随明代社会发展以及国家对工匠制度的不断调整，工匠群体的处境也在不断变化与调适。明早期的工匠制度主要是承袭元代，工匠群体以世袭匠户为主，处境极其困苦；明中期国家对工匠制度有所调整，工匠群体以轮班匠、住坐匠和军匠为主，工匠处境略有改善；明晚期的工匠制度较为松散，工匠群体中文人或知识分子突起，这类工匠的处境较为宽松。明代工匠精神的人文传统具有历史进步性，能够主动适应日常化和人文化社会的发展需要，诞生了漆工黄大成、木工蒯祥、玉工陆子冈、瓷工童宾、军匠杨埙、雕工鲍天成等一大批具有人文精神追求的出色工匠，他们的创造及其作品展示出明代工匠精神至善的人文化美学倾向。或者说，在明代，大量文人参与工匠造物活动，由此铸就了具有世界影响的明式工匠精神的人文品格，形成了中华工匠精神的人文精神典范。

至明清之际，顾炎武、王夫之、魏源等一大批思想家大力提倡致用实学，崇尚求真的科学精神。在此背景下，清代的工匠也在造物中与时俱进，顺应时代发展，不断淬炼出求真务实的科学精神，出现了样式房雷金玉、督陶官唐英、罗盘匠吴鲁衡、针神沈寿、巧匠徐寿、发明家黄履庄、巨匠邹伯奇等一大批中华名匠。他们秉持家国情怀，在创新实践中不断追求人文精神与科学精神，共同铸就了中华工匠的科学精神品格。

略数中华“劳动史”，名载史册的“劳动者”总是以“劳”为器，承载的却是为国为民的普世情怀。

如果把它提炼出来，就叫“工匠精神”。

步入新时代，“劳动”的客体变了，精神却永恒。一把锉刀，能将一个精确度达 0.003 毫米的航天器部件给锉下来；“复兴号”高铁能以 350 公里时速前行，与其独特的“一枪三焊”技术密不可分；一根直径 7 毫米的钢索能吊起 5 辆小车，靠的是工匠团队的刻苦攻关……从中国高铁走出国门到港珠澳大桥飞架三地，从“奋斗者”号探索深海到“天和”核心舱飞入九天，是无数技能人才、能工巧匠以及大国工匠用沉潜匠心与精湛技能不断“精雕细琢”而成的。

人民创造历史从根本上看是劳动创造历史。人类在改造自然的伟大斗争中，不断认识自然的客观规律，通过在劳动实践中不断积累实践经验与技能，从而推动历史进步和创造更为丰富的社会财富。中国梦的实现，人民群众美好生活需要的满足，都需要广大劳动人民的劳动创造。正如习近平总书记所说：“用辛勤劳动创造中国人民的美好生活、创造中华民族的美好未来。”习近平总书记指出：“劳动是财富的源泉，也是幸福的源泉。人世间的美好梦想，只有通过诚实劳动才能实现；发展中的各种难题，只有通过诚实劳动才能破解；生命里的一切辉煌，只有通过诚实劳动才能铸就。”一个人只有通过诚实劳动，才可为社会创造物质财富与精神财富，才可得到他人和社会的认可与褒奖。与此同时，实现自我人生价值目标而产生的幸福感和愉悦感，会进一步激发劳动者的创造激情，从而为社会和他人创造更为丰富的财富。习近平总书记指出：“一切劳动者，只要肯学肯干肯钻研，练就一身真本领，掌握一手好技术，就能立足岗位成长成才，就能在劳动中发现广阔的天地，在劳动中体现价值、展现风采、感受快乐。”

◎ 有灵魂的“劳动教育”

工匠精神是热爱劳动、专注劳动、以劳动为荣的精神。在劳动中体验和升华人生意义与价值，是工匠精神的题中应有之义。

而“工匠精神”之于当代职业教育，既是劳动教育的升华，更是职业教育的灵魂。

首先，它是现代职业教育的精神标杆。只有这样去理解“工匠精神”，才能够为职业教育树立一个志存高远的工作标杆，使得职业教育免于陷入培育、生产“机器人”的尴尬地位，才能走出终极教育、次等教育的认识误区。而且，职业教育确立这样的标杆，会给职业教育带来全新的、本质性的改造，即：让它不仅见技术、见技能，也能见人的素质素养，见人的全面持续发展。

其次，它是职业教育“立德树人”的特征和灵魂。只有这样去理解“工匠精神”，才能既将教育的根本任务落到实处，又使职业教育有自己独特的判断和选择。教育的根本任务是立德树人，具体到职业教育，要有自己的规律和特点，有自己独特的表现形式，有独特的精神内涵，有独特的灵魂。笔者认为，职业教育坚持立德树人为根本任务，就必须要高度重视“工匠精神”的培育，并落到实处。只有这样，才能给职业教育灌注丰富的思想内容，才能提升职业教育真正的人文价值。也只有这样，才能给职业教育带来思想政治教育的特质和亮点。所谓职业教育要培养“德艺双馨”的人才，它的“德”，就应该包含着“工匠精神”。

再次，它是职业教育内涵发展的指导思想。坚持这样理解“工匠精神”，并作为职业教育的重要内容和学校教育的指导思想之一，必然会给职业教育带来革命性的变革。因为，只见物而不见人，只见技能、技艺和技术，而不见精神，这条路走不下去。因此，必须要在人才培养模式上，在专业课程教材的建设上，在教育方法的创新上有一系列的变革，从而使教育教学的全过程具有极强的人文性、价值性和思想性。经常听到企业在录用职业院校毕业生时会更重视“德”，这实际上表明了人才的生命力之所在。所以，对“工匠精神”的正确理解，以及对它的适应与培育，成为学校教育教学改革的一个重要方向和指导思想。

最后，它是职业教育文化软实力的象征。将“工匠精神”的正确理解引入职业教育，并向社会广泛宣传，对于改变职业教育的形象，对于调整职业教育的社会评价，具有十分重要的意义。只有这样，才能够让社会真正认识到劳动光荣、技能宝贵、创造伟大。因此，我们不能小看“工匠精神”的培育以及向社会宣传的意义和价值，它能够跟劳动、技能和创造紧密地结合起来。

但目前对“工匠精神”的认识面临着一个误区，就是对“工匠精神”认识普遍的庸俗化、表浅化，甚至被忽视。

它绝不是单一的某种“精神输入”“技能培训”，它是嵌在中华传统美德中的“为国而‘工’，为民而‘匠’”。是事关良心、责任与情怀的“国之大者”教育。所以我的教育理念比较倾向“劳动教育+工匠精神+思政教育+技能实操”这四个元素组成的“大劳动精神教育”。

第一，要创新课程设计，化抽象为具象。让“工匠精神”从“高大上”来到“身边”。

目前，许多学生缺乏顽强的意志和吃苦耐劳的精神。没有明确的职业规划，缺乏长期目标，职业素养有待加强。提升学生站位、树立正确人生观，包括提升职业认知、职业道德、自身素养等教育需要一以贯之、以行贯之，更要以“形”贯之。教师在培养过程中可以通过一些事例，讲述各行各业中职业学习的典范，例如“焊接顾问”艾爱国、“工程测量”陈兆海、“工具钳工”周建民等。让学生从这些人身上看到“工匠精神”，对自身进行深刻的思考和反省，内化精神品质，提升爱岗敬业、专注、刻苦和创新的意识。让学生们了解他人的“工匠精神”，强化学生对“工匠精神”的认识，让学生产生崇拜感并结合自身树立目标，为实现自身价值打下坚实的基础。

做到知行统一。职业院校在开设课程的过程中，不仅要加强学生对相关知识的了解，还要鼓励学生积极参加思想政治活动。理论联系实际才能更好地发挥教育的目的，使学生自身的专业能力得到提升。理论与实践的完美结合才能让学生更好地体会“工匠精神”，培养学生坚韧不拔的意志力，提升自身综合职业素养，及时调整自我方向，寻找适合自己的职业目标，从而提升教学质量。

增强学生在课堂中的主体地位。职业院校在开展“工匠精神”的教育课程中，应将学生作为课堂的主体，促进学生积极发挥自身的主观能动性。在教学安排中合理加入实践创新课程，比如，可以让学生自行搜集有关“工匠精神”的资料，通过演讲、比赛等形式对收集内容进行演示。学生在这一过程中，加强自身的沉浸式体会，先感染自我，再影响他人。在教学过程中，重视学生专业课理论知识的学习，教师开展以人为本的课程教学，结合学生的综合能力，制订适合的课程安排和培养目标，积极正确地引导，促使学生提高专业技能，强化理论知识，提升职业道德素养。

培养过程中弘扬民族文化，明确自身追求。经济的快速发展，对学生产生了一定的影响，导致他们对周围事物的评判标准也发生了变化。他们对自身认知不清晰，追求华而不实的结果，不能静心反思自我。因此，要重视学生思想观念建设，将民族传统文化融入学生思想，把“工匠精神”融入学生日常生活。教师应将“工匠精神”与专业知识融合处理，培养一批有知识、重技能、勇创新的高素质人才。

第二，创新教育模式，建立“大思政”教育体系。

适应经济社会发展对高素质技术技能型人才的需求，加强“工匠精神”培养，是时代赋予职业教育的历史重任。学校需要树立“大思政”理念，不局限于一堂思想教育课堂，更应注重营造“大国工匠”精神教育的体系。构建以思政课堂、专业技能课堂、校园文化建设等为体系的教育环境。使学生了解新时代“工匠精神”的内涵以及打牢在未来结合专业工作充分发展“工匠精神”的思想基础、理论基础和实践基础。

首先，除了在专业的思政课堂上的创新性、互动性、沉浸型教学，在专业的技能课堂上也要进行“工匠精神”的渗透教育。比如在实践技能训练体验“工匠精神”，在日常教学中通过职业角色扮演，在细节中培养学生的职业精神。通过毕业设计、社会实践活动、社会兼职，让学生在劳动过程中进行不断探索、创新，为学生搭建提供更多“工匠精神”培育的实践平台。比如新加坡南洋理工学院“教学工厂”模式，将教学环境文化与生产环境文化对接，使实训室的教学环境和文化氛围与职场环境保持一致，打造凸显企业文化的工厂化实训基地、车间型实训室。

其次，在校园文化层面融入“工匠精神”，通过精神文化、制度文化、物质文化和行为文化建设，帮助学生树立正确科学的职业理想，让“工匠精神”

真正扎根于校园的沃土。让学生在日常生活中加强对“工匠精神”的渗透。比如通过文化长廊、传统“工匠精神”展馆、校园文体活动的设计，贯穿“工匠精神”教育，加深认知。在活动中，强调“工匠精神”的参与感、实践感与成就感。比如，让焊接专业学生为宿舍制作铁架床、脸盆架和垃圾桶等；让数控专业的实训产品有模具专业的衣架、脸盆架模具等。让学校之间、学生之间以及技能和实践之间、精神感召与成就感之间协调统一起来，让“工匠精神”春风化雨般感染学生。

当然，教师自身需培养职业道德感与责任感，通过自身行为去引领学生。教师应秉承积极、严谨、专注、负责的态度投身于日常的教学工作中，为学生树立典范，成为校园内“工匠精神”的代表。在《职业道德与法治》的教材中提到，要遵守道德规范，投身道德实践，养成爱岗敬业、积极进取、诚实守信、无私奉献的职业生活与劳动观念。

◎ 用“人”化“人”，浇筑“匠心”

人是有体温的生物，握着书去学习，握着工具去操作，都不如手与手相握的温暖令人印象深刻。

围绕“人”字，我从三个方面具体来讲，让孩子们感受“匠人”的执着可爱，“匠心”的潇洒绝尘。新纪元多年来一直坚持做三件事情：

第一，以师带徒，手把手地教。

“以师带徒”，即老教师给新入职青年教师传授知识和经验，为学校培养了一支有力的师资储备力量。为促使新加入青年教师在教育观念、思想政治、职业道德、专业知识、职业技能、教育教学能力与教育科研能力等方面成长进步，快速适应学校技工教育的各项教学工作，学校遴选出教育教学经验丰富、教学能力强的老教师，以传帮带的培养形式帮助青年教师快速成长进步，以期尽快承接授课育人的艰巨职责，最大限度发挥学校内部人才资源优势，助力师资队伍转型赋能，为推动学校高质量发展注入新生力量。

何为师，何为学？师者，传道授业解惑者也，道之所存，师之所存。学者，以师为表，以德为先，不忘初心。

在拜师仪式前，校领导在全校范围内开展师傅人选的推荐及审核，重点对师傅的“德、能、行、技”进行综合评定，确保为青年教师挑选出合格的老师。

我和常务副校长陆晓峰交流后认为，为青年教师寻找师傅，这不是一个虚空的形式，它承载的是一份责任和一份郑重承诺。在“以师带徒”的过程中，师傅是整个关系的核心因素，徒弟是主体。作为师傅，一定要尽授业之责、传道之责、解惑之责。作为徒弟，要有勤勉之心、谦逊之心、进取之心。技术、实战经验丰富的优秀教师言传身教传帮带，使青年教师能够快速提升专业技能；同时营造以老带新、以新促老、互帮互助、共同进步的“比、学、赶、帮、超”的学习氛围。

第二，技能大赛，手碰手地比。

技能大赛是我们学校比较常用的教学手段，通过不断实践和研究，能够有效锻炼学生的实践操作技能、职业技能和创新技能，这些都是培养学生“工匠精神”所必须具备的要素。通过职业技能大赛，能够培养学生的敬业精神，培养学生形成坚韧不拔的性格和不断超越自己的精神。在参赛的过程中，还能够激发学生的创新能力，对产品的品质追求精益求精，这些正是“工匠精神”所应该具有的优秀品质。因此，学校利用技能大赛为培育学生“工匠精神”提供有力平台，将“工匠精神”付诸实践。

经国务院批准，人力资源和社会保障部从 2020 年开始，定期举办中华人民共和国职业技能大赛，简称全国技能大赛。中华人民共和国第二届职业技能大赛于 2023 年 9 月 16 日至 19 日在天津举行，以“技能成才、技能报国”为主题，设置世赛选拔项目和国赛精选项目两大类共 109 个赛项。

值得一提的是，经过层层选拔，我校李文豪老师将作为陕西省代表团选手出征中华人民共和国第二届职业技能大赛，进行糖艺和西点制作两个赛项的比拼。最终，他也凭借自己精湛的专业技能在赛场上取得了优异的成绩，展现了技工院校老师的专业师资水准。

说到糖艺这门艺术，其技艺主要在吹拉塑形上，一块糖坯在我校田肖飞师傅手中边吹边捏，手指腾挪、精雕细琢，神奇地变出各类点心和糖艺造型。经过堆、贴等工序，最后再经过拼装，一件糖艺作品就完成了。有时，一件作品要经过上千道工序，历时几个月。耗费的是精力，考验的是定力。田老师的作品曾多次在全国烹饪技能大赛中获奖。

每年，我们还举办烹饪技能大赛，通过竞赛的方式不断激发技能学习动力，扩宽专业技能学习方向。

第三，校企结对，手拉手地育。

职业教育在技能实习这一层次上存在着一定的欠缺，而企业有着丰富的实习资源，但缺少有较高理论水平的技术型人才。在这种情况下，校企合作是一个很好的机会，应该把校企合作真正地深入下去，推动职业学校学生“工匠精神”的培养始终面向企业、面向社会、面向实践，以此来提高学生对职业的认识和理解。

深化校企合作，既能为企业培育具有“工匠精神”的职业技能人才，又能为企业提供良好的发展环境。以企业为主体，学校组织学生到企业实习，学生在岗培养也是一种教学活动模式。学校派实习指导教师深入企业一线，指导学生的生产实习，了解学生“工匠精神”培养的实际动态。企业作为承接学生实习的一方，在培养学生“工匠精神”中起主体作用。企业及时把学生在企业中各方面的表现反馈给学校，使学校在教学过程中不断总结；在企业实习过程中，有效提高学生“工匠精神”培养的同时，也促进学校整体培养能力的提高。学生到企业实习，作为一名员工，企业严格要求学生把工作做对、做好、做精，逐渐养成爱岗敬业、吃苦耐劳、精益求精的优秀品质。

“大师进校园”，是新纪元积极推进与各大校企单位深入合作，借助企业丰富的资源促进学校发展所举办的系列教学活动。学校通过举办“大师进校园”活动，为学子们提供与企业精英、行业专业等面对面交流学习的机会，不仅让他们增强了信心，还让其学习掌握了市场潮流菜品的烹调做法，提升了技术能力、创新能力和就业竞争力。

通过专业老师的传经送宝，去感染、影响、激励更多人，去锻造一批专业学子；以“大师进校园”的方式拓深专业教学，为学校延时服务、延伸教学和特色办学提供支持；通过面对面的形式，让大家真切地感悟大师们自觉坚守、精益求精的“工匠精神”。

第三节　当劳动被全社会尊重

每年新生军训都有一项特殊的群益传统——叠被子。

在这期间，老生会指导新生整理寝室，打造寝室文化。短短的时间内，同学们需要把被子铺平，将被子三分，一叠、二叠，长方形的被子变成了窄条状。再将窄条被子分成若干份儿，最终叠成一个个小小的“豆腐块”。虽然看似很微小的一件事情，但培养的是一个人的日常作风习惯。干好第一件小事，才会有第二件、第三件……每一件大事都是由一件件的小事构成的，只有用积极的态度干好每一件小事、每一个细节，才有可能做好大事。

“预备，开始！”随着哨声响起，早已跃跃欲试的5个方阵参赛选手立即进入状态，将平时经验和近日所学结合起来，迅速蹲下，展、折、跪、提、捏、修等一系列动作一气呵成，争分夺秒、耐心细致地修整军被边角，把一床床被子叠得棱角分明、厚度均匀。这是军训期间常见的比赛，此时，大家在这一棱一角的细微调整之中，培养意志，磨炼心性。原本平整的被子像“豆腐块”一样呈现出来，现场的各个方阵为他们的参赛选手不断加油鼓劲，团队凝聚力在此刻得到了充分的彰显。

劳以养德，勤以修身，训练场上磨精神，内务整理显态度，叠好军被是检验内务达标的重要标准之一，这不仅是对技能的训练，更是对学生生活整齐划一、坚决服从命令的锤炼。

我们还设立了值日周、大扫除、志愿者、荣誉激励等活动，从内务整理到职业体验，从技能比武到企业见习，通过各类、各种形式的劳动教育，培养学生的劳动兴趣、磨炼学生的意志品质、激发学生的创造力、促进学生身心健康和全面发展。与此同时，还在职业能力规划、创新创业等方面引导学生开展相关的锻炼等。在这样的劳动教育中让每一个学生在潜移默化中成长。

在值周过程中，学生需要以“准职业人”的身份来要求自己，同时也会经历情况记录、问题上报、自评、班干部检查考核、值周老师考评等环节。一周的劳动教育让学生的实践能力、管理能力、创新能力、竞争能力等也在值周过程中逐步提升，真正体现了德育源于生活的理念。

而学校也会在荣誉激励制实施方面采用“目标激励、过程激励、成果激励”等方式，并制定奖励方法，每学期评出1—5星的星级学生，颁发荣誉证书。通过让学生在劳动中受到教育，在践行中体验成功，不断改进提升自我，逐步实现“学生——实习生——职业人”的角色转换，成功融入企业，实现个人梦想，回报服务社会彰显个人价值，以自身践行积极诠释着新时代劳动教育的目的。

而最让我难忘的是疫情期间，值周的孩子们就像一夜之间长大了。每天凌晨四点多，协助社区工作人员做核酸；寒雪天都在校舍门外值守防疫关卡，连续4个月不间断。孩子们正处于一个爱睡懒觉的年纪，却无一人请假偷懒。

当时，全社会都燃起对抗疫者的无限敬意，而值周学生及志愿者们在这样的劳动中，也感受到了全社会对自己的尊重和认可。有过这段经历的学生明显在后期的学习、生活中，更有主人翁意识，心智也更成熟。

有个孩子家庭条件很好，17 年来在家连袜子都没洗过。孩子家长的过度“关照”，使他成为一个体重达 180 斤、丝毫不劳动的“巨婴”，并十分任性叛逆。新入学的第一件事情就是“整理内务”，从最简单的叠被子开始，到收拾宿舍垃圾、整理杂物，他一开始自然不太适应，甚至有些许的逆反心理，但在这种日复一日的严格要求规范下，逐渐地，他养成了自律习惯，自理能力不断加强。

有一天，他妈妈激动地给我打电话说：“孩子这周末回来，居然自己把所有衣服都洗了，连我的也洗了！”

也许，在我们 70 后的少年时期，帮家人种地、做家务，都是非常正常的事情，但对这一批在蜜罐里长大的孩子来说，生活劳动或者最起码的自理能力是多少有点不如人意的。近几年高校兴起的“寄脏衣服”快递新业务，是指很大一部分高校学生把脏衣服寄回家去，洗完后再寄回来。足以证明当下学生严重缺乏自理能力和劳动教育的现实。

有一位吴姓快递员说，每年寒暑假前是学生寄快递的高峰期，一般都是大件的行李包裹。他们现在用 1.5 吨载重的货车运送，每天起码要运四趟。“平时一天也就四五千元的营业额，这几天每天都有五万元左右，业务量翻了好几番！”

邱师傅也一边打包裹一边说：“我平时一天也就几十个单子，现在每天都有三四百单，最多的一次接了一千多单！”

我也在陕西部分学生中间做过简单调查，确有此情况存在，而且大部分学生习以为然，认为是外界大惊小怪，他们大多存在三种心态：

第一种，觉得父母就该为自己承担这些家务，自己并没长大；

第二种，学习压力大，没空花费精力在零碎事件上；

第三种，看不上洗衣服这种小活儿，自己以后是干大事的，会有保姆来做，自己不用做。

我不禁倒吸一口气！所谓一屋不扫，何以扫天下？原来在部分学生眼里，诸如家务、清扫这种不费脑子的体力劳动是他们看不上眼的，那么他们走上社会后，是不是会对一些工作“眼高手低”、挑三拣四，甚至歧视一些社会分工呢？

◎ 青少年的“分别心”

《半月谈》曾经做过一次社会调查，发现一些青少年产生了好逸恶劳、嫌贫爱富、不劳而获等不良心态，折射出当前劳动价值观的缺失和异化。主要有以下几种现象：

现象一：好逸恶劳、嫌贫爱富，不尊重劳动和普通劳动者。

受社会不良风气以及家庭教育不当影响，一些孩子从小形成了“劳动分贵贱”的错误价值观。“爸爸妈妈教育我，如果不好好学习，以后就要去扫大街，当清洁工，进工厂，回家种田……”在他们幼小的心灵里，劳动已然分了贵贱。

一名学生的妈妈是学校的清洁工，他觉得丢脸，在学校里从来没有跟妈妈主动打过一声招呼，装作不认识。广州一名学生家庭富裕，有专门的保姆和司机，这个孩子动不动就对保姆大声呵斥、颐指气使，指责她饭做得不合胃口，随意动了他的东西，没按他的要求做事，认为“她就是来伺候我的”。

以前的孩子谈到理想，大多数是说当科学家、老师、医生等，现在不少孩子想当老板、明星、股神等，因为“又光鲜又亮丽又多金”。“谁都渴望有一份不脏不累还挣钱多的职业。”一名中学生直言不讳。

现象二：“小皇帝”“小公主”层出不穷，“老儿童”“巨婴”越来越常见。

南方某地一名小学三年级学生参加为期一周的军训，竟然7天没有洗澡、更衣，原因是怕洗衣服。一位小学教师曾对100名小学生做了一项关于是否在家做家务的调查，结果显示：超过60%的学生只是偶尔做，大约5%的孩子从来不做。

如今，甚至出现了“老儿童”现象。天津一所高校的一名女生，一上大学就带妈妈过来陪读，妈妈白天在外面打工，早中晚过来送饭，给孩子洗衣服，还承包了宿舍的卫生。

华东某大学的一名女生，家就在上海，只是与学校不在同一个区，她妈妈竟然在大学附近宾馆住着陪读，“因为女儿在家里没有做过一天家务”，担心其无法独立生活。除了这种陪读的，还有大学生定期寄脏衣服回家洗，或者花钱雇钟点工去宿舍打扫卫生，生活自理能力堪忧。

现象三：不劳而获、坐享其成在青少年中存在苗头。

当前，大中小学生超前消费的苗头已经显现，而中小学生使用奢侈品、高档化妆品的新闻频现报端，校园贷、裸贷案例层出不穷。南方某高校大学生小于在微信朋友圈“晒图”，各种大牌化妆品琳琅满目。她向记者出示了其中一个月的账单：滴滴打车 1174.87 元，外卖订餐 2218.69 元，网购 4513.85 元。支撑如此高消费的，却并非勤工俭学所得。

据了解，陷入裸贷的学生中有部分人是因追求奢侈品而无法自拔，还有的从事网络刷单、刷好评，有的靠搞网络直播“打赏”，还有的痴迷于炒期货、黄金和互联网金融 P2P，追求“一夜暴富”“嫁个富二代，少奋斗 10 年”。

现象四：不思进取，青年“啃老”现象日益凸显。

相关问卷调查显示，多数青年更看重的是经济收入水平。对于不少青年来说，干一行爱一行，职业没有高低贵贱、任何职业都值得尊敬的劳动价值观念已经不那么重要了，赚钱越多的工作越高贵、赚钱越少的工作越低贱的观念反而相当有市场。一些年轻人除了手头的任务，不会再去积极承担其他工作。

随着城乡经济条件的改善，一些大中专毕业生不就业或慢就业的情况比较常见。如果找不到“不苦不累，冬暖夏凉，坐办公室”的工作，有些青年宁可回家“啃老”，每天上网打游戏，或者拿着父母的钱周游世界，吃喝挥霍。

现象五：“年轻人宁送外卖不进工厂”，职业教育没有吸引力。

职校毕业生不愿进工厂，青年择业就业观扭曲，工匠流失严重。当前，选择职业教育的基本是考不上普通高中的孩子。以广东为例，接近 50% 的初中毕业生进入中职学校学习，其中大约 30% 的中职毕业生能升入高职院校，只有 10% 的高职毕业生能升入应用型本科院校深造。

同时，由于社会分配结构问题，产业工人收入不高，社会地位也不高，导致职业教育吸引力不够。有记者在采访中发现，珠三角、长三角企业频现“用工荒”，制造业一线工人出现年龄断层，年轻人寥寥无几，中年人往往来去匆匆。

据一些企业透露，近年来，一线工人大幅减少。职校毕业生不愿意去工厂，这其中还包括职业技能大赛上的佼佼者。大量产业工人从制造业流向快递行业，工匠流失现象严重，而这些工匠恰恰又是中国制造业转型升级最缺的人才。

这样综述而观，劳动教育已经不是关于个人素养的问题，而是能否支撑国家产业发展的教育大计问题。

要知道，我们不仅需要白领，也需要蓝领。让“普通劳动者”受到社会尊重，得到应有的待遇，是形成“奋斗干事”氛围的关键，而在青少年中开展劳动教育则是第一环。

◎ 扫一屋，也扫天下

劳动教育是联通青少年教育世界与生活世界、创新世界等的重要环节之一，这已达成共识。世界各国中小学阶段的劳动课设置多样，梳理其发展历程发现，它与社会变化趋势息息相关。

美国近年来日益重视陶器制造、金工、木工等技术性手工的课程教学；在日本，除保持原有的家庭科的地位不变外，于 1989 年将小学低年级的理科和社会科合并，开设生活科，期待学生通过学习，更加亲近自然，深入体验生活，增强动手能力；20 世纪 90 年代后，瑞士开设了计算机课程，同时还在义务教育阶段加强了职业体验教育；捷克于 20 世纪 90 年代新设家政学，传授有关家庭经营、家庭经济学以及家庭医学等方面的知识。

劳动教育是德国中小学课程的重要组成部分，并以时代性和实践性为特征。同时，劳动教育承担着对个体进行“社会—经济教化”的功能，即通过帮助全体学生多方面了解并参与社会生活，从而推动学生全面且和谐地发展。

在这一理念驱动下，随着工业革命的推进，德国中小学劳动教育发生巨大变革，不断进化，至今已经进入 4.0 阶段。

用时间来划分的话，以职业基础培训为核心的 1.0 时代，主要在 18 世纪 60 年代，第一次工业革命通过水和蒸汽提升了机器的使用效率，并使机器生产取代手工生产成为社会生产的主要形式。劳动教育作为中小学的一门重要课程与其他学校课程，如数学、德语、物理等成为学生日常学习的必修内容，旨在帮助受教育者在步入真实工作场所之前有所准备，因此相关职业的基础培训成为当时中小学劳动教育的主要内容。

在我国，改革开放以后，脑力劳动和体力劳动的关系、教育与生产劳动的结合、劳动教育在全面发展教育中的地位等问题引起了深入讨论。党中央努力给脑力劳动正名，重塑“尊重知识、尊重人才”的风气，贯彻脑力劳动与体力劳动相结合、教育必须与生产劳动相结合的方针。1993 年，中共中央、国务院印发的《中国教育改革和发展纲要》明确将我国教育方针表述为“教育必须为社会主义现代化建设服务，必须与生产劳动相结合，培养德、智、体全面发展的建设者和接班人”。可见，这一时期劳动教育的内涵更全面，劳动教育的目的是培养全面发展的社会主义建设者和接班人。笔者也曾连续三年向西安市政协递交《关于在中小学加强劳动教育的建议》。

受科技革命和国内教育体制的影响，改革开放以后的劳动教育表现出了与时俱进的时代特征。课程内容方面，小学劳动教育课程以自我服务劳动、家务劳动、简单的社会公益劳动、简单的生产劳动技能以及手工艺劳动为主。中学的劳动教育主要以劳动技术教育课程为主，包括农作物种植、木工、烹饪等日常生产生活内容。课程实施方式则灵活多样：一是将劳动教育与其他学科融合起来，将其穿插在其他课程的教授中；二是让学生参加公益活动，在劳动中培养学生的奉献精神；三是让学生参加生产劳动，定期到校办工厂和农场进行实地操作，将理论与实践紧密结合起来；四是开设手工艺课程，主要培养小学阶段学生的动手能力。改革开放以后，劳动教育逐渐走上正轨，并且取得了较大进步，培养学生劳动素养的维度逐渐凸显。

进入新时代，习近平总书记强调广大青少年要“热爱劳动、热爱创造，通过劳动和创造播种希望、收获果实，也通过劳动和创造磨炼意志、提高自己”。2015 年 7 月，教育部联合共青团中央、全国少工委印发了《关于加强中小学劳动教育的意见》，“通过劳动教育，提高广大中小学生的劳动素养，促进他们形成良好的劳动习惯和积极的劳动态度，使他们明白‘生活靠劳动创造，人生也靠劳动创造’的道理，培养他们勤奋学习、自觉劳动、勇于创造的精神，为他们终身发展和人生幸福奠定基础”。

党的十八大以来，习近平总书记立足新时代历史方位，多次就劳动和劳动教育作出重要论述。习近平总书记多次强调劳动在教育中的重要地位和对历史发展的重要意义，“全面建成小康社会，进而建成富强民主文明和谐的社会主义现代化国家，根本上靠劳动、靠劳动者创造”，“要在学生中弘扬劳动精神”。这些有关劳动的重要论述回应了新时代的重大关切。

2019 年 7 月，中共中央、国务院印发《关于深化教育教学改革全面提高义务教育质量的意见》，提出要坚持“五育并举”，即德智体美劳全面发展，充分发挥劳动的综合育人功能。这是劳动教育作为与其他“四育”对等的概念首次在中央正式文件中被提出，体现了新时代中国特色社会主义对劳动教育的迫切需要。

2020年3月20日，中共中央、国务院颁布《关于全面加强新时代大中小学劳动教育的意见》，明确提出劳动教育的总体目标是："通过劳动教育，使学生能够理解和形成马克思主义劳动观，牢固树立劳动最光荣、劳动最崇高、劳动最伟大、劳动最美丽的观念；体会劳动创造美好生活，体认劳动不分贵贱，热爱劳动，尊重普通劳动者，培养勤俭、奋斗、创新、奉献的劳动精神；具备满足生存发展需要的基本劳动能力，形成良好劳动习惯。"该意见明确表示育人是新时代劳动教育的基本原则之一。"把准劳动教育价值取向，引导学生树立正确的劳动观，崇尚劳动、尊重劳动，增强对劳动人民的感情，报效国家，奉献社会。"

劳动，也是古代中国社会的一个重要组成部分。在《山海经》中记载了许多关于人类如何开垦荒地、建造房屋、捕捉猎物等的劳动故事。比如，记载了大禹治水时开垦荒地的故事，还有伏羲发明钓鱼工具的故事等。

古人认为劳动的价值比其他任何价值都要高，必须把它作为一种社会责任来遵守，叫作"有礼"。《尚书》中说："人之所以为人者，有敬事，无不辛苦。"这句话反映了古人对劳动的热爱。他们认为，只有勤奋努力，才能无愧于自己的职责和道德，使自己获得尊重。

在《诗经》中，描述了古人对劳动的尊重和赞赏："须当孝子之心，唯劳助父母，劳心劳力，身体应尽，时时刻刻，把劳动作为大任。"

《论语》中说："言必信，行必果，劳必苦。"古人认为，行动必须有实际结果，而结果需要辛勤劳动，以实现真正的成功。《论语》中另一句话也反映了这种思想："贫而无怨，富而无骄。"大意是说，虽然贫穷，但是不能抱怨苦难，要坚持自己的理想，把劳动当作一种责任，勤劳奋斗，玉汝于成。古人认为，这样才能获得真正的幸福。

《淮南子》也有一篇关于劳的文章："谋有劳役，功不可为，有劳苦，智勇具备，就有结果；智勇苦劳，天下源远。"古人认为，只有勤奋劳动，才能真正实现自己的抱负和理想，才能够获得成功。

从古至今，没有哪个人的幸福生活不是用"撸起袖子加油干"得来的。在中国传统文化中，君子是不能只动嘴而不动手劳作的。在新时代的旋律中，民族复兴的大业，是要靠人们用匠心、苦心、诚心，去实实在在奋斗的。

第八章　一个“干净”的孩子赢在第一时间

孔子是个“车控”。

他还在乡校的时候，就已经顺利拿下“驾驶执照”了。孔子不但驾车技术一流，而且熟知交通规则和驾驶礼仪，非常注意个人形象。他每次坐在驾驶座上时，都把身板挺得直直的，既不东张西望，也不会啰里啰嗦地指指点点，特别有专业范儿（所谓君子仪态）。

春秋战国时期，人们是要学习六艺的，即礼、乐、射、御、书、数。其中“御”就是指驾车。孔子不但是一名重视仪态与驾车规则的“司机”，还是个宠车如命的人。

他最得意的弟子颜回去世，颜回的父亲颜路请求孔子卖掉车子，为颜回置办一口棺材。但没想到的是，孔子连想都不想就回绝了。

原文是这样记载的：颜渊死，颜路请子之车以为之椁。子曰：“才不才，亦各言其子也。鲤也死，有棺而无椁。吾不徒行以为之椁，以吾从大夫之后，不可徒行也。”

而这件事成了后世评价孔子的“黑料”。有的说颜路如此不晓礼，居然让老师卖车给儿子办丧事；有的说孔夫子若没钱，车不能卖，难道就不能卖点别的，等等。

不管怎么说，孔子对“礼”制的恪守是毋庸置疑的，而“车”就是“礼”的物化之载体一。

孔子曾以“驾车”喻治国，来说明“礼”的重要性。

孔子去卫国时，与卫将军文子讨论听狱断案的问题，孔子认为理想的状态是“有罪者惧，无罪者耻”，他说：“齐之以礼，则民耻矣；刑以止刑，则民惧矣。”翻译过来就是，以礼仪作为规范，能使百姓知耻，能使更多的百姓免于处罚。

这也是孔子的一贯主张，与他所说的“道之以德，齐之以礼，有耻且格”内涵一致。孔子说：治国就像驾车，以礼仪做行为规范来约束百姓，就好比驾车时用缰绳；用刑法做行为规范来约束百姓，就好比驾车时用鞭子。手牵动缰绳，马就知道如何行动，这是驾车的好方式。如果不用缰绳引导而只是用鞭子抽打，马就可能迷惑而不知道该怎么办了。

但怎样做到“齐之以礼”？孔子曾用很多精到的论述来回答过这个问题。《孔子家语》中有《执辔》篇，专门记述孔子以驾车比喻治国的道理。

弟子闵子骞问政，孔子回答要“以德以法”。孔子说：“夫德法者，御民之具，犹御马之有衔勒也。君者，人也；吏者，辔也；刑者，策也。夫人君之政，执其辔策而已。”孔子强调德政礼法，把“德法”看成治国的根本。这里所说的“法”有法则、法度、规章之义，“德法”其实就是礼治，故孔子将“德法”与“刑辟”对举。孔子是德治论者，在此他同样以驾车比喻治国，而把“德法”看作治理国家的关键，这与今天通常所说的以德治国与依法治国相结合是一致的。

“礼”就是规则，是法，是国器。

历史、政治课本上都给孩子们这样描述过：“我国是礼仪之邦……”那何为“礼治”？今天，我们又需要怎样的“礼”？“礼仪风度”对一个人在社会中的发展，有多大的作用？

第一节　不学礼　无以立

孔子毕生致力于恢复周礼，他希望借助周礼重新建立井然有序的制度，也希望人人以礼调和社会。正如孔子的弟子有子所说：“礼之用，和为贵。”

《论语·季氏篇第十六》记：不学礼，无以立。意思是：学礼则品节详明，而德性坚定，故能立。而礼仪更是中华民族的传统美德，从古至今，源远流长。《群书治要·列子》记载着这样一个故事——在春秋战国时，晋侯为晋国多盗贼而苦恼。听说有一个叫郗雍的人可以通过观察人的神情来辨别这个人是不是盗贼，就把他请来指认盗贼，先后指认了千百个盗贼，没有错过一次。晋侯非常高兴，说：我得到了这样一个人，还用那些能够侦破案件的人干什么呢？用这一个人，就足够把这些盗贼治理好了。赵文子听过晋侯的话之后非常担忧，说：大王啊，您用这个人来指证盗贼，不但不能够尽除盗贼，这个人的下场肯定也不会很好，他必死无疑。后盗贼果真聚集起来将郗雍杀死了。晋侯知道后赶紧找赵文子商量。赵文子说：您想要去除这些盗贼，不如举荐那些贤良之人来办理朝政，兴起教化之风。这样人们都有了羞耻心，谁还愿意去做盗贼呢？晋侯依从他的建议，让一个名叫隋会的人来兴办教育，结果取得了很好的效果。

《治要·孝经·广要道章》引孔子的话："移风易俗，莫善于乐；安上治民，莫善于礼。"在孔子看来，礼乐是治国的基本方式之一。从个体来看，通晓礼乐，以礼践行是一个人立足于社会的根本，君子好礼、学礼并非仅仅自立；从治国来看，孔子主张"为国以礼"。《治要·论语·里仁》说："能以礼让为国乎？何有？不能以礼让为国，如礼何？"因此，君子好礼、行礼，就不单单是个人之"修身"，也是"治国平天下"的重要途径。

很显然，在古人看来，"礼"字背后是仪态、品德、人情、社会规则、底线、自我要求的代表，是一个人、一个国家"综合正能量"的直观体现。

在"礼"的行为准则里，至少有这么几个大方向：

1. 尊老敬贤

《礼记·祭义》记载："古之道，五十不为甸徒，颁禽隆诸长者。"就是说，五十岁以上的老人不必亲往打猎，但在分配猎物时要得到优厚的一份。一些古籍，对于同长者说话时的声量，也作了明确的要求。如《养蒙便读·言语》说："侍于亲长，声容易肃，勿因琐事，大声呼叱。"《弟子规》又说："低不闻，却非宜。"关于敬贤，三国时候有个典故，叫"三顾茅庐"。说的是刘备仰慕诸葛亮的才能，要请他帮助自己打天下，便不厌其烦地亲自到诸葛亮居住的草房请他出山。一而再，再而三，诸葛亮才答应。从此，诸葛亮的雄才大略得以充分发挥，为刘备的事业"鞠躬尽瘁，死而后已"。纵观中国古代历史，历来有作为的君主，大多非常重视尊贤用贤，视之为国家安危的决定因素。平时不敬贤，到了紧急关头，贤才就不会为国分忧。不是贤才不为国家着想，而是"缓贤忘士，而能以其国存者，未曾有也"（《墨子·亲士》）。

2. 仪尚适宜

遇到重大节日和发生重要事件，多有约定俗成的仪矩。如获得丰收，要欢歌庆贺；遭到灾祸，要祈求神灵保佑。久而久之，就形成许多节庆及礼仪形式，如春节、元宵、中秋、重阳等，几乎每个节日，都有特定的礼俗。其礼仪规定得格外详尽而周密，从服饰、器皿到规格、程序和举止的方位，都有具体的规定。

3. 礼遇

礼貌待人是任何一个文明社会，任何一个文明民族都十分注重的。因为礼貌是人类社会据以促进人际交往友好和谐的道德规范之一，是构建起与他人和睦相处的桥梁。它标志着一个社会的文明程序，反映一个民族的精神面貌。中华民族历来就非常重视遵循礼规，礼貌待人。

《论语・子罕》载：孔子看见穿丧服、戴礼帽穿礼服的人和盲人，即使这些人是年轻人，孔子也必定站起来。行过别人面前时，一定快步走过，以示敬意。

《礼记・曲礼上》说：“礼尚往来，往而不来，非礼也；来而不往，亦非礼也。”对于受恩者来说，应该滴水之恩，涌泉相报。

4. 容仪有整

一个人的仪表、仪态，是其修养、文明程度的表现。古人认为，举止庄重，进退有礼，执事谨敬，文质彬彬，不仅能够保持个人的尊严，还有助于进德修业。古代思想家曾经拿禽兽的皮毛与人的仪表仪态相比较，禽兽没有了皮毛，就不能为禽兽；人失去礼仪，也就不成为人了。

（1）衣着容貌。《弟子规》要求：“冠必正，纽必结，袜与履，俱紧切。”这些规范对现代人来说仍是必要的。帽正纽结，鞋袜紧切，是仪表类观的基本要求。如果一个人衣冠不整，鞋袜不正，往往会使人产生反感甚至恶心，有谁会亲近这样的人呢。当然，衣着打扮，必须适合自己的职业、年龄、生理特征、相处的环境和交往对象的生活习俗，进行得体大方的选择。浓妆艳抹，矫揉造作，只会适得其反。

（2）行为举止。孔子说：“君子不重则不威，学则不固。”（《论语・学而》）这是因为，只有庄重才有威严。否则，即使学习了也不能巩固。具体说来，要求做到“站如松，坐如钟，行如风，卧如弓”，就是站要正，坐要稳，行动利索，侧身而睡。在公众场合举止不可轻浮，不可亵，应该庄重、谨慎而又从容，做到“非礼勿视，非礼勿听，非礼勿言，非礼勿动”（《论语・颜渊》），处处合乎礼仪规范。

（3）言语辞令。语言是人们思想、情操和文化修养的一面镜子。古人所谓“修辞立其诚，所以居业也”（《易·乾文》），将诚恳地修饰言辞看成是立业的根基，有一定的道理。首先要“言必信，行必果”（《论语·子路》）。巧言令色的人，是不可能取信于人的。其次是慎言。古人说，上天生人，于舌头上下两排牙齿紧密围裹，又在外面包一层厚厚的嘴唇，就是要人们说话一定要谨慎。当然古人并不是要求人们少言语，而是说话要视具体情况，当说则说，当默则默。孔子说“可与言而不与之言，失人；不可与言而与之言，失言。知者不失人，亦不失言”（《论语·卫灵公》），说的就是这个道理。

正是因为这些要求，中国自古以来就被称为“衣冠上国，礼义之邦”。典籍依据有：“变风发乎情，止乎礼义。发乎情，民之性也；止乎礼义，先王之泽也。”（《诗》序）“凡人之所以为人者，礼义也。”（《礼记》）

当然，随着时代的发展，有些“礼仪”要求是过时的，但待人接物的起码规则，是我们必须要传承给孩子的传统美德。

在这本书里，我只取“礼”中的“礼遇”和“仪表”要求来和各位家长、社会同仁探讨。

◎ 青少年的礼仪教育

古训曾有言“君子不失足于人，不失色于人，不失口于人”。我国素以“礼仪之邦”“文明古国”著称，讲“礼”重“仪”、守“法”尚“美”，是中华民族世代传承的美德和文化特质，也是个人获得成功的重要条件。礼仪是待人接物的行为规范，同时也是一个人教养、风度、魅力的综合展现。

但当下我们经常能够看到这样的现状：遇见师长不打招呼、径自而去已属寻常；因某事被老师责怪、批评而高声抢白、怒目相向者亦多；同学间脏言秽语，动辄拳脚相加者有之；更有甚者，学生殴打师长致伤致残……我想教育一线的同仁们肯定见过学生这样的表现。

随着社会的发展，家长更关注孩子的教育问题。孩子上幼儿园时家人唯恐其受欺负，经常会说“谁要是欺负你，你就揍他”等这样类似的话，甚至有的学生上了中学，家长还鼓励用武力解决问题。这种教育方式在其成长过程中会深深地印在孩子的心上。还有家长对孩子过分溺爱，使其在生活中逐步养成了自私、狂妄、任性、唯我独尊等不良心理，伴之不文明行为习惯一一显露于人前，给学校教育带来负面影响，制约了学生综合素质的提高。

究其原因，青少年文明礼仪的缺失不外乎学校、家庭和社会的原因。

其一，学校教育多注重成绩，文明礼仪教育简单化。

现在学校为了升学率更注重学生的学习成绩，忽视了对学生的文明礼仪教育。班级每学期举行几次以文明礼仪教育为主的班会课呢？有几次班会课不是走走形式呢？有几次文明礼仪教育真正走进了学生的心里？甚至于期中考试前后和期末考试前后，班会课已经变成了主科老师的复习课，有的学校一学期也没上几堂班会课和德育实践课，有的班级为了应付学校检查，上网下载各种德育课的教案，却不管内容符不符合学生的实际情况。待检查人员一走，班会内容就改变了，久而久之让学生也觉得德育课和班会课就是走走过场，并不重要。

在班级里，老师可能已经习惯于对学生下这样或那样的命令：“把黑板擦了、把作业搬来、把试卷发了……”总认为学生帮助老师做事是天经地义的，而学生也习惯于这种方式。

学校要求学生对师长要主动问好，自己却不向学生问好，甚至学生问好后老师都吝啬说一声“你好”。老师常常管教学生，比如课堂上不许做与上课无关的事情，可是又有多少老师在下课或没课的时候偷偷打游戏呢？甚至学生进办公室也不知道收敛。常言道“身教重于言教”，老师的这些行为又怎样要求学生去尊重别人、礼貌待人呢？

其二，家庭教育中存在的不文明行为对青少年产生不良影响。

“模仿是人的天性”，有些家长在平时生活中不注意自身形象，做出一些不文明的行为会让孩子产生模仿心理，好习惯难培养，坏习惯难阻挡。

有一次新生报到的时候，我记得有这样一位家长送他的儿子来学校，当着所有人的面对他的儿子骂骂咧咧，脏话不断，当时学生的表现就是一副习以为常的样子。开学后不久，班主任就不断找这个学生谈话，因为他在与同学们沟通的时候也是脏话连篇。老师找他谈心，他说有时不是故意骂人，只是习惯了，因为在家也这么说话。可见，家长的言传身教要比学校教育更加重要，因为孩子从小在家长身旁，家长是孩子的第一任老师！

现在的家庭大多数都是独生子女，全家五六个大人都绕着一个孩子转，要什么给什么，想做什么就做什么，从来不加以约束，这样过分的溺爱、娇惯，助长了孩子“以自我为中心”的倾向，慢慢就变得自私自利、强硬霸道。缺少了与人和睦相处的行为准绳，他们觉得随意丢弃垃圾没什么不对的，要别人帮忙为什么要说“请”，如果别人拒绝帮助我，我骂他一顿也没有什么不可以……在他们的意识中本就不存在这类礼貌词汇，又何来文明？

其三，来自社会方面的原因。

在经济高速发展的今天，你仍然会看到这些现象：闯红灯的人丝毫不在意身边的车流，有的人甚至带着孩子也毫无忌惮；去景区不买票，偷偷爬墙的新闻也不再是个例；在写有“禁止喧哗”的公共场合抽烟、大声地高谈阔论；在干净的大街上随地扔垃圾，吐痰；上车的时候无人排队，而是硬挤；匆匆行走撞到了人，却不打声招呼便扬长而去；身强力壮的小伙子，旁若无人地坐在公交车的老弱病残席上，却让旁边老人辛苦地站着；住在高楼层的居民从窗户往下扔垃圾袋，垃圾扔得满地都是……

作为行为习惯正在形成中的孩子们，看到了以上的一幕幕，在他们的心灵中必然会留下痕迹，而这些痕迹却是难以拭去的。它会影响孩子的一生，尤其是一些未成年人，他们的社会价值观还没有真正地形成，一些事情难免去模仿，心里会觉得别人都做了也没怎么样，我也可以做，随手扔垃圾当然要比扔到垃圾桶里方便多了！

然而，礼仪风度是一个显而易见的社会规则，讲文明在当代社会是一个人最应该遵守的也是最基本的道德规范。它不仅体现了一个人的生活习惯，更体现了一个人的学识修养。无论求学还是求职，“礼”之教育，是最不能忽视的一环。要知道，一个人最无声和最可信的第一张名片，就是礼仪风度。

◎ 礼仪是走向社会的敲门砖

有一种效应叫“首因效应”，也称首轮效应、第一印象。其核心点是人们在初次接触某人、某事、某物所产生的即刻形象，通常会在人的认知方面作用明显。由此，首因效应对求职面试来讲，所发挥的重要作用不言而喻。因而，面试时保持仪态端庄、衣冠整洁，是给面试官展示好第一印象的关键。这既体现了对他人的尊重，也能表现出一个人的精神风貌。

唐朝著名诗人张九龄是一位优秀的政治家，他的风度被世人津津乐道。其个人风度不仅表现在内涵，也表现在他的仪表上。他平时总是衣帽整洁，无论是在家还是上朝，始终都保持着一种风度翩翩、温文儒雅、神采奕奕的姿态，赢得路人的目光。大家都乐意同他这位衣帽整洁且有风度的人一起说笑、探讨学问，当时的皇帝唐玄宗也对他的仪容举止赞誉有加。由此可见，仪容整洁能展示一个人的个性魅力，赢得他人的喜爱和赞赏。

一个在仪表上有“自我要求”的人，总是比较“好看”，人们习惯透过一个人的举手投足与衣帽冠服，去审视他的灵魂。这一点，在当今的社会交往特别是求职中十分重要。有这样一个故事：

20 多年前，一位知名企业的总经理想要招聘一名助理。这对于刚刚走出校门的学子来说是一个非常好的机会，所以一时间应征者云集。经过严格的初选、复试、面试，总经理最终挑中了一个毫无经验的青年。

副总经理对于他的决定有些不理解，于是问他：“那个青年胜在哪里呢？他既没带一封介绍信，也没受任何人的推荐，而且毫无经验。”

总经理说：“的确，他没带来介绍信，刚刚从大学毕业，一点经验也没有。但他有很多东西更可贵。他进来的时候在门口蹭掉了脚下的土，进门后又随手关上了门，这说明他做事小心仔细。当看到那位身体上有些残疾的面试者时，他立即起身让座，表明他心地善良、体贴别人。进了办公室他先脱去帽子，回答我提出的问题时也是干脆果断，证明他既懂礼貌又有教养。”

总经理顿了顿，接着说：“面试之前，我在地板上扔了本书，其他所有人都从书上迈了过去，而这个青年却把它捡起来了，并放回桌子上；当我和他交谈时，我发现他衣着整洁，头发梳得整整齐齐，指甲修得干干净净。在我看来，这些细节就是最好的介绍信，这些修养是一个人最重要的品牌形象。”

外交部原副部长傅莹曾在她的书籍《我的对面是你》中谈到过良好的礼仪风度在面向公众时的重要作用，坦言“形象也是一种表达”，而且不仅仅关乎个人。在多年的外交生涯和众多重要场合磨炼，让傅莹深刻认识到形象的重要性，在礼仪、服饰上从不敢大意，养成了比较良好的衣着习惯。她在书中这样叙述：

例如，参加隆重的礼宾活动时，尽量选择中式的衣着；出席博物馆里举行的展览开幕式时，选择有一点文化元素的服饰；如果是工作场合，就尽量穿西服套装。

人大会议新闻发布会属于庄重、正式的工作场合。2013 年我第一次做发布会时，选择了一套浅灰色西服套装，显得低调而庄重。然而，发布会前一天看现场时发现，衣服颜色与背景墙上的大理石太接近了，央视导演建议我换一套。丈夫鼓励我穿一件宝蓝色的上衣，他认为适合这个场合。这件上衣的样式有些偏休闲，但是颜色周正、醒目，我搭了一条黑色的裙子，增加了正式感。果然，这套衣服的镜头效果还是不错的。

2014年我结识了形象设计师美朵，请她为我做参谋，她的严谨和细致让我在衣着上的形象表达更加专业。例如，2015年我为发布会选择的是铁灰色、有隐隐的藏蓝色图案的织锦面料中式外套。美朵建议采用浅灰色薄毛背心和藏蓝色西裤搭配这件衣服，而且鞋子也必须是藏蓝色的，尽量不要在衣着和服饰的搭配中出现第三种颜色。虽然这些细节并不显眼，但是，从镜头里看，这身衣着形象呈现很强的整体感。

这些年，我在选择发布会的服装时，无论在颜色上还是式样上，有一个贯彻始终的原则：柔和。用美朵的话来说，柔和的形象能帮助我化解面对尖锐提问时的紧张气氛，让人感觉亲近、平和与从容。

形象是一种难以言传的感觉，可以包括很多内容。例如，每当新闻发布厅的大门打开，当一切都准备妥当之后，最后一件需要记住的重要事情就是：微笑。

依我多年的经验和体会，微笑在很多时候是开启沟通最简单又最有用的小钥匙。尤其在与记者、与公众交流的时候，微笑是必不可少的润滑剂。对此我是一点点学习和养成习惯的。

《诗经》中说："相鼠有皮，人而无仪！人而无仪，不死何为？"就是说没有礼仪的人，不如去死。可见，古人对礼仪的重视程度之高。其实，不仅在古代礼仪如此重要，在现代社会，礼仪同样非常重要。从踏进社会的那一刻开始，你就要树立这样的意识：若想在社会上立足、生存，必须精通礼仪。

礼仪是我们每个人的形象大使。精通礼仪，才能赢得别人的好感，才能让自己在社交上如鱼得水。不然，就可能无人喜欢。很多年轻人没有这样的意识，他们以为自己还身处大学，要打交道的人多是同学，大家年纪相仿，相处不拘小节，并无大碍。殊不知，做人不懂礼数，在社会上寸步难行。试想，一个没有礼貌的人，不尊重别人的人，谁愿意敞开心扉接受他？

许多人之所以成功，其中非常重要的一个原因就是他们精通礼仪，言行举止之间，无不体现着他们对别人的尊重，因而别人喜欢和他们打交道。显然，这就为个人的成功添加了筹码。

20世纪70年代，英国唯高达证券公司到香港发展，杜辉廉是驻港代表，他精通礼仪，在业务往来中给李嘉诚留下了很深的印象。

在杜辉廉和李嘉诚的商务合作中，杜辉廉文质彬彬、谦恭洒脱，李嘉诚则谦谦有礼，善于为对方谋利，二人因此而成为很好的合作伙伴。后来杜辉廉实际操办了李嘉诚所属公司的股票买卖，却多次礼貌地谢绝担任李嘉诚公司的董事，也从不要薪水，这让李嘉诚很感动。

之后，杜辉廉与好友梁伯韬共同创立了百富勤融资公司。在李嘉诚的帮助下，百富勤发展势头迅猛，很快就成为“商界小巨人”。杜辉廉也很受感动，继续为李嘉诚充当高参。两人因为精通礼仪的缘故，互相吸引，互相钦佩，互帮互助，各自在商场上发展得极为成功。

由此可见，礼仪对人际关系的影响是非常大的，对人生的成败也至关重要。年轻时，一定要意识到这一点，不然好交际就会与你擦身而过，而成功也可能与你失之交臂。

对此，很多年轻人的看法有所偏颇。在他们看来，只要自己能力过硬，就一定能得人赏识，被人帮助，进而取得成功。其实不然，如果不懂礼仪，就难以给人留下好印象，因而也就无法打动别人，一个萍水相逢或交情一般的人，他们为什么要帮助你、看重你、提拔你？况且，你有能力，别人同样也有能力，而且别人还很懂礼貌，在这种情况下，他们选择那个懂礼貌的人的概率要远远大于选你的概率。还有人觉得自己的能力很强，强大到不需要人帮助，因而在人前一副傲慢无礼的样子。

其实，这样做只会让自己的人际关系越来越糟糕，只会让自己在交际场上遇到更多麻烦。殊不知，人前礼貌做人，与人交际良好才更容易得人帮助，才更容易成功。不然，就可能被人拒之于千里之外，而个人的人生也因此陷入困境。下面这则故事就能说明这一点。

一个很有名的剧院经理来找大仲马买剧本。两个人见面后，剧院经理连帽子都没脱下就抱怨大仲马把最新的剧本卖给了一家小剧院的经理，他说：“这几年，我们的合作一直很不错，你怎么忽然变卦了？”

大仲马微笑着说：“因为我改主意了。”

剧院经理一听，立刻慌了手脚，没有大仲马的剧本，剧院可怎么赚钱呢？他立刻面带笑容，提高价钱，要买大仲马的剧本。

大仲马说：“你的同行以很低的价格把剧本买走了，你知道为什么吗？”

剧院经理猜不到。大仲马说：“他一见到我就脱下帽子，他以与我交往为荣，处处以礼待我。”

那一刻，剧院经理才意识到，自己之前对大仲马太没有礼貌了，但是他后悔也来不及了，因为大仲马已经把剧本卖给小剧院的那位经理了。

从中可见，不懂礼仪，是难以被人喜欢的，别人不愿意与你交际，更不愿意与你合作。

事例中的剧院经理为此就吃了大亏，导致自己的剧院面临倒闭的困境。假如他平常精通礼仪，能礼貌对待大仲马，大仲马还会忽然改变主意与别人合作吗？

教孩子做个懂礼仪的人，千万不要像上面事例中的剧院经理一样，不懂礼仪，让自己无法与事业伙伴维持良好的关系，因而使自己的人生受阻。

第二节　那个长得“干净”的人

干净，是一个人性价比最高的修养与礼仪风度的表现。

所以每逢新生入学，我们总要先严格培养他们整理内务的习惯。比如，在新纪元我们要求学校针对学生的宿舍管理做出详细的量化标准，规范他们对于文明礼仪的要素掌握，认识什么是最基本的“干净”，为此制定了“五齐四净三准时”的原则。五齐：桌椅凳子整齐、衣被毛巾叠齐、书籍文具摆齐、鞋子箱包对齐、洗漱用具放齐；四净：地面干净、桌面书橱净、墙壁门窗空调净、生活用品净；三准时：起床就寝准时、整理内务准时、清理垃圾准时。

常言，一屋不扫，何以扫天下？将宿舍管理纳入文明礼仪教育的重要板块，我认为是最容易操作和令孩子印象深刻的方式。

《朱子家训》开篇说“黎明即起，洒扫庭除，要内外整洁”。《弟子规》也讲“房室清，墙壁净。几案洁，笔砚正”。

自古至今，我们都对“干净整洁”这件事孜孜以求。而我们也从小就被家长、老师教育，要“爱干净、爱劳动”。当我们成为家长，也会把这种要求传递给孩子们。

作为家长，我们有没有想过一个问题：为什么要让孩子养成干净整洁的习惯？今天我们就这个问题做深入的分析。

首先，干净整洁是一个良好的卫生习惯。把居住环境打扫得干净舒适，可以减少病毒、细菌、寄生虫等疾病传播的途径，是保证身体健康的必要条件。

其次，干净整洁的习惯可以增强孩子的幸福感。哈佛商学院曾经做过一项研究发现：“幸福感强的成功人士，往往居家环境非常干净整洁；而不幸的人们，通常生活在凌乱肮脏的环境中。”生活在凌乱不堪的环境和整洁有序的环境，对孩子成长的影响大不一样。前者只会破坏孩子的关注力，而后者会增加孩子的幸福感。

曾国藩家族代代相传有“治家八字要诀”：早、扫、考、宝、书、蔬、鱼、猪。其中，“扫”便是打扫。每天清晨，曾国藩都会早起，先和孩子们把所有房间打扫一遍，再坐下来读书。如此一来，不仅培养了孩子们勤劳的习惯，也给孩子提供了宽敞明亮的读书环境。在良好家庭氛围的熏陶下，曾国藩的儿子都很有出息。大儿子曾纪泽成了外交家，二儿子曾纪鸿成了数学家。

再次，从心理学的角度讲，干净整洁的环境会反作用于人的内心。人类在漫长的进化中，形成了一种适应和模拟机制，即在干净整齐的环境中，我们会模拟它的秩序和效率，在脏乱差的环境中，我们会模拟它的混乱和无序。所以“凌乱的家庭，养不出有出息的孩子”，所以“一屋不扫，便无以扫天下”。

东汉著名学者陈蕃，年轻时独居一室，日夜攻读，想干出一番惊天动地的大事。一天他父亲的朋友薛勤前来拜访，看见他的住处纸屑满地，十分凌乱。他不解地问道：“孩子，屋子这么脏，你打扫打扫，这样宾客来了看了不是要好些吗？”陈蕃理直气壮地回答说：“我的手是用来扫天下的。”薛勤反问道：“连一间屋子都不扫，怎么能够扫天下呢？”陈蕃一听，脸红了，马上打扫房屋，招待客人。

试想，如果陈蕃不知悔改，如果他一直居住在脏乱差的环境中，恐怕他也无心研究学问了，怎么会有以后的成就呢？环境的整洁，对于他做学问是有很大影响的。让孩子保持生活环境的干净整洁，能够反作用于他的内心，培养他的空间秩序感、理性逻辑思维、专注力、时间规划能力以及审美能力。

最后，从生理学的角度讲，干净整洁的环境能够提升孩子专注力。处在整洁有序的环境中，我们的能见度高、视野清晰，注意力就会增强。如果我们的眼睛接触过多的信息，大脑就会不自觉地进行各种思考，诱发疲劳感。干净整洁的环境中，视线没有任何干扰，信息能够一目了然地映入我们的眼睛，大脑就不必承受太多负担，做事效率会随之得到极大的提升。相反，凌乱的环境容易干扰人的判断力，令人感到焦躁不安；同时也会让人无法集中精力，思考和总结的能力也会随之下降。让孩子保持学习环境的干净整洁，能够帮他提升注意力，提高学习效率，为他注入源源不断的动力和能量。

杨澜曾说过这样一句话："没有人有义务，透过你邋遢外表，去发现你优秀的内在。"虽然以貌取人的方式并不可取，但是人与人之间交往的第一印象还是很重要的。面对陌生人，我们很难相信，一个穿着邋遢的人会有很高的文化和涵养。但一个人外表看上去干净清爽，就很容易让人心生好感。

保持干净整洁的外表，不仅能给他人留下好的印象，更是对自己的尊重。即使生活再落魄，也要保持干净的外表和积极向上的心情。我们无法掌控命运中的旦夕祸福，却可以决定自己的外表是否干净。

在格鲁吉亚街头，有人做过这样一个实验。他们让一名 6 岁的小女孩装作走丢，然后观察人们会如何对待她。结果发现人们对待小女孩的态度，与她的着装有很大关系。一开始，小姑娘穿上干净的裙子，一个人站在街旁。很快，就有很多陌生人走过来，热心询问、给予帮忙。随后，化妆师再把小姑娘打扮成衣衫褴褛、邋遢肮脏的样子。这次，眼看着街上人来人往，时间过去很久，却始终没有一个人过问。

相似的情况在餐厅中上演。小姑娘穿着干净的衣服走进一家餐厅，正在用餐的人都对她特别有爱，有的摸摸她的脸，有的亲切地逗她玩。随后，化妆师再给她换了一身脏的衣服。这时，用餐的人有着和之前特别不一样的态度，大家都觉得满脸嫌弃和防备，还示意服务员领出去。

同一个小女孩，分别穿上干净和邋遢的衣服，却引起路人截然相反的反应。

以貌取人，很现实，但其实也很公平。一个人的形象就是他的名片。什么样的形象，就决定了别人以什么样的态度对待你。

很多时候，仪容整洁干净的人，往往更容易获得别人的喜欢。干干净净，是一个人最好看的样子。干净，不是指浓妆艳抹，也不是指穿戴多么不菲的衣物，而是指仪容整洁，穿着得体大方，给人干干净净的感觉。和这样的人相处，自会让人如沐春风、特别舒服。

收拾好自己的仪容，给人得体和干净的外表，不仅可以使人赏心悦目，也能给自己带来好运。

干净，是一种生活态度，更是一个人最好的气质。

当年的杨绛先生在人生最落魄的时候，依然会整理好自己的仪容，不让自己有一丝的慌张。出门买菜，虽然穿着款式普通的粗布衣，却不忘细心打理得干干净净；被人指责，她效法三十年代的旧式新娘，衣着端庄仪态大方，默然而坐。别人不理解，她已经困苦如此，为什么还有闲心打扮？她却回答说：“我虽然游街出丑，却要做个体面的人。”一个真正对生活有态度的人，是绝不会将自己糟糕邋遢、不修边幅的面容展示给别人。正如有人这样评价杨绛：“在经历了那么多可怕的事、危险的事、伤心的事，最终，她还是端正地微笑着坐在你的面前，文雅地喝着红茶，素雅的衣服上散发着淡淡的香气，你觉得还有什么是她不能够越过的吗？”

平凡生活里的干净，才是最了不起的体面。

◎“文明礼仪”教育

在新纪元有一个品牌活动，叫作“文明礼仪伴我行”。其中最简单直接的方式，就是美化校园。

为了使学生将来能适应高速发展的时代需要，以及未来企业的用人标准规范，我们根据“让每一个孩子都有幸福的未来”这一办学理念，以“践行社会主义核心价值观，传承中华经典烹饪文化，打造明礼和谐校园”为目标，从礼仪、美德，品格等多方面加强思想教育，培养学生仁义礼智信、温良恭俭让、忠孝廉耻勇等良好品质。

同时，重点以“八礼四仪”主题教育为特色开展教育活动，着力提升学生自身的文明礼仪素养，使他们真切感知礼仪的重要性。具体从规范学生的言行做起，从而提高学生的文明礼仪水平，培养学生高尚的道德情操以及理解、宽容、谦让、诚实的待人态度和庄重大方、热情友好、谈吐文明、讲究文明的行为举止，构建和谐校园。

而就我所接触和了解的中职学生不良习惯大致归结起来有：厌学情绪严重、不健康上网成瘾、抽烟喝酒人数较多、人际关系淡薄、崇尚暴力、早恋以及盲目崇拜、对优秀民族传统文化的冷漠、耐挫力差、怕苦怕累、怕学厌学、辍学率高等诸多问题。

但我觉得，可以从最容易更改的环节做起，那就是礼仪风度，首先就是干净的自己及内务，还有走姿、站姿、坐姿，从外在形象上让孩子们“爱上自己”“爱惜自己的羽毛”，再唤醒“文明的内我”。

“破窗效应”是犯罪学的一个理论，该理论由詹姆士·威尔逊（James Q. Wilson）及乔治·凯林（George L. Kelling）提出，并刊于《The Atlantic

Monthly》1982 年 3 月版的一篇题为《Broken Windows》的文章。

此理论认为环境中的不良现象如果被放任存在，会诱使人们仿效，甚至变本加厉。比如，以一幢有少许破窗的建筑为例，如果那些窗不被修理好，可能将会有破坏者破坏更多的窗户。最终他们甚至会闯入建筑内，如果发现无人居住，也许就在那里定居或者纵火。再比如，一面墙，如果出现一些涂鸦没有被清洗掉，很快的，墙上就布满了乱七八糟、不堪入目的东西；一条人行道有些许纸屑，不久后就会有更多垃圾，最终人们会视若理所当然地将垃圾顺手丢弃在地上。这个现象，就是犯罪心理学中的“破窗效应”。

如果你仔细观察，一个人从内心对自己放弃，会很快反映到个人外表形象、礼仪谈吐上。而一个人开始重视重塑自己时，便是从外在仪表仪容、言谈举止上开始改变。

在一部分中职生心里，自己已经被贴上“破窗”的标签，最快捷的拯救方式，就是从外在把这个窗户“补上”，由“外我”的美化转向“内我”的激励。

我与诸多学生谈过话，他们之所以礼仪缺失，有以下几个方面的原因：

1. 家庭因素

（1）家庭不和睦影响。一些学生所生活的家庭，父母因经济、性格等各种原因经常在家当着孩子的面打架、骂人，孩子看在眼里，记在心里，久而久之，一些不文明习惯自然而然地形成了。

（2）父母不良习惯影响。有些父母身上不良习惯不少，比如父亲喜欢说脏话粗话，喜欢打牌抽烟喝酒；母亲喜欢熬夜刷剧。“父母是孩子人生中的第一位老师”，父母的言传身教对孩子有着极大的影响。

（3）父母离异的影响。有一部分学生是单亲家庭，由于父亲或母亲忙于生计，家庭负担大，工作繁忙，很少过问和管理子女言行。还有一部分继父或继母抱这样一种观念：孩子又不是我亲生的，少管为好。对孩子的不良言行和礼仪则听之任之，放任自流，在这种观念指导下，形成了孩子不讲文明礼仪的习惯。

（4）父母均外出打工，疏于管理。一部分有知识有文化的爷爷奶奶外公外婆也明白家庭教育的重要，但由于年老体弱，代际差异，心有余而力不足。

2. 社会因素

社会进入转型期后，一些善恶倒置的社会现象通过手机、网络等平台传递给涉世未深、判断力尚浅的学生。比如，明星公众人物的私德败坏现象，某些偶像剧中的男女主人公粗暴蛮横的形象等。

3. 学校因素

（1）学校、老师的歧视。学生大多来自初中阶段的“落伍者”，学校和老师只关注成绩优异、表现良好的学生，对于成绩差、表现不好的学生多采取顺其自然、放任自流的“放羊式”管理方式，学生不讲文明礼仪的习惯也就自然而然地养成了。

（2）个别老师的不良习惯。个别素质差的老师在讲课和批评学生过程中不乏说脏话粗话的习惯，老师的言传身教对学生有着重要的影响。

对症下药，我认为应该从以下几个方面进行纠正。

首先，礼仪应成为中职生的必修课。

经过多年的教学实践发现，大多数学生对礼仪方面的知识有迫切需求，因此，《礼仪规范教程》成为每个中职生的必修课，而且应该是学生在校前期应完成的教学任务。

其次，重视教师礼仪素养的示范作用。

教师符合礼仪要求的行为举止，以潜移默化的方式影响、教育着每一个学生。任何时候教师都应按照礼仪的规范和标准行事，把礼仪美和心灵美的和谐统一作为教师塑造自我形象的目标，在一言一行中为学生树立良好的礼仪示范榜样。

再次，建立适合礼仪课程的考核评价体系。

考核时要注重对学生礼仪知识运用和实践能力的考核，可将评价分为三个阶段：一是各小组模拟后，学生分小组互评，让他们以同学为“鉴”，发现自身的不足，找出差距，其分值占总分的30%；二是对照影像资料由学生自评，让他们以自己为“鉴”，发现进步，体验学习成功的喜悦，也占总分的30%；三是回放影像资料，教师总体评价，占总分的40%。实践证明，这种师生共同参与的评价方式对教学起到了反馈、调整和促进作用。

此外，营造充满礼仪气息的校园文化氛围。

在培养礼仪修养的过程中，环境的影响作用非常显著，显然在干净、整洁而优美的环境中，人们的不文明行为会减少。因此，形成良好的校园礼仪文化氛围，对于引导学生克服不良的行为习惯，逐步提高文明礼仪修养是十分必要的。在校园内，应大力提倡文明言行，如通过墙报、校园广播站、校园网络等传播礼仪知识，反对一切不文明礼貌现象。对学生关注的礼仪问题，对发生在他们身边的失礼言行，对社会上一些不文明现象，可以组织召开讨论会、演讲会、辩论会，举办专题讲座或文艺活动的形式，让学生多样化、多角度地接受教育，有意识地引导学生自觉加强礼仪修养，形成良好的充满礼仪气息的校园文化氛围。

还要注重学校、家庭、社会三方面教育力量的整合。

礼仪教育是一种德育教育，是学生思想进行自我内化、自我修养、自我完善的一种教育。从根本上说，礼仪教育是一项牵涉整个社会的系统工程，个人良好礼仪习惯的形成有赖于学校、家庭、社会三方面教育的共同努力。《公民道德建设实施纲要》中也指出："家庭是人们接受道德教育最早的地方，高尚的道德必须从小开始培养，从娃娃抓起。"礼仪作为道德的一个重要方面，也应该从小抓起。因为，家庭教育要彻底转变重智轻德的观念，家长要树立良好的礼仪形象，为孩子营造充满文明礼仪气息的家庭氛围；社会作为礼仪教育的大课堂，要大力宣传必要的礼仪知识，把礼仪作为有关文化活动的重要主题；学校要加强与家庭、社会的联系，利用自身的特点和优势，开展各种形式的礼仪教育。

礼仪风度是一项从外到内、从个人到系统的综合教育，它包含身体发肤、言谈举止等诸多方面。我们的老师也探讨出了一些教育方法：比如检查内务、查宿，比如校园美化活动、文明主题黑板报，还有一些考评和文明月。

"文明礼仪伴我行"之美化校园活动，是我们作为常态化课业的活动，也是我们进行文明礼仪系列主题教育的一个重要组成部分。活动期间，学校通过开展主题班会、演讲比赛、文明礼仪知识竞赛等形式多样的活动，让广大师生深入了解文明礼仪的重要性，并积极践行文明行为。此外，学校还通过宣传栏、校园广播、微信公众号等渠道宣传文明礼仪知识，提高学生的文明礼仪素质。以"践行社会主义核心价值观，传承中华经典烹饪文化，打造明礼和谐校园"为目标，从礼仪、美德、品格等多方面加强思想教育，培养学生仁义礼智信、温良恭俭让、忠孝廉耻勇等良好品质。

◎"礼""职"气壮

《春秋左传正义》云：中国有礼仪之大，故称夏，有服章之美，谓之华。

本章聊到这里，如果再回头看孔子的"车控"就不难理解，车为何不能卖，它并不是孔子的面子之需，而是那个时代君子风度不可少的一种礼器，更是孔子自己的“教案”。

虽然现在对于“车”的理解早已不可同日而语，但是对于“礼”的传承是必要的。

习近平总书记指出：“礼仪是宣示价值观、教化人民的有效方式，要有计划地建立和规范一些礼仪制度，如升国旗仪式、成人仪式、入党入团入队仪式等，利用重大纪念日、民族传统节日等契机，组织开展形式多样的纪念庆典活动，传播主流价值，增强人们的认同感和归属感。”礼仪关乎人格，关乎国格。

党的十八大以来，以习近平同志为核心的党中央积极开展形式多样的纪念庆典活动，不断建立和规范礼仪制度。比如，在 2019 年的中华人民共和国国家勋章和国家荣誉称号颁授中，前所未有的规格、格外隆重的仪式，既是崇高礼赞又是庄严宣示，号召人们敬仰英雄、学习英雄，用实际行动为实现“两个一百年”奋斗目标和实现中华民族伟大复兴的中国梦贡献力量。实践证明，建立和规范礼仪制度，对于规范人们的言行举止、激发人们干事创业的精气神具有重要意义。新时代，我们要传承发展中华优秀传统礼仪文化，建立和规范礼仪制度，不断增强人们的认同感和归属感。

对于青少年的礼仪文明教育，我们几所学校也有很多亮点，比如西安铁道职业学校，通过家庭、学校教育“齐之以礼”“约之以礼”，让青少年在学习和生活中感知礼仪、领悟礼仪、践行礼仪，推动现代文明礼仪内化于心、外化于行；再比如西安轨道交通技师学院，设计和用好成人礼仪式，让学生们在跨过人生成年节点时受到庄严的礼仪文化教育，并加强社会礼仪教育，不断提高商务礼仪、外事礼仪、服务礼仪、职业礼仪水平。同时，倡导建立网络礼仪，改善互联网发展环境，进一步营造清朗的网络空间。

社会文明程度得到新提高，是我国“十四五”时期经济社会发展的主要目标之一。《新时代公民道德建设实施纲要》指出：“开展必要的礼仪、礼节、礼貌活动，对规范人们的言行举止，有着重要的作用。要引导公民增强礼仪、礼节、礼貌意识，不断提高自身道德修养。”

而随着全社会对于礼仪的重视程度和认知深度之提高，形成了新时代对于礼仪要求的基础规则。尤其是很多公司和单位已经将礼仪风度作为自己企业文化和管理准则的重要组成部分。

以下是一家知名公司对于员工基本礼仪的详细要求：

公司职员基本礼仪守则

第一条：职员必须仪表端庄、整洁。

具体要求是：

1. 头发：职员头发要经常清洗，保持清洁，男性职员头发不宜太长。

2. 指甲：指甲不能太长，应经常注意修剪。女性职员涂指甲油要尽量用淡色。

3. 胡子：胡子不能太长，应经常修剪。

4. 口腔：保持清洁，上班前不能喝酒或吃有异味食品。

5. 女性职员化妆应给人清洁健康的印象，不能浓妆艳抹，不宜用香味浓烈的香水。

第二条：工作场所的服装应清洁、方便，不追求修饰。

具体要求是：

1. 衬衫：无论是什么颜色，衬衫的领子与袖口不得污秽。

2. 领带：外出前或要在众人面前出现时，应戴上领带，并注意与西装、衬衫颜色相配。领带不得肮脏、破损或歪斜松弛。

3. 鞋子应保持清洁，如有破损应及时修补，不得穿带钉子的鞋。

4. 女性职员要保持服装淡雅得体，不得过分华丽。

5. 职员工作时不宜穿大衣或过分臃肿的服装。

第三条：在公司内职员应保持优雅的姿势和动作。

具体要求是：

1. 站姿：两脚脚跟着地，脚尖离开约45度，腰背挺直，胸膛自然，颈脖伸直，头微向下，使人看清你的面孔。两臂自然，不耸肩，身体重心在两脚中间。会见客户或出席仪式站立场合，或在长辈、上级面前，不得把手交叉抱在胸前。

2. 坐姿：坐下后，应尽量坐端正，把双腿平行放好，不得傲慢地把腿向前伸或向后伸，或俯视前方。

要移动椅子的位置时，应先把椅子放在应放的地方，然后再坐。

3. 公司内与同事相遇应点头行礼表示致意。

4. 握手时用普通站姿，并目视对方眼睛。握手时脊背要挺直，不弯腰低头，要大方热情，不卑不亢。伸手时同性间应先向地位低或年纪轻的伸手，异性间应先向男方伸手。

5. 出入房间的礼貌：进入房间，要先轻轻敲门，听到应答后再进。进入房间回手关门，不能大力、粗暴。进入房间后，如对方正在讲话，要稍等静候，不要中途插话，如有急事要打断说话，也要看住机会。而且要说：“对不起，打断您的谈话。”

6. 递交物件时，如递文件等，要把正面、文字对着对方的方向递上去，如是钢笔，要把笔尖向自己，使对方容易接着；至于刀子或剪刀等利器，应把刀尖向着自己。

7. 走通道、走廊时要放轻脚步。

无论在自己的公司，还是在访问的公司，在通道和走廊里不能一边走一边大声说话，更不得唱歌或吹口哨等。在通道、走廊里遇到上司或客户要礼让，不能抢行。

良好的仪表仪容，会令人产生美好的第一印象，从而对企业产生积极的宣传作用，同时还可能弥补某些服务设施方面的不足；反之，不好的仪表仪容往往会令人生厌，即使有热情的服务和一流的项目或平台也不一定能给客人留下好的印象。因此，注重仪表是各个企业员工的一项基本素质。

《礼记》中说：“礼仪三百，威仪三千。”

从国家到个人，从大事到小事，从生老病死，到婚丧嫁娶，人生在世都离不开礼仪规矩的约束。这些礼仪规矩流传至今，不仅是祖辈总结出来的经验，更是包含了很多人生哲理。

被别人认可是人类最基本的需求之一，每个人都希望自己的行为被别人认同和支持。孩子彬彬有礼、落落大方，当然会比较受欢迎，受欢迎的孩子从小接受的目光是欣赏的、喜欢的、赞许的，在这种目光下长大的孩子更容易获得自信。从心理学上讲，被众人接纳的程度高，有利于建立和谐的人际关系，在交往处事方面也会表现出色，并且良好的素质可以给他带来很多的发展机会。

第九章　当AI的学习速度比孩子的更快

微软的人工智能“小冰”已经可以写诗了；前几天我和孩子还在抖音里用人工智能画画；一个口令、一句话，百度文心一言可以作出一篇文章……

当人工智能已经在很多能力上开始超越专业人士，那我们要给孩子教什么技能？

现在有很多流行的教育理念和实践都在说，人如果不想被人工智能取代，就必须学会这些、学会那些。比如很多人都在谈论“4C核心素养”，说人工智能已经在很多能力上超过了人，要想和人工智能竞争，人就必须培养4种核心素养和能力：创造与创新的能力（Creativity and Innovation）、批判性思维的能力（Critical Thinking）、有效沟通的能力（Communication）、协同工作的能力（Collaboration）。我非常认同这4种核心素养和能力是每个人都应该具备的，这又恰恰是现在教育里非常缺乏的内容。

相信我们都能感觉到，世界正变得越来越复杂，而且这种变化越来越快速。所有的学习科目，在任何视角下，从本质上来说都是“应对不确定性的学习”。

世界上并不存在现成的或者事先可以精准描绘的知识图谱，让我们只要跟着这个图谱勤奋地阅读和研讨，按部就班地学习一个个知识点就可以了。恰恰相反，我们所有人要面对的，是一个个具体的、不确定的问题，有些是生活中不得不去面对的，有些是因为自己的兴趣、责任和使命而主动去探究的，有些是在复杂的状况下忽然涌现的……

世界的不确定性不会随着我们年纪的增长而逐渐减少，我们遇到的问题也不会因为我们有了一张文凭就能统统解决。我们都知道终身学习的意义，而只有自由、自主的学习者才是真正的终身学习者。

我一直认为，教育者的作用并不是要求学习者像问答机一样马上给出答案，而是激发学习者自我思考的动力，是往水塘里扔一个石子，石子扔得到位，扔得准确，学习者就会对自己提出一个又一个的问题，从而激发一波波自我思考的涟漪。这是一个基础，之后才会在学习者自我探究的过程中，给予持续的协助和支持。

“真正的教育一定是通向自由的教育，是让人有动力、有权利、有能力去自由探索未知的教育。”

而在新的信息时代里，科技基础设施逐渐完备，降低了人们接入和参与外部世界的门槛，新设备间接提高了个人的能力；知识不再是一个个仓库，要先存满了才能用，而是变成了河流，快速地在不同地区、产业、人群中流动。所以，那些主动站在河流里，自己动手去拉动有用信息并能有效使用的人和组织，才能真正地获得成长，取得优势。被推着走是被动的，自己主动去拉才是主动的过程。正如我的一位朋友所说：“主动去拉”就是掌握人生主动权的积极态度，将自己对某领域、某事物的热情转变为长久的承诺，进而激发出自己的个人潜能，通过反复尝试，习得更多技能和知识，主动地发现更多的机会，建立更好的社交网络，逐渐增长动员社会资源的能力，一步一步达成阶段性的目标，并在一定的社会半径内带来冲击效应。

所以，要推动社会化学习，在设计教育产品或者教学模式的起点上，就要从学习者的视角出发，变“被别人推”为“自己主动去拉”。

我们的教育思考的不应该是“我怎么把这些知识教得更好，把课上得更好，把学生推得更好”，而应该是“如何让学生主动去拉动知识，拉得更有效，拉得更开心”。

在《拉动力》这本书里，作者将“拉”分成三个层次，简单地概括就是“3A”：

1. 获取（Access）——自由接入；

2. 吸引（Attract）——魅力磁场；

3. 成就（Achieve）——释放潜能。

如果一个教育者想推动社会化学习，想帮助孩子们提高“拉”的能力，体验“拉”的力量，创造出一个个持续不断、富有动力的涟漪，那么所有的教育目标和活动就都可以围绕以下三个重点目标来进行：

1. 帮助孩子们“自由接入”流畅不断的信息河流和变幻莫测的真实世界；

2. 助孩子们“找到自己的魅力，建立自己的磁场”，从而吸引到气质相同的人、事、物；

3. 助孩子们“找到可以发挥的空间，激活个人的潜能”，从而有机会去真正地创造。

作为职业教育工作者，除了“动力”的唤醒外，我们最主要的特色就是“社会性”，而帮助孩子们进行社会化学习，说白了就是一个建模的过程。

美国著名教育学者罗伯特·赫钦斯（Robert Hutchins）在他的研究中提过这样一个例子。

在20世纪60年代至90年代，屠宰是一项专门的职业，有很多学生参与学习，并期待毕业后能顺利找到工作。那时，屠宰专业的学习是由商业学校教学和在职培训两个方面组合而成的。学生们要先在商业学校里进行6个月的学习，在课堂上学习书本知识，进行书面测试并考取证书。但是，课堂上学的东西一来缺少练习，二来与现实相比相对滞后。比如，学生们在学校花费了很多时间学习如何磨刀，因为这曾经是行业里非常重要的一项工作，然而等他们毕业时，现实中的这项工作已经由磨刀公司完成，他们会每隔一段时间将磨好的刀送到肉店，再将用钝的刀收走。

在商业学校如此，到了肉类工厂进行在职培训时，情况会不会好一点呢？非但不是，反而又产生了新的问题：屠宰工厂将流水线分得非常细致，一名学徒往往要在同一个岗位上工作数年。好不容易等有了新的学徒过来，老学徒还要负责将新学徒教会，才能转移到新的岗位，进行下一步的学习。

有意思的是，研究表明，在贫苦地区做学徒的人，学习速度反而比生活在富裕街区的人快得多。因为前者的错误成本较低，老板的容错度也高。这就像大学生毕业后如果选择去好的创业公司工作，肯定要比去大公司学到的东西更多，学习的速度更快一样。

美国海军培训新舵手时，为他们设定了真实的学习情境，并在这个情境里设计安排了6个职位。这些从未受过训练的新手在海上航行时，依次担任每个职位的工作，按照水平的高低循环往复。这些职位的次序按照从仪器收集信息、判断信息到将信息展现在航海图上、为二副提供决策性意见这样的流动过程，经过了特意的设计。

一方面这样的设计能让新手按照所了解的信息，沿着贯穿该系统的轨道持续进行学习和摸索；另一方面6个职位的不断交替提高了新手对整个系统的探测、诊断和纠错能力。同时，由于船只处于真实航行状态，所以新手们不仅是在学着做，更要和其他舵手进行真实任务的协作，不能耽误别人的正常效率。由此，新手们还需要由更有经验的值班舵手进行严格指导。如果新手不能达到要求，值班舵手会随时帮助他克服困难或直接替代他完成工作，直到这个新手能够逐渐胜任职位，并能学会组织自己的系统行为为止。

更值得教育者思索的是，据研究，经过这样训练的舵手即便从海军离开，他们在之后的生活和工作中所展现出来的思考能力、协作能力和领导能力等也要远超没有经历过类似训练的同龄人。

凡此种种，指向的是一句话：终身学习。这里的学习，不是学习简单的可以被人工智能辅助的“信息”，而是学习一种态度，一种自省力，保持内里对于社会规则、信息处理、执行的旺盛渴望。

第一节　学不可以已

歌德曾说：“读一本好书，就是和许多高尚的人谈话。”读书是促进学子成长成才的重要途径。

我一直在坚持做一件事情：在新纪元定期开展读书分享会活动。旨在引导学子自觉养成爱读书、读好书的好习惯，树立学子终身学习的思想。

我十分欣慰于看到这样的画面：有些学子选择一个安静的角落，静心阅读自己喜爱的书籍，任自己遨游在知识的海洋中，与书中的人物进行“对话”。有些学子则在班级中与同学们共同分享一本好书，或慷慨激昂，畅谈对书中某个故事的理解感悟；或娓娓道来，诉说自己对整本书的阅读体会，精彩之处赢得了大家阵阵热烈的掌声。他们各个精神饱满，给现场学子和老师提供了一场视听的饕餮盛宴。

读书分享会是新纪元学子们学习交流和共同成长的平台。学校通过举办好书推荐、案例分享和心得交流等不同专题的活动，推开在校学子成长的知识大门，通过个人分享和团队演讲等不同形式的活动助力学子共读一本好书，共享一程美好。并且，在每年的世界读书日，学校都会开展形式多样的读书分享活动，组织学校不同专业的同学相聚一堂，分享读书心得，交流阅读感受。

当然，除了常态化的定期活动，其实我们更以“晨读”的方式去日复一日培养孩子终身学习的理念。阅读并非只出现在读书日当天，而是贯穿于每一天的每一刻……当清晨的第一缕阳光洒向地平线，雀跃的新纪元学子的朗朗书声已经响遍校园。他们朗读名篇、名作、名著，以锲而不舍的精神、常读常新的态度、百读不厌的劲头，在大声诵读中感悟人生。

习近平总书记在中共中央政治局第五次集体学习时强调：“要建设全民终身学习的学习型社会、学习型大国，促进人人皆学、处处能学、时时可学，不断提高国民受教育程度，全面提升人力资源开发水平，促进人的全面发展。”这一重要讲话对进一步完善服务全民终身学习的教育体系，对保障全民享有终身学习的机会、办好人民满意的教育具有重要意义。

终身学习是社会成员为适应社会发展和实现个体发展需要，贯穿于人一生的持续学习的过程，在人类知识、科学技术、社会发展日新月异的今天，教育要始终站在未来对人的要求上持续去创新和探索，终身学习亦是如此。而培养健康快乐的终身学习者，拥有家国情怀的高素质学子更是我们的目标。

我们数十年坚持做这一件事，就是希冀更好地激发学子自我发展的内驱力，提高学子们看待事物的思辨力，增强班级的凝聚力，最终奠基学子终身学习的能力与习惯养成。

儒家的“得意门生”荀子在他的《劝学》里有这样一个论断：

君子曰：学不可以已。

青，取之于蓝，而青于蓝；冰，水为之，而寒于水。木直中绳，其曲中规。虽有槁暴，不复挺者，故木受绳则直，金就砺则利，君子博学而日参省乎己，则知明而行无过矣。

这段话形象论述了学习的重要意义，劝导人们以正确的目的、态度和方式学习，指出“学不可以已”的重点。为此，荀子借“积土成山”“积水成渊”“积善成德”的例子告诉世人，不断学习积累，就能产生意想不到的复利。所以，活到老学到老，才能青出于蓝而胜于蓝，站在前人的肩膀之上得到更大的发展。

当今社会是科技大爆炸、信息大爆炸、知识大爆炸的时代，知识的更新速度日新月异。管理学专家曾发出这样的警告：一个人学过的知识，如果每年不更新 7% 的话，那么这个人便无法适应社会的变化。以“学习今说”为题写议论文启示我们，要着力引导广大学生常怀“本领恐慌”“空杯心态”，变

“要我学”为“我要学”；树牢终身学习理念，不仅要珍惜校园时光，将来走上社会后，仍需保持爱学习的习惯。尤其是在现代快节奏的生活中，需大力发扬“挤”和“钻”的精神，善于将碎片化的时间利用起来，在不断学习中做出真学问、练就真本领，让自己拥有越来越广阔的天地，收获属于自己也属于时代的精彩。

人民日报在微信推送了一篇文章《励志！61 岁阿姨疫情期间上了 160 多门网课》，网友纷纷感叹：“我们还有什么理由不学习呢？”

然而，我认为一味依赖“不已”式的“勤学”，已经不合时宜、难成主流，迫切需要与时俱进地改进学习的方法和策略。

首先，知识内容庞杂，需要我们精心甄别、选择性地学习。生活在改革开放时代和网络社会，生存于内循环与外循环交织的国际国内大环境中，我们每天都要面对形形色色的海量信息。其中不乏伪知识、毒信息、谬观点，需要我们去粗取精、去伪存真、细心甄别，有选择地学习，而不能囫囵吞枣、全盘吸收。

其次，知识结构跨界融合，突出应用为先，需要我们组建团队共同学习。与古人以吟诗作赋为旨归的学习不同，现代人的学习更讲究面向应用。学习的目的是为了实施和完成项目，最终为了改造自然、发展社会、造福人类。这就要求我们必须掌握大量的跨界知识和技能，学习以团队协作的形式为主，客观上淡化个人英雄主义，讲究团队成员之间知识与技能的互补与互助。

再次，知识更新难以预测，可谓日新月异，需要未雨绸缪超前学习。现代科技的发展往往受制于一些瓶颈技术，一旦取得突破便会突飞猛进。以人工智能为例，其早就诞生于 20 世纪 50 年代，但却因为海量存储技术、图形识别技术、大数据处理、物联网、智能算法等关键技术不够成熟而长期停滞不前，直到近几年才取得突破性进展，进而快速广泛应用于各行各业、各个领域。要适应智能时代的需求，我们必须超前学习，提前做好相关知识积累和技能储备，以期有备无患、从容应对、超前引领。

明末清初著名诗人冯班在《钝吟杂录》中指出，学习有法，学无定法，贵在得法。身处科技社会发展日新月异的时代，我们广大青年必须审时度势，与时俱进地改良学习方法，高度重视选择性学习、协作性学习、超前性学习，方能高效汲取时代精华，永立时代潮头，勇担时代重任。

◎ 人工智能下，不要夸大学习的本身

山本一成的《你一定爱读的人工智能简史》是一本讲述人工智能的书，我们从中可以得到有关学习的启示。不论你是学生还是家长抑或是已经步入社会的职场人士，这 4 条都可以帮你掌握正确的学习姿势。

1. 梦想从学习开始

有关人工智能的传说最早可以追溯到古埃及，但是人工智能真正出现是在计算机发明以后。计算机出现以后，就有很多科学家致力于人工智能的研究，但是开始的几十年几乎没有什么进展，人工智能曾一度进入寒冬期。

直到机器学习技术出现以后，人工智能才有了迅速的发展，并正在以更加迅猛的速度发展。机器学习开创了人工智能的新纪元，一部人工智能的简史可以说就是一部机器学习史。

正是通过学习，人工智能才变得越来越强大。2013 年，山本一成开发的日本将棋程序 PONANZA 战胜当时将棋职业选手佐藤慎一；2016 年，谷歌旗下的深度思考公司开发的 Alpha Go，击败了世界顶尖围棋高手李世石。

人类也是一样。正是通过学习，人类才从茹毛饮血的远古时代走到了科技发达的现代社会，正是通过学习，我们个人才从一个牙牙学语的懵懂稚儿渐渐成长为心智成熟的成年人。

相对于孩童，成年人的心智比较成熟，但也是相对而言，没有谁能说自己达到了心智的完全成熟。

“梦想从学习开始”，步入职场的人们同样需要学习。当今时代知识更新的速度前所未有，终身学习更是必须。“活到老，学到老”不只是一句励志名言，而是我们每个人都要真实面对的。

2. 元学习比学习更重要

大家都知道，电脑程序是由程序员编写的，在我们多数人眼里，程序编写是有些神秘的，至少是专业人士才能掌握的高级技术。如今，这种神秘被打破，网络上兴起了众多编程课程，它们面对普通人甚至是少年儿童。既然少儿都能学会，自然就不是那么高深的学问了。《你一定爱读的人工智能简史》告诉我们，其实机器自己都已经学会“编程”了。

就以 PONANZA 为例，以前所有程序都由人编写，引入机器学习技术后，程序员只需编写基本规则和棋谱等少量程序，具体如将棋的战法和防守规则

全部由机器自身完成。也就是说，电脑通过机器学习，承担了大部分的编程工作。那么程序员做什么呢？他们的工作就变成了如何使电脑更好地进行机器学习。山本一成说我不负责学习本身，而是负责元学习的部分。什么是“元学习”？所谓“元学习”，其实是人工智能机器学习的一个重要研究分支，它也被称为学会学习，顾名思义，就是帮助机器学会如何学习。这里有一个重要前提，就是认为人类具备学会学习的能力。但显然，并非每个人都掌握了这种能力。

北大才女、超级演说家总冠军刘媛媛说：“在我目前的人生当中，但凡有那么一点点成就，都是学习能力给我带来的。”联合国教科文组织出版的《学会生存》就指出“未来的文盲，不再是不识字的人，而是没有学会怎样学习的人”。如今，人工智能都在朝着学会学习的方向发展，我们每个人要想不被淘汰，就必须掌握元学习能力。

3. 不要过分夸大记忆力的作用

在学习过程中，记忆能力很重要，尤其在一些考试中，主要就是考察你的记忆能力，我们通常所说的智力也包括记忆能力，有关培养记忆力的书籍和课程多如牛毛。但是，千万不要过分夸大记忆的的作用。电脑有强大的储存和计算能力，但你不能说任何一台电脑都具有人工智能。山本一成在《你一定爱读的人工智能简史》明确指出，只凭储存能力就可解决的问题不属于人工智能的课题范围。

可见，只有记忆能力是不能称为智能的。比如 PONANZA，如果只会记录存储以前的棋局，即使全部记录下来，也无法应付实际对弈中出现的新局面，能够及时作出合适的反应和判断能力才是人工智能更为需要的能力。

对于我们人类来说，更是如此。

爱因斯坦就曾说过，凡是百科全书上面能够查到的知识，他都不会装在自己的脑海里。

爱因斯坦还有句广为人知的名言：“所谓的学习，就是把学校学到的知识忘掉，剩下的那一部分才是教育。”（也有说是著名教育家怀特海最先提出的）当然，并不是真要你把以前所学知识忘记，这里强调的是记忆之外的思考判断等能力的重要性。

在当今时代，这点变得更加重要。

你在学校里所学的知识，可能还未出校门就已经过时了，知识总量更是前所未有的巨大，过去记住大部分的知识可能并非难事，在现代则已经不可能。

在过去，所谓知识渊博很大一部分要依靠记忆力，而现在大部分知识只要点开手机就可搜索到。

在运用记忆力的过程中，也要注意，并非记得越全越好。

人工智能领域有个名词叫作过度学习。比如，为了学习识别杯子，你给机器 5 万张杯子的图片，机器就会拼命记住所有杯子，这样下次看到出现过的图片时，它会很轻易地识别，但遇到这之外的杯子图片时，记得越多，出错率越高。这就是过度学习。为了防止过度学习，研究人员随机选取一些神经元并让它进行脱离，脱离后，机器无法进行全盘记忆，就拼命记忆局部特征，效果反而更好。

在我们的学习过程中，也会出现这种情况，有些人只会死记硬背，结果题目稍微灵活一点就不会解了，这样的人在实际工作生活中就更缺乏灵活的应对能力。

4. 学习从模仿开始，但不能止步于模仿

模仿是一切学习最基本的方法。无论是蹒跚学步、牙牙学语，还是年纪渐长后的写字画画做题，都离不开模仿。

人工智能也是如此，机器学习本身就是模仿人类学习行为的一种计算机技术。机器学习最开始都是以人类为模板进行模仿学习的，在人工智能领域被称为“监督式学习”。如 PONANZA，一开始就是模仿人类职业棋手的下棋方法。如果某棋局中，可以同时选择走 A 点和 B 点，职业棋手选择了 A 点，那就把 A 点的分值调得比 B 点高。这样以职业棋手的 5 万张棋谱为模板，机器就可以学会职业棋手的落子方法。

但如果只会模仿，最多也就是和职业棋手下得一样好，相当于日本茶道中的“守”，只是学到和守住了师傅的技能。

要想有更加超越性的发展，达到“破”和“离”的境界，就不能止步于模仿。机器学习在“监督式学习”的基础上，引入了“强化学习”。

什么是强化学习呢？比如将棋程序中，“监督式学习”中只以人类职业棋手落子方法为模板，“强化学习”中则随机自行选择可能对棋局有利的 6—8 步棋进行试验，摸索走法的好坏。

通过脱离人类模板的强化学习，PONANZA 不仅实力变得更强，而且创造了许多人类棋手中不可能出现的棋路，甚至被称为 PONANZA 流派，吸引了许多人类棋手的研究学习。

阿尔法狗则于 2016 年战胜了人类顶尖高手，并在此后在网站上与日本、中国、韩国顶尖高手对决，连胜 60 局，2017 年 5 月战胜“围棋天才少年”柯洁。

我们人类的学习也是如此，如果止步于模仿，比如一些“模仿秀”，模仿得再好，你也只是一个模仿者，不能称为一个真正的艺术家。如果只是模仿，科技工作者就只会墨守成规，科学和技术的创新也就无从谈起。君子曰：“学不可以已。青，取之于蓝，而青于蓝；冰，水为之，而寒于水。”

我国古代思想家荀子《劝学篇》开篇就谈到了这点，学习从模仿开始，但不能止步于模仿。

◎ 智能时代，职业教育何以实现终身学习？

2023 年 3 月以来，ChatGPT（人工智能技术驱动的自然语言处理工具）引爆各大行业。其中，教育行业更是经历了颠覆性的效率变革。教师会被取代吗？传统教培机构如何自处？ChatGPT 又能为教培机构带来哪些机会？相关争论甚嚣尘上，在新一轮 AI 大潮中稳中求进，职业教育既要拥抱当前时代大势，又要抓紧自有业务优势，走向融合发展的新征程。

2010 年国务院颁布《国家中长期教育改革和发展规划纲要（2010—2020 年）》，明确提出构建现代职业教育体系，将职业教育纳入终身教育体系建设中。在政策的指引下，全国各地根据自身职业教育发展的实际情况，积极开展了以终身教育理念为基础的职业教育实践模式探索。

我特别注意了这三种形式的“终身教育”：

第一，衔接拓展型。

衔接拓展型的现代职业教育体系，其构建重心体现在学历教育体系中，通过实现中职、高职教育之间的学习衔接渠道打破职业教育的“断头状态”，实现职业教育与更高一级本科院校之间的衔接，或是在本级院校内部实现学历培养的拓展和延伸，构建中高职向本科、研究生教育之间的上升渠道。在这方面，江苏省的做法就较为典型，充分体现了衔接拓展型现代职业教育体系的特征。江苏作为全国经济发达地区，在构建现代职业教育体系过程中从自身产业体系需求出发，充分考虑本地职业教育的实际情况，实现职业教育体系构建与产业发展的一致性。2012 年江苏省教育厅发布《现代职业教育体系建设试点项目的通知》，主要从五个方面推进现代职业教育体系的衔接试点工作：第一，构建中等职业教育和高等职业教育的“3+2”或“3+3”分段培养模式；第二，构建中等职业教育和普通本科的“3+4”分段培养模式；第三，构建高等职业教育和本科教育的分段培养模式；第四，构建高等职业教育和本科联合培养模式；第五，实施中高职 5 年一贯制的连续培养模式，并遴选了部分本科院校、高职院校和中职学校作为试点单位。经过 5 年多的发展，成效显著，大大拓展了学习者的发展空间，实现了人才培养和成长渠道的畅通。

第二，融通互换型。

融通互换型模式主要是在中等职业学校和普通高中、职业教育学历证书和职业资格证书之间以学分互换或学籍相互承认的方式实现融通，这要求教育部门、人力资源与社会保障部门之间在政策方面实现衔接，确保学籍转换以及学分互认能够实现。一直以来，政策障碍是阻碍现代职业教育体系构建的重要因素，为此，上海市教委、上海市人力资源与社会保障局联合出台了多个政策文件，尽力打通职业资格和学历证书互认的障碍，同时上海市教委还就中等职业学校学生参加普通高考出台了多个文件，为普职沟通和双证互认提供了政策保障。山东省教育厅为了促进普职融通以及学分互认也出台了相关的政策，从 2014 年以来山东省初中毕业生可以同时报考普通高中和中职学校，并在中职学校和普通高中之间实现了学分互认以及学籍互换，为职业学校、普通高中的学生提供了相对多元的学习选择。

第三，分级多元型。

所谓的分级多元型构建模式，主要是在职业教育办学过程中按照技术技能人才的成长规律，对职业教育的纵向体系进行分级，明确不同等级对应的教育层次，并实现纵向体系上的衔接和沟通。在分级制体系中，将学习者的连续学习和弹性学习进行结合，推进学习制度和教学管理模式的创新。在这个过程中，不论是成人学习者还是适龄学生，根据自身的需求均可以进入分级系统，进而形成多元化的学习格局。北京市从 2014 年以来推行职业教育分级制，该体系以初中毕业生为分流起点，实施职业教育 5 类等级架构为主体，分别是初中后的中职（高中）、高职（专科）、应用本科、专业学位硕士研究生教育、专业学位博士研究生教育。初中毕业生按照考试成绩可以选择进入高中或中职学校就读，可以通过高考或一贯制模式进入普通专科或职业学院，专科或职业学院学生可以通过在北京市范围的专升本或自学考试进入应用型本科院校，在应用型本科院校毕业后可以通过研究生入学考试来选择攻读专业学位研究生。北京市实施的多元分级体系，大大拓宽了职业教育的办学功能，并扩大了职业院校利用现有教育资源的渠道，为学习者提供了接受更高一级职业教育、应用技术教育的机会，充分体现了职业教育的终身性和全民性理念。

最大限度地开放职业教育资源和发挥文化引领作用也是职业教育的责任之一。职业院校应该将信息技术与教育资源相结合，使学习者能够突破时间与空间的限制进行学习，在扩大学历教育的同时参加各种在岗培训和社会转岗培训。职业院校与企业的合作是校园文化与企业文化融合、创新的过程，也是不同的企业文化的集散地。接受不同文化的熏陶和感染，可以增加学习者的创新意识和创业能力，同时提高学校的品牌声誉。

但建立终身职业教育需要制度保证。目前，据了解，终身学习理念下的职业院校面临的问题和困惑包括：缺乏相应的保证、协调机制，与企业联系不紧密；中、高级职业教育的衔接不够顺畅；职业资格证书体系建设不完善，就业准入制度不完善；职业教育针对在职和转岗、就业的培训管理机制不灵活，等等。因此，职业教育的终身化学习需要政府相关部门建立相应的制度，解决实践中存在的问题。首先，建立职业教育与普通教育、成人教育和高等教育相互融通的终身教育体系，把存在于社会各个领域中的广泛的、多样的教育技能和学习机会有机统一起来，形成一个纵向相互衔接、横向相互融通的教育体系。学习者能够在终身学习的理念下，根据自身的条件参加各种形式的学习。其次，出台相应的法规和政策，一方面鼓励企业积极参与职业教育，培养与劳动力市场需求相一致的人才；另一方面，为转岗和再就业者提供资助和支持，引导和鼓励职业院校开展各种不同的学习形式，促进劳动力素质不断提高，建立健全学习保障机制。最后，建立劳动者教育培训的学分认证和积累制度，并且与职业资格认证制度统一和对应起来，鼓励弹性学习，引导学习者紧跟劳动力市场的需求，不断完善自身的知识和技能，保持学习者接受继续教育的积极性和主动性。在此过程中，开创建立学习型企业、学习型组织、学习型社区和学习型城市的活动，营造终身教育的大环境，使政府的激励与院校、企业的响应积极地互动。

◎ 德国双轨制教育下的终身培训

我们都知道，德国职业教育在世界上享有很高的声誉，尤其是其中最核心的“企业和职校合作”的“双轨制”，更是受到各国教育界的普遍推崇。除了德国，“双轨制”只在奥地利、瑞士等欧洲少数国家有普遍的应用。

德国人才培养主要通过两条途径实现。一条是小学→文理中学（Gymnasium）→大学（Universität），这是一条直接升学的道路，主要培养从事科学和基础理论研究的研究人员；另一条途径是小学 → 普通中学（Hauptschule，往往是学习成绩相对差一些的学生，包括了许多外来移民的孩子）或实科中学（Realschule，通常学生的学习成绩介于文理中学和普通中学之间）→职业学校，这是一条直接就业的道路。

双轨制职业学校的教育特点之一是对学生教育背景没有特殊要求，而文理中学的一大局限是学制互转上的问题，实科或主体中学几乎没有机会转学进入文理中学，并进一步接受大学教育。

最早的双轨制学生主要来自普通中学（Hauptschule），而现在，无论接受哪类中等教育的学生，包括文理中学，都有机会选择双轨制职业学校。

对于直接就业的路径而言，德国有着成熟的职业教育培训体系，包括了小部分由政府公共部门承办的全日制职业学校，以及独具德国特色、由公共部门和私营部门共同合作建立并维系的双轨制职业教育培训体系（双轨制）。

双轨制顾名思义，包括了企业实习和学校学习两部分学习方式，即实践和理论相结合。学生是双重身份，既是工厂的学徒，也是公立职业学校的学生。

使双轨制区分于其他教学体系的特征是企业能够直接参与国家职业教育概念的构思和执行：企业、职业学校、商会、政府机构及工会之间紧密合作是双轨制取得成功的核心所在。双轨制致力于为人才市场提供技能娴熟的劳动力，教授青年学徒在面对未来职业生涯所需具备的相关技能。正因为这些技能的最终用户是企业雇主，所以在构思和执行阶段能够让他们参与进来，就显得尤为重要。

学生实时参与在企业运营的第一线，倒逼从事理论教学的老师也必须做到与时俱进，教授最前沿最符合当下需求的相关知识，从而确保了双轨制教学内容的实用性和有效性。

从实施方面来看，双轨制首先由德国政府建立相关法规制度，保障学生的工作权益，包括不能少于三分之一基本薪资的津贴以及基本福利。企业则按计划将款项投入培训项目，德国每年都要花费大约 200 亿欧元，其中大部分经费来自各家企业，占比大约85%。

在德国，上大学并不是青年人成才的必由之路。德国联邦政府数据显示，每年有60%的德国青少年选择接受双轨制职业教育。据统计，2010年初，德国国家认可的职业培训种类达348种，共有170万名青少年选择了职业教育，其中最受学员欢迎的职业培训是工商类职业培训，占49%；其次是手工作坊类职业培训，占38%；其他领域的职业培训，包括农业、公共服务、自由职业、家政服务以及航运等。双轨制职业教育体系的优势在于，一方面可以使企业根据自身需要更有针对性地培养专业人才，另一方面可以确保较高的学员聘用率。

岗位培训是德国终生教育体制中的一项重要内容。通过岗位培训，可以极大地缓解新技术领域人才短缺的矛盾，为更多有专长、有抱负的青年人提供继续深造和施展才能的机会。

对所有年轻人保证足够的职业培训和技能培训是德国联邦政府的既定目标，这不仅针对表现出色的年轻人，也针对一般人。德国政府认为，只有这样才能确保德国对技术工人的需求。因此，德国政府和企业界各大联合会从2004年6月开始联合实施《德国培训和专业人才新生力量国家契约》。在"开发所有潜力"的口号下，德国政治、经济和社会合作伙伴联合起来，努力促进青少年从学校到培训或就业的过渡。

在该契约框架下，联邦政府制订计划并采取措施，确保有足够的职业培训岗位和培训机会。这些计划包括："毕业和连接——通向职业资格的教育链""VerA——预防放弃培训的情况""工作启动器——促进更多培训岗位的资助计划"，以及"迈向职业资格——降低年轻人无资格毕业率"等。

以"毕业和连接——通向职业资格的教育链"倡议为例，"在企业间职业训练中心和比较职业训练中心的职业指导方案"是该倡议的重要组成部分。根据该方案，德国七年级学生可获得一份个人能力评估预测分析报告，以及一次至少在三个工作领域、为期两周的车间实践体验经历。

针对不少年轻人在第一年就中断职业培训学习的情况，2008年底，德国高级专家组织与企业界各大联合会联手推出"VerA——预防放弃培训的情况"倡议，并得到德国联邦教育与研究部赞助。德国政府还启动了"开发职业教育与培训学分体制"的试验活动。该行动涉及以下几个方面的学分转换：职业准备培训和双轨制职业培训之间的学分和资格转换；"双轨制"内某一职业领域的职业教育和培训的资格转换；“双轨制”和全日制学校职业教育和培训之间的学分转换；“双轨制”与职业继续培训之间的学分转换等。这一教育政策的目的是开发和测试职业教育与培训中的学分转换机制。这意味着教育和培训途径将更加开放和多样，并更具渗透性，同时它也有利于促进不同学习方式的相互衔接以及不同教育机构之间的合作。

第二节　打破学习公式

当年 AlphaGo 战胜李世石的时候，我就在一篇文章里引用过这样一段话：

对于一个接受了 16 年标准教育的人来说，假定他能活 60 岁，那他几乎花了人生 1/4 的时间进行全职学习。他能背古文诗词，能解圆锥曲线方程，会计算脱离地球引力需要的速度，知道各大历史事件的时间点……而这些，搜索引擎可以在几毫秒之内就找到答案。这就意味着一个人花了 16 年人生中最宝贵的时间，去掌握计算机瞬间就可以搞定的事。这样看来，根本不用担心人工智能是否可以威胁人类，因为已经在威胁了。

还有一些变化是悄然发生的，更不易察觉。比如多项研究都已经得出了同样的结论：到 2030 年，人类现有工作中有 50%～75% 都将消失，由机器来完成；反过来，在全世界的大学新生中，有 65% 的人在未来将从事现在还不存在的职业。

与此同时，我们每个人掌握的技能半衰期正在变得越来越短。技能半衰期的意思是过了一定的时间，我们当初学会的东西就没那么有用了，或者干脆就过时了。在 20 世纪后半叶，这个半衰期是 30 年；而现在是多少呢？5 年。关于技能半衰期，我特别感同身受。20 世纪 90 年代我大学毕业，在学校里学的是 DOS 系统，到了工作单位才发现，市面上已经开始用一种叫作 Windows 的操作系统了，于是从头自学。

所以我很认同一种说法：未来每一个人都会永远处在“菜鸟”状态，需要持续不断地学习才能跟得上时代的变化，更重要的是，引领时代的变化。我们都知道，学习其实是人的一种本能，而现在，学习更是一种必须熟练掌握的技能，尤其是高效学习。

大量的研究已经表明，影响一个人未来成就与幸福的并非学术知识，而是各种个人能力，比如社交能力、学习能力、决策能力、适应能力和时间管理能力等，而这些恰恰是现行教育内容中普遍缺失的。面向未来的学习究竟应该学什么？尽管各种研究的结果以及政策标准不尽相同，但总体思路是一样的。

比如美国提出的 21 世纪学习框架中的“4C 核心素养”。又比如，哈佛大学教育学院牵头的“全球教育创新计划”（Global Education Innovation Initiative）提出的“面向 21 世纪的教育”的基本内容，包括个人内心的成长、人际交往能力、认知能力、价值观、积极参与式的赋权教学法等，每一个类别下都详细列出了具体内容。这些核心素养和教学内容框架正在被越来越多的人和教育机构接受，指导着他们的教学设计和日常工作。

学习的方式也在发生各种变化。最显著的就是学习的途径和设备越来越丰富，学习再也不是只能发生在学校教室里的事了。

大家觉得被这种情况冲击得最厉害的是哪一门学科的老师？我走访过很多学校，不管是在农村还是城市，我发现最受冲击的是英语老师。过去，英语老师在学校里可以算是一种很特别的存在。首先，英语是主科，地位很高；其次，会说一门外语，这是多么厉害的一件事啊！可现在早已不是这样，学生随便在网上就能接触到最正宗的美式英语、英式英语，还带字幕，学习效率高太多了。更可怕的是，学生一对比就能发现，很多英语老师发音并不标准，跟英语为母语的外国人根本没法比。

有不少学生懂一些韩语、日语，他们不是在课堂上学的，而是看韩剧、日剧学来的，因为他们喜欢，边看就边学会了。还有很多学生在慕课平台上学习，比如国外的 Coursera、国内的网易公开课，上面有大量的课程，他们可以选自己喜欢的学，选自己喜欢的时间和地点自由学。

而学习发生的场域再也不只是学校教室，也不限于课堂的 45 分钟，而是可以在博物馆、图书馆、美术馆、公园、森林、社区等任何地方，任何时间。

◎ 任何时间、任何场所

“终身教育”这个词最早见于英国议会的一份文件。但从历史的角度看，终身教育思想中国古已有之，孔子就提出了不少有关终身教育的见解。

孔子主张“有教无类”，指出教育对象不分类别，自然也包括不同年龄的人。据《史记 · 仲尼弟子列传》中记载，孔子的弟子先后达到 3000 人，而以颜回为首的身通“六艺”的弟子就有 72 人。这些学生的年龄相差很大，子路年龄最大，仅比孔子小 9 岁，比孔子的其他学生大三四十岁。可见，孔子的学生中既包括年幼的少年，也包括成年人，甚至包括年近半百的老人。孔子教育学说的核心是以“仁”为主的道德修养。他认为道德修养是终身的修炼，并以自己为例，说明要使道德修养达到“仁”的境界，就必须终身学习。他的“吾十有五而志于学，三十而立，四十而不惑，五十而知天命，六十而耳顺，七十而从心所欲，不逾矩”便反映了他的终身教育思想。

汉代学者刘向认为：“少而好学，如日出之阳；壮而好学，如日中之光；老而好学，如秉烛之明。”南北朝文学家、教育家颜之推也指出：“幼而学者，如日出之光；老而学者，如秉烛夜行，犹贤乎瞑目而无见者也。”可见他们都在鼓励人们终身学习。

宋代理学之集大成者朱熹，一生讲学达 50 年之久。在长期的教育实践中，他积累了丰富的教育经验，将儿童教育与成人教育作为一个统一的过程进行了考察。他认为，教育的目的是“存天理，灭人欲”，而达到这一目的则需要长期教育和自我修养的过程。于是，他将教育的过程划分为“小学”与“大学”两个不同的阶段，主张男子从 8 岁起入小学，受“小学”教育；从 15 岁起入大学，受“大人之学”的教育。“小学”教育教人做事，从躬行实践入手，即通过“洒扫、应对、进退之节”及“礼乐、射御、书数之文”，培养学生的德行。“小学”教育是“大学”教育的基础，“大学”教育是“小学”教育的扩充和深化。“大学”主要教如何去做“致知”“穷理”的功夫，讲求修身、齐家、治国、平天下的大道，以止于至善。虽然这两个阶段的教育内容和教育方法存在差别，但“存天理，灭人欲”贯穿始终，并将这两个阶段有机地结合在一起，构成一个从幼年到成年的完整的教育过程。

外国哲学家、教育家的著作中也蕴含着丰富的终身教育思想。例如，古希腊著名的哲学家苏格拉底、柏拉图和亚里士多德都十分关注教育问题，并提出了一些真知灼见。

苏格拉底的一生是在积极探究哲学和不懈地追求真理的论战中度过的，他表示“只要一息尚存，我永不停止哲学的实践，要继续教导、劝勉我所遇到的每一个人”。柏拉图在《理想国》中对人从生到死的教育提出了一系列的见解，主张通过优生、胎教、早期教育、初等教育、高等教育及任职后的继续教育来培养国家的最高统治者——“哲学王”。他明确提出，统治者在就任以后，除了管理好国家、公民和他自己，“在剩下的岁月里，他们得用大部分时间来研究哲学”，即人的一生接受的教育不是一次性的，而是连续的。亚里士多德也大胆地提出“儿童和需要教育的各种年龄的人都应受到训练”，最好使全城邦的公民都“受到同一的教育”。

除了“希腊三贤”提出过类似终身教育、终身学习的思想，在西方教育史中还有许多教育家都对这个问题发表过一些独到的见解。例如，17 世纪伟大的教育家夸美纽斯在其《泛教论》手稿中提出了与现代终身教育思想非常类似的主张。夸美纽斯要求使“所有的人和每一个人：青年人和老年人，富人和穷人，贵族和贫民，男人和女人，总之，使每一个生之为人的人的人性都得到充分发展，最终使整个人类，不分年龄、出身、性别和民族都受到教养”。他认为：“对整个人类来说，整个世界就是学校，从宇宙的开始到终结都是学校；同样，对每个人来说，他的生活从摇篮到坟墓都是学校。”他还主张：“让各种年龄的人去做他所能做的事，让人终生都有东西要学、有事要做。”为了实现这一梦想，夸美纽斯将人的生命的整个过程划分为胎儿期、幼儿期、童年期、少年期、青年期、成年期与老年期七个阶段，并设想建立与这些阶段相对应的妊娠学校、幼儿学校、童年学校、少年学校、青年学校、成年学校及老年学校这七种学校，还规定了每一种学校的教育目的、教育内容、教学方法及教学原则等。可见，正如波兰学者苏霍多尔斯基所指出的，“在夸美纽斯的这些论述和设想中已蕴含着丰富的终身教育思想及终身教育思想付诸实践所应采取的措施”。

然而，终身教育与传统意义上的各种教育有着很大区别。终身教育包括了以上所有的教育形式，而这些教育形式都可以是构成终身教育的基本要素或内容。这里的“传统教育”是以教育发展的阶段性为基础、以教育资源的制度安排为基本条件、以社会需要为基本动力、以满足社会需要为评价导向的、忽视个体的现实需要和终身发展能力的教育的总称。事实上，终身教育制度建立以前的教育，因为其单一的结构、功能，以及各种教育组织的相互隔离，都可以称其为“传统教育”。

终身教育的目标是培养“现实的完人”、一个独立的人及处在同他人和整个社会关系中的人。它以人的全面发展为核心，承认人的个性因素，遵循人的个性发展规律，让所有的人根据自己的需要，在人生的各个阶段都能得到学习的机会。

传统教育强调的是制度化的教育，教育的空间也是正规的教学活动场所——学校或教室。由于现代科学技术的发展，特别是现代信息通信技术的发展，产生了新的教学手段，为人们提供了各种学习途径，加上人们已经把学习视为社会生活的一种方式，所以人们用来工作、生活的场所都具有了教育的功能。这种空间表现为实体与虚拟、固定与流动、个体与社会、有形与无形、封闭与开放的统一。

换言之，任何时间、任何场所、任何形式以及任何人，组成一个动态发展的、以唤醒自身学习元力和逻辑思维能力、社会驾驭能力为目的的教育整合——这是“终身教育”的新模式。

◎ 职业教育，远不是一个人的终点

中职不应该是学生的终点，而是起点，虽然看似比普高的起点要低，但是只要通过努力，未来还是有无限可能的。从近年来的政策来看，国家对于职业教育的发展越来越关注，可以说职业教育的前途很广阔。而且国家已经打通了中职、高职、本科的升学通道，只要想学，甚至研究生也不是问题。近几年已经有很多高职院校升为本科院校。没有考上高中，只能说明自己本身并不适合拼文化课这场竞赛，不妨换个生活方式、学习方式，其实一样成才。中职的学习体验是全新的，文化课是基础，专业课才是核心，多种多样的实训课程可能更容易激发学生的学习兴趣，从而学到实际的技能。此外，还可以多参加技能比赛，对于升学和找工作都是很有帮助的。

中职的升学道路也是有很多种的，对口升学、高职单招、五年一贯制、3+2……中职毕业后照样可以上大学！

当下，仍有不少人戴着“有色眼镜”看待职业教育。实际上，职业教育绝不是所谓的“教育”，而是当下教育行业最受欢迎的赛道，早已今非昔比——不是你想象的原来的样子！

职业教育是一种“教育类型”，而非“教育层次”，它与普通教育同样重要。标签化地贬低职业教育，极不可取。

不断优化完善的职业教育体系，正在深刻地影响着社会单元里的每一个个体。自 2021 年起，重庆将每年的 5 月定为职业教育活动月，2023 年的主题是“技能：让生活更美好”。

何为“美好”？它既体现在当前职业教育的亮点中，也反映在助力职业教育打破痛点、“浴火重生”的过程里，还将出现在新拐点焕发新光彩的身

影中。

当然，当前的职业教育还存在一些痛点。

传统观念与偏执思维作祟。中国社会深受儒家思想影响，千百年来的观念都是“学而优则仕”。因此，从教育领域、用人单位到社会心理层面，都或多或少地存在“瞧不上职业教育”的现象，且认为它“低人一等”，在意识和制度上“双重歧视”，将其视作教育“鄙视链”的最底端。

软硬件配置跟不上步伐。硬件上，部分职校的基础设施、教学设备等投入水平，低于同地区的其他学校；软件上，社会对职业教育学生“学风差”、教师“水平不高”等刻板印象还在，职业教育的舆论形象有待进一步完善。

生源整体质量水平还需提高。“职普分流”后，中职学校生源质量较低、流动性大、入读或后续升学意愿不高等问题仍然存在。要提高质量，就要解决好“后顾之忧”，及时改革“对口升学”机制，如设置应用型大学，开展本科层次职业教育试点等，推动职业教育高层次人才建设。

学生后续发展空间存在瓶颈。《中国职业教育发展白皮书》显示，我国职业学校就业率近十年连续保持高位。但“中职—高职—本科—研究生”之间的升学壁垒还需要打通，且职校生就业后，还面临着收入待遇差、上升空间小等一系列现实问题。

一边是巨大的人才缺口。产业升级，对专业人才提出更高要求。如《制造业人才发展规划指南》指出，到 2025 年，我国技能型人才缺口率将达 48%，技术蓝领缺口高达 3000 万人；一边是社会摘不下的“有色眼镜”。“职校生=差等生”“读职校=混日子”等污名化标签，挥之不去。

群体情绪需引导，发展藩篱要破除。

作为家长，没人不关心自己孩子的前途；作为学生，更是要亲身面对往后的一系列挑战。职业教育不应该成为助长社会焦虑情绪的“催化剂”，更不能变成制约发展的“紧箍咒”。

但职业教育新的拐点在哪儿？

即使有国家与地方的大力支持，舆论场上仍有一些尖锐的声音：“你会把自己的子女送去读职校吗？”“职校生的社会地位提高了吗？”的确，我国的职业教育发展，还有较长的一段路要走。

随着我国从“制造大国”向“制造强国”不断迈进，职业教育的前景变得更加广阔，未来是光明的——这一点毋庸置疑。

顶层设计助力职业教育向优向好。2019 年，《国家职业教育改革实施方案》出台，指出职业教育与普通教育“具有同等重要地位”；2021 年，全国职业教育大会召开，提出建设技能型社会的理念和战略……国家接连“出手”，释放出职业教育向高质量发展迈进的强烈信号。

个体成功让职业教育的形象更加鲜活。选择职业教育的学生，未必是水平不足，他们毕业后所从事的工作，也并非都是低端行业。“跑法”虽有不同，但只要奋发图强，磨炼好本领，一样能在“服务大局、成就自我”的过程中抵达终点，创造奇迹。

顶层设计已经为职业教育带来发展机遇，要让新的“拐点”助力职业教育“弯道超车”，还有不少功课要做。

学生的后续发展机制要更通畅。比如，“中职升本”的“通道”虽已搭建，但与普通教育相比，职业教育学生升学的“口子”，还不够通畅。要将“同等重要”的定位落到实处，打通技能人才的成长渠道，才能打消顾虑、增强信心。

新时期的职业教育面临新挑战，学校不能故步自封。既要搭好“天线”，吃透国家的大政方针、战略部署；也要接好“地线”，服务地方经济发展；还要用好“连接线”，以用人单位的实际需求，倒逼教学体系转型升级。

可充分利用数字化技术为学校赋能，为教学场景、人才培养、校园治理等各方面引入新鲜“血液”。比如，传统教学模式中，老师的时间和精力都有限，而当学生有了“数字画像”，针对“数字个人”的因材施教会变得更加精准。

此外，现行人才培养体系与企业用工需求之间的结构性矛盾仍在，职业学校专业设置的重合度、同质化还较高，职业教育学生的获得感、认同感、幸福感还不够强……都需要进一步找差距、补短板。

职业教育不是单纯的就业教育，也不是教育的终点，而是新的起点。而聚光灯下的职业教育，从来不缺关注度。每一个职业教育的参与者、建设者，都应走进“光”里，成为主角，大放异彩。

◎ 让“中职”成为人生“缓冲器”

英雄不该由出身决定，每个人都应有人生出彩的机会。例如，中国科学院院士王立鼎先生当年就是一名中专生。初中毕业的他选择了可以早就业的中专学校，毕业时正好国家出台政策允许优秀中专学生报考大学，于是得以继续深造，并逐渐成长为国内公认的超精密齿轮专家，是享誉中外的“齿轮王”。王立鼎能够为国家作出很大贡献，与当年中专毕业生可以考大学的政策关系密切。

近年来，国家对职业教育的重视也提升到前所未有的高度。我们应该具有多样化人才标准、多样化教育标准、多样化培养路径，真正做到百花齐放，促进人人成才。只有摘掉有色眼镜，站在百年未有之大变局的历史背景中重新审视职业教育，才能发现作为类型教育的职业教育，在推动产业升级、社会进步上有着不可或缺的巨大作用。职业教育是国民教育体系和人力资源开发的重要组成部分，是广大青年打开通往成功成才大门的重要途径，前途广阔、大有可为。要弘扬劳动光荣、技能宝贵、创造伟大的时代风尚，营造人人皆可成才、人人尽展其才的良好环境，努力培养数以亿计的高素质劳动者和技术技能人才。

随着社会发展和产业的升级，技术技能人才对于推动科技和社会进步的作用日益凸显。我国现阶段的高学历人才、硕博士论文等远多于一些发达国家，但在前沿和创新领域还存在一定差距，其中有一个关键问题在于高端技术技能人才的缺乏。可见，创新不能只做书斋里的学问，还要面向市场，加快发展现代职业教育。拓宽中专生发展途径，出现更多的“齿轮王”，这既是学生自身长远发展的需要，又是保障产业行业转型升级和建设创新强国的需要。

当下，劳动密集型产业逐步被淘汰，单纯依赖熟练动作技能的岗位越来越少，对生产人员职业态度、创新精神和综合素质的要求越来越高。要实现中国由制造大国到制造强国的历史性跨越，关键在于加快构建现代职业教育体系，培养更多高素质技术技能人才、能工巧匠、大国工匠。这就需要我们在人才培养中更加注重学生应对职业活动普适性的、可迁移的“软技能”，注重培养适应工业 4.0 时代的全面发展的人，让学生适应不断变化的市场需求，知道如何去发展和创新。从长远发展来看，让中职毕业生享有更多样的教育选择和更畅通的学业提升通道，可以在一定程度上增加更多具有技术技能的高学历人才，有利于为加快经济转型升级和实现经济高质量发展奠定坚实根基。

教育部职业教育与成人教育司司长陈子季在介绍 2022 年工作重点时指

出，中等职业教育是职业教育的起点而不是终点，推进中职学校多样化发展，从单纯“以就业为导向”转变为“就业与升学并重”。

尤其是在职业教育法大修之后，更多人意识到职业教育优势，也有更多的学生主动选择职业教育，他们也通过自身的努力不断刷新着中职生未来的天花板。目前升学已是中职教育的主要去向。

学生可以通过对口升学、高职单招、五年一贯制等各种途径继续深造。

1. 对口升学

对口升学是专门针对中等职业学校毕业生对口升高职的专业技能考试，以“专业技能+文化考试”成绩为录取依据的招生办法，也被叫为“对口高考”。

对口升学是国家从高校招生计划中选择部分专业，拿出专门指标，中职对接高职、本科，让中等职业学校的毕业生通过对口专业的考试招生，进入普通高校学习。对口升学的学生大学毕业后和同年通过普通高考进入大学深造的学生享受同等待遇。

对口升学是职校学生之间的竞争，既降低了难度，又能发挥各自的长处，同时也避开了“千军万马过独木桥”的高考，不仅能够考高职还能上本科。

对口升学的另一优势在于升学、就业双保险，就读对口升学班，有直接升入大学的机会，也可选择直接就业，升学、就业两不误。

2. 高职单招

与普通高考相比，单招考试不仅看文化考试，还要看综合测试，比如技能、面试、职业倾向测试等，综合能力强的考生的优势可得到体现。有些院校参加考试人数较少，升学录取率高，专业迎合社会需求，就业前景广阔。所以高职单招已逐渐成为中职生升学的主流方式。

3. 五年制高职

五年制高职（“3+2”）又称“初中起点大专教育”，招收初中毕业生，实行五年一贯制的高等职业教育。

前三年实行中等职业教育管理，成绩考核合格后转入高等职业院校继续学习两年。即在一所中职校学习 3 年后，不用参加单招和高考，通过此项培养的阶段性考核就可以继续学习 2 年，毕业时可获得国家承认的高等教育专科毕业证。

学业期满颁发国家教育部统一印制的普通高等学校毕业证书，证书注明

“五年一贯制专科”字样，与三年制专科字样基本无异。此学历为国家承认的全日制大专学历。

4. 普职融通

初三毕业选“普高 or 中职”太纠结怎么办？别担心！如今，有一个“两全其美”的办法，让孩子既可以感受普高课程，也有机会选择中职学校学习自己感兴趣的专业，那就是——普职融通。

普职融通，是由中等职业教育与普通高中教育合作，实现资源共享，一学期后通过考试可转入普高学习。即“普职融通”实验班的学生，经过高一学年的普通高中知识的学习，如完全能够适应普通高中的教学要求，且学习成绩达到相应的要求，则可申请转入普通高中学习，享受普高学生待遇。在普高学习的学生也可以在高一结束后根据学生的兴趣、特长选择进入中职学校，选择合适的专业学习，为学生自主成长、多元成才搭建了互通立交桥。

5. 艺体高考

对于有艺术特长和体育特长的学生而言，艺体高考是一条不错的路子。中职学生参加普通高考艺体类，考试流程和录取方式与普通高中是一样的。

6. 免试入学

如果学生在中职阶段已经获得省级、国家级相关技能比赛的重要奖项，可申请免试入学，经省级教育厅核实资格，拟申请高校考核公示无异议后可以获得免试录取的机会。

7. 海外留学

中职生通过留学的方式进入国外大学深造，已成为一个不错的选择。

8. 普通高考

中等职业学校属高中学段教育，中职毕业生与高中毕业生一样也可以参加普通高考。

9. 成教、网教和自考

成人高等教育入学考试是全国统一招生考试，由成人高校根据考试结果择优录取，统考每年举行一次，达到分数线后才能入学就读，考试形式类似于普通高考，考前要填志愿。

职业教育不断拓宽的升学路径给了学生更多的选择。北京师范大学国家职业教育研究院院长和震曾表示，中专、大专、本科打通之后，在我们国家的教育体系中间，就会形成普通教育与职业教育双轨并行的学历上升体系，同时横向也能融合。特别是打通了职业教育轨道上的学历上升空间，使职业院校的学生可以升专科和本科，那么这个意义还是非常大的。

第三节　不做当代“新文盲”

在中国，文盲基本消除了。

以往，文盲是指由于不识字，而无法有效吸取信息和知识的人。随着社会的发展，极度欠缺某方面的认知，造成无法有效吸取新信息和新知识的人，也可以称为是“新文盲”。这种“新文盲”现象，不仅影响中国的发展，也被西方利用来制造出各种谣言。

“新文盲”可能识字，也可能具备一定的知识，但仍然无法有效吸取新信息和新知识。所以，“新文盲”不仅可能在知识群体里存在，也可能在各个阶层里存在。

我们看到的“专家”奇谈怪论，看到的“大人物”奇葩言行，很多属于“新文盲”范畴。

有人总结“新文盲”，体现在多个角度：

1. 思维技能的欠缺：孤立、片面地看待问题，缺少“去伪存真、去粗取精、由此及彼、由表及里”的思维能力，不善于总结、分析、归纳，不善于发现规律、使用规律，思想主观，等等。

2. 基本道德的欠缺：即使是最基本的道德礼仪，也常常被弃之脑后。比如脏话满天飞，不仅不以为耻，还有登堂入室的趋势。

3. 基础科学知识的欠缺：比如所谓的“酸性水”“碱性水”“细胞破壁技术”，竟然畅行无阻。

4. 语文技能的欠缺：虽然大部分人都识字了，但很多人的用字能力、造句能力还达不到小学水平，比如把“再来一次”写成“在来一次”，把“外埠”读成“外阜”。

5. 人文精神的欠缺：对弱势群体的漠视，工作方法的简单粗暴，欣赏庸俗文化，对历史文物的破坏，等等，都显示出人文精神的欠缺。

6. 历史知识的欠缺：对历史上的重要事件、重要人物，缺少应有的了解，造成善恶不分，是非不辨，数典忘祖。

7. 民族知识的欠缺：目前，一些有关民族的言论十分混乱，造成那些不明真相的人认识上的糊涂。

8. 审美意识的欠缺：很多地方出现一些奇怪的建筑、劣质仿古建筑，比如近期被拆除的关羽雕像，都大煞风景。

对于这些问题，目前缺少明确的解决方法，比如议论纷纷的转基因问题，至今少有权威的、科学的论断，反而那些似是而非、混淆视听的言论却大行其道。

有学历与有素养，有文化与有知识，有知识与有见识，有见识和有智慧，这几个压根就不是一件事情。而更严重的是，一些公众人物，尤其是明星里的“新文盲”现象。

◎ 题外话的话：“绝望的文盲”

2023 年，一个短语“绝望的文盲”，成为小热梗。起因是某春节档电影主演在路演中接受采访，被问到对作品和角色有什么感悟时，一问三不知，被网友戏称为“绝望的文盲”。文章迅速在网络爆火，并引来很多人的关注。文中对“文盲演员”进行了痛批，字字珠玑，一针见血。

文化程度低，连剧本都未必能看懂，却能成为当红明星和很多年轻人追逐的偶像。

这不只是演艺圈“质量”的下降，更是社会价值观的倾斜和下滑。“文盲偶像”的爆火，年轻人的无知和盲从，我仿佛听见了鲁迅先生的呐喊——救救孩子吧。

学生是追星族中占比最大的人群，他们年纪小，还不具备成熟的分辨能力。他们很容易崇拜一个人，也很容易为之投入热情和精力。他们并不知道真正的偶像应该是什么样子的，他们只知道自己喜欢的明星唱歌好听，跳舞好看。他们分不清现实与角色，常常因为一部电视剧而把一个明星放上神坛，然后盲目崇拜。

原本以为追星族都是些不懂事的小孩子，直到在网络中不经意发现很多中年粉丝的存在才突然明白，粉丝不分年龄，只分层次。一部分人用一种极端的心态捧自己的偶像，导致一些演艺人员的专业能力和敬业程度下滑，甚至不需要具备过关的演技以及基本的台词功底，只要长得好看就行。还有演员不具备基本的道德和素质，不管他们做错了什么都有粉丝帮他们狡辩。

短短 20 年，一些人的三观和道德底线发生了变化。

第一，只认金钱，笑贫不笑娼。

从前的人们虽然也想过好日子，但他们有自己的底线和道德，他们知道什么事情该做，什么事情不该做，害怕被人戳脊梁骨。大家看不起的往往是那些道德败坏做了伤风败俗之事的人，而现在看不起穷人者不在少数。

第二，“享乐主义”严重，道德底线越来越低。

娱乐圈内有好几位因为私生活混乱而被封杀的男明星，可在报道他们负面新闻的评论区中，大家见到的并不是指责和抨击，而是一片羡慕之声。

很多男人毫不掩饰地表达了自己的羡慕之意，他们觉得如果自己有钱也会做出同样的事情。这就是以劣迹艺人为偶像带来的巨大影响，他们没有发扬艰苦奋斗的精神，也没有弘扬为国付出的价值观，反而把大家引到了一条只管享乐而不顾道德底线的道路。

第三，不提升实力，只重视外表。

明星收入高，相对于其他行业赚钱容易，很多青少年的梦想也发生了改变。他们不再想成为驻守边疆的军人，或者为国家科学事业做贡献的科学家，而是成为一名明星，甚至是网红。他们坚信这个世界是靠脸吃饭的，于是不再注重内涵，提升实力，而是把大部分时间花在外表之上。

艺人张某到日本在靖国神社前合影，到乃木神社参加婚礼。事后张某对自己的行为发表声明称，自己对于当地建筑物和当地的历史知识欠缺，对于举办场地和参加婚宴的其他人政治背景失察。作为中国人，首先要爱国，将国家的利益放在首位。著名演员、歌手吴某，涉嫌强奸未成年女性，多次诱骗年轻女性发生性关系，触犯了我国的法律。明星的“粉丝效应”极强，容易引导未成年人的思想价值观。

公众人物参与社会事务比普通公民要多，比普通人也多了更多的话语权和表达力。公众人物的行为更多地暴露在监督之下，如果公众人物的错误行为没有得到及时的批评和处理，也就意味着会有更多的人跟风模仿。所以提高公众人物的道德修养显得尤为重要。公众人物需要严以律己、以身作则，时刻注意自己公众人物形象；需要勤于奉献、关爱他人；需要守法来磨砺品格，提高修养，主动用高标准的道德要求来约束自己，才能担当起历史赋予公众人物的时代重任，激发社会的前进动力，引领时代进步。

并不是所有人都可以当明星，不仅要有专业水平，更应该有道德素养。国家提高其行业“准入门槛”，进入前对其思想道德、历史文化素养进行考察培训；在失德后对其严惩，彰显国家法律威严。明星本人要努力提高思想、道德、文化水平，做到爱国，爱人民，做社会正能量榜样。社会大众对公众人物进行监督，对其失范行为积极曝光，努力净化社会环境，维护良好社会风气。

两会期间，全国政协委员、中央戏剧学院院长郝戎也在《两会艺览》节目中表明立场："演员拼到最后，拼的是文化素养。"作为两会的关注热点，这个话题再次点燃了关于"绝望的文盲"的讨论。由于演员的专业素养并不与学历直接相关，不少网民将这次"扫盲行动"指斥为"学历歧视"。

的确，学历高并非成为一名好演员的必要条件。赵丽蓉不识多少汉字，但是她的表演即使放在今天也是当之无愧的经典；周迅只是中专学历、不爱读书，但人们称赞她表演的灵动时总不忘加上一句"天赋过人"来显示她的不可复制性；王宝强没有学历，也留下了许三多等至今仍被反复回味的好角色。

而且，学历并不等于学识。归根到底，网友们并不真正在意明星到底有没有那张文凭，而是对他们中"脑袋空空"的人深感失望。而对于演艺工作者来说，文化修养不像粉丝实绩图上的"注水"数据一样显眼，却默默地为他们的表演划定了上限和下限。

需要强调的是，此语境中的"文盲"，并不是要搞什么学历歧视，而是抨击那些对表演没有敬畏之心的人。譬如，有女主演花几个月拍完了一整部年代大戏，竟然还分不清故事发生的时代背景。描述自己的角色时，有些主演只会把"傲娇""霸道""虐心"几个词翻来覆去地重复说，说着说着，说不下去了，开始各种插科打诨，或者撒娇卖可爱，企图糊弄过关。当你用"过家家"式的演技敷衍，就别怪有人嘲笑你油腻；当你连戏剧的逻辑都懒得思考，甘心当导演的提线木偶，就别怪人们把你当笑话。可为什么现在这些"文盲"不怕笑话、不在乎油腻呢？很大一部分原因就是有人"惯"着。

郝戎院长在《两会艺览》中所表明的态度，就是希望更多演员能向德艺双馨的同行、前辈学习，而不是像一些"文盲"演员，演技"仅粉丝可见"，资本营销"唯流量是从"。明明大家只看到生硬的肢体表演，毫无情绪波澜的面瘫脸，但粉丝却能用"破碎感""演技炸裂""爆发力"等浮夸词汇将自家偶像的名字送上热搜。久而久之，演员不琢磨提升演技，只考虑怎么上热搜，让自己"假装有演技"就够了。"文盲"不可怕，怕就怕"盲而不自知"，甚至“盲而故意摆烂”。

《演员的自我修养》，重点在于“修养”，而非“自我”。这修养不仅涉及外在的术法，也关乎内在的心法——了解自己的水平，尊重自己的职业，始终带着对表演的敬畏心。王宝强读书不多，最初连剧本都看不懂，但这并不妨碍他用心理解剧本，理解人物本身，随身带个字典，一个字一个字地抠，不懂就问。春晚小品《打工奇遇》里，需要赵丽蓉亲手写毛笔字。为了能练好字，她买了 100 张宣纸，每天练到深更半夜。他们对待表演的态度就是“很认真，从不将就”，先天不足，后天来补，凭借“吃苦”和“体验”，融入角色，丰富表演。

现在很多明星被嘲“绝望的文盲”背后，是公众对他们心不在焉的表演积怨已久。表演作为艺术的一种，需要付出才有得到。一分耕耘一分收获，甚至有时十分耕耘才有一分收获。令人绝望的，从来不是“文盲”，而是“心盲”。如果演员都能像《狂飙》中大火的张颂文一样，充满了对生活的细致观察和深刻领悟；像 87 版《红楼梦》的“林黛玉”陈晓旭，为争取角色，主动写几页纸的人物理解，还附上了自己写的小诗；像渴望饰演李白的陈建斌，总是问“你说，李白喝醉了，倒在一个小酒馆里，午夜梦回，是什么心情呐”，如此定能扫除“心盲”，不会沦为“绝望的文盲”。

这一切都在说明一个道理：学历是考的，文化是学的，而应试教育也可能产生高学历文盲。本章强调的终身学习有三个层级：其一，常识的积累，包括人文素养。其二，学习的自觉性。其三，社会能力。

终身学习的目的，就是永远让自己与时代需要保持同频共振。

◎ 高学历“新文盲”

“文盲”的字面意思就是不会读书写字的人，宽泛点还包括没有基本文化修养的人。

但“文盲”不一定愚蠢。我们常可以见到许多年纪大的人，教育水平极低，可算是文盲、半文盲，但头脑清楚、说话有趣、待人接物得体从容，活得极明白。

“有文化”的人也不一定不愚蠢。同样有很多成绩很好、学历很漂亮的人，头脑简单、阅历贫乏、社会判断力极差。

可见，严格意义上的文化，那种课堂层面的文化教育，虽然和人的聪明愚蠢有比较强的关系，但并不是一回事。在课堂之外，我们也时时刻刻接受着教育，家庭的教育，社会的教育。

特别是，“社会层面的聪明”（可以凑合用“情商”这个词）往往不是课堂能教的，从小每天听父母在饭桌上怎么分析人际关系、怎么谈论社会现象可能才是决定性的。所以我们会有“读书好的人智商高，情商不一定高”这类粗略的观察。

事实上，学历高的人不仅可能情商不高，甚至连真实文化水平也并不高，也就是说，完全可能存在“高学历的文盲”。你让他考考试、发发文章可能没问题，甚至表现还特别好，但一闲聊就露馅儿，就会化身为“绝望的文盲”。

1977 年恢复高考，全国录取 27 万人，录取率 5%。到 2005 年开始，每年录取人数都在 500 万以上，最近几年录取近 800 万，录取率超过 80%。而据第七次人口调查数据显示，全国共有 2.18 亿人具有大学文化水平。很多人其实连中学的数理化都没学懂，却要硬着头皮做一沓沓的卷子，成为会做题的人。进入大学后，继续艰难学习他们不适合的学术问题，很辛苦混到大学毕业。毕业后若是没有好工作，还会硬着头皮去考研，混个硕士文凭。

大学人数指数增长，并不代表专业素质也同步增长。全民学历暴涨的背后，是高学历贬值时代的来临。

热门单位提高了用人门槛，首先是只招 985 毕业生，再提高到硕士或者博士门槛。大多数普本毕业生，既不愿意到工厂干技术工作，也不甘心干送外卖、快递这样的“低端”工作，而真正有门槛的岗位，他们又远达不到用人单位的要求，高不成、低不就，最后只能选择“躺平”。

早在 20 世纪 80 年代，美国教育学家就指出：美国普及高等教育是极大的浪费，即便科技再发达，在美国最多只需要百分之十几的工作岗位需要大学教育，如今的美国青年大部分上大学，这是个荒诞笑话。

二十年后，这种“美国式的学历内卷”也出现在中国。有几个人需要解一元二次方程？有几个人需要知道正弦定理、余弦定理、半角公式？有几个人需要懂得右手法则和泡利不相容原理、阿伏伽德罗常数？

若是离开城市，回到农村，你会觉得日常生活只需要用到小学四年级的内容。未来的社会，一半年轻人会读大学，加上各种成人学历教育，80% 的人会拥有大学文凭，却只有 10% 的岗位真正需要大学知识。高学历的人，就在这种不甘心的心态中做着与自己的学历不般配的简单工作。他们没法安心工作，因为那不是他们的理想。

未来的公司会更愿意选择低学历的人，无论是流水线工人，还是清洁工和保安，因为低学历的人更安心工作。

“终身学习”当然包括“学历提升”，却又不是唯“学历提升”。诚如笔者前文所述，是学习“与时代需要同频共振的能力”，包括工作能力与社交能力，见识增长与更新的能力。

有人把现在称为“专家已死”的时代，就是在说“知识衰退”和“技能衰退”的周期在不断缩短，一个月前还正确的理论、操作，下个月可能已经不正确，有人会犯“知障”，有人甚至还“刻舟求剑”。

长期以来，人们并不区分信息和知识，甚至将其混为一谈。印第安人有一句非常优美的箴言：“信息无处不在，而风就是它的化石。”在移动互联时代，信息更是爆炸性地增长。但是信息并不是知识。

秦始皇在几月几日、什么地方打败了楚国，这是信息。了解这些信息固然重要，但更重要的是知道秦始皇为何在当时做出这样的选择，又是什么力量帮助他达成了这个目标，以及对之后的历史产生了什么影响……这些，是知识。

显而易见，信息是稳定的、客观的、传递无差别的；而知识是不稳定的、主观的、因人而异的，与其形成的情境脉络紧密相连。“学习知识”是一个动态、多维、开放的过程，因此对于教和学的理解、设计、评估也是动态、多维、开放的。教育创新也好，教育创业也罢，本身就是一个打散原有元素、洞察其中关系并重组新价值的过程。在这个过程中，实在有太多可以尝试的空间了，但前提在于，我们到底是想灌输“信息”，还是想传递“知识”；是想做一只沉默的“黑箱”，还是展现一个更为丰富多彩的学习世界？

子曰：学而时习之，不亦说乎？有朋自远方来，不亦乐乎？人不知而不愠，不亦君子乎？

说就是悦，就是乐。学习得怎么样，不是求别人知道和称赞，学习的收获只有自己知道，所以人家夸不夸自己的学习，都不重要，不会为之生气，能做到这一点，才有君子的气度，才会懂得学习中的快乐精神之宝贵。

现代学生的学习目标无非是考个好大学，毕业以后找个好工作，有好的收入，再找个好人生孩子。这听起来有点好笑又可气，但也基本上就是生活的现实。

作为一个“过来人”，我不得不提醒家长和孩子们：学习的目标远不止于此，除了满足生活的需求，我们还应该有更高的追求，比如实现我们存在的价值并找到精神的归宿。

学习不该只是为了将来的生活做准备，而是学习即生活本身。

第十章　强其“体”也强其“魄”

人是一个整体，人的健康无外乎两种：第一，身体健康，是指人的身体符合人的正常生理现象，也就是我们平常说的没有疾病的发生。第二，心理健康，是一个人的认知、情绪、情感和意志，需要和动机；能力和人格的内在关系协调，心理的内容与客观现实保持统一，并能促使人体内外环境平衡和促使个体与社会环境相适应的状态，并由此不断地发展健全的人格，提高生活质量，保持旺盛的精力和愉快的情绪。

而青少年心理健康问题频发，越来越受到社会的关注。中职学生所处的年龄段，是人的行为、性格和智力迅速发展的关键时期。在这一特殊阶段，由于身心变化比较快，加之文化知识及社会经验的不足，中职学生很容易产生不健康的心理，导致心理问题或心理疾病。

就笔者多年和学生们沟通中总结，如果发生心理问题，大多集中在这几个特质：

1. 狭隘：即斤斤计较，心胸太狭窄，不能容人也不理解别人，对小事也耿耿于怀，爱钻牛角尖。

2. 嫉妒：当别人比自己好时，表现出不自然、不舒服甚至怀有敌意，更有甚者竟用打击、中伤手段来发泄。

3. 敏感：即神经过敏，多疑，常常把别人无意中的话、不相干的动作当作对自己的轻视或嘲笑，为此而喜怒无常，情绪变化很大。

4. 失落：抱有许多的幻想，希望将其变为现实，他们会付出种种努力甚至刻意追求，当这种需求持续得不到满足或部分满足，就产生了失败感。

5. 自卑：对自己缺乏信心，以为在各方面都不如别人，无论是学习上，还是生活中，总把自己看得低人一等，严重影响了情绪。

6. 叛逆：独立意识和自我意识日益增强，迫切希望摆脱大人的监护。同时，为了表现自己的与众不同，易对任何事情持批判的态度。

面对这些问题，学校作为他们接触最多的生活场景，是最重要的“调剂神经”。可以通过开展丰富多彩的实践活动，使学生在活动中经受磨炼，通过积极克服不断出现的困难，进行自我约束、自我调节、自我教育，锻炼意志，形成自强不息、坚韧不拔的心理品质。

但我们需要有三点共识：

第一，身心一体。很多心理问题，可以通过体育活动或素质拓展课程得到调节，因为这些活动具备补偿、发泄功能。

第二，建立情感共鸣。孩子们需要自己的倾诉对象必须是可靠而平等的，所以，平时与孩子沟通联系，对他们关心，是需要长期坚持的工作。

第三，建立心理问题收集渠道。怎么发现孩子出现心理问题？如何第一时间了解到？在长期的实践中，我们共同探索了多种新思路新办法，以期找寻适合中职学生心理健康发展的教育途径与培养方案。

◎ 来自班主任的“晚安”

心理健康教育是我们一直以来比较重视的工作。2023 年 4 月，教育部等十七部门印发《全面加强和改进新时代学生心理健康工作专项行动计划（2023—2025 年）》，明确了新时代学生心理健康工作的指导思想和“坚持全面发展”“坚持健康第一”“坚持提升能力”“坚持系统治理”的基本原则，提出了新的工作目标，部署了主要任务。而“班主任”是这项系统工作里尤为重要的“接收器”和“疏导管”。厘清班主任在心理健康教育中的责任，能够帮助他们明确工作边界和工作职责，既有利于其开展实效性、针对性的德育工作，也有利于其帮助学生提升心理健康水平。

每天晚上十点，新纪元的班主任都会集体开展深夜查宿、关爱学生工作，逐一走进宿舍，细心查看学生就寝情况，确保每一个学生都拥有良好的休息环境，与同学们交流今日所学所想，解答同学们的疑惑，给予针对性的建议，关心学生在学习及生活上的困难。具体来说，在学生经受危机和挫折后，可以基于认知心理学引导学生进行认知补偿，通过满足学生其他类似认知需求来缓解心理上的沮丧和不适；也可以基于精神分析理论引导学生进行合理化解释，消除或减轻学生因内心受挫导致的不安和抑郁焦虑，帮助学生维持自尊并保持心理平衡；要求班主任依托自身力量，人格发展、行为习惯、情绪状态等都会成为学生的“榜样”，让学生在人生目标的制定、自我概念的确立、心理健康状况的发展上争相模仿。需要注意的是，班主任对学生的影响力和吸引力会受到情感关系的影响，只有班主任与学生频繁深入交流，彼此之间建立良好的认同感、亲近感，学生才会“亲其师，乐其友，而信其道”。

因此，每天晚上像家长一样去孩子寝室看看，道声晚安，聊聊天，拉近情感，是十分必要的措施。这有助于密切与学生的联系，把握学生身心发展动态，最大限度减少学生心理危机的事故率和发生率。

◎ 素质拓展课程，以“发现式教育”进行心理补偿

前文也有提到，中职生由于中考失利，挫败感和自卑心理是他们必须逾越的第一道人生沟坎。虽然“分数”不是评判孩子的唯一标准，但在目前大环境下，他们还是会有意无意被伤害，引导孩子去“发现新的自己”成为我们必须做的一项工作。

在平时的教学和校园活动中，我时常要求老师们多留心，具体就是为培养同学们个性特长，充分挖掘整合现有的教学资源和学科特色，由各班主任带领班级开展素质拓展课程，让同学们在掌握技能、提高修养的同时，感受到身心的快乐，为学生个性的发展、综合素养的提升提供了良好的平台，为学子的全面发展提供了更加多元多彩的空间。

比如，有的孩子记忆力好，学东西非常快，喜欢给别人讲故事，讲得很精彩，那么这类孩子的特长和兴趣是语言能力，我们可以考虑在主题班会时多请他演讲，或鼓励他做简单的情景剧编写工作。

有的孩子则喜欢弹奏音乐，学习各种乐器，那学校“文艺骨干”的人才库必须记住他们，并鼓励他们在音乐里获得的掌声。

积极心理学之父马丁·塞利格曼曾经说过：“生命最大的成功在于建立及发挥自己的优势。”

成功并不等同于事情的完成度，只是孩子跟自己，或者跟同龄人的比较，更多的是孩子对完成度的主观感受，也就是通常所说的“自我效能感”。孩子的一个个“优势事件”，它不仅仅是孩子擅长的，也能给孩子带来动力。

◎ 心理测评

每学期，学校为更好地开展学生心理健康教育工作，及时排查学生心理健康问题，呵护学生健康成长，做到心理问题早发现、及时防范和有效干预，都会定时开展学生心理健康测评活动，并于活动结束后对测评结果显示具有心理风险的学生，邀请心理专家对其开展专题讲座、一对一辅导，让学生了解自己的情绪、行为模式，也为学校制定心理健康教育和干预措施提供了有力的依据，帮助学校为全体学生打造更加健康、和谐的学习环境。

同时，近年来学校也在不断完善心理辅导室、心理社团建设，配备沙盘、心理测评软件等心理设备，使心理育人环境更温馨、效果更突出。

◎ 篮球比赛等体育和社交活动

为增强学子体魄，丰富学子课余生活，提高学子综合素质，展示学子风采，培养学子团结协作、勇于拼搏的精神，增强学子集体荣誉感和凝聚力的目的，我校每学期都会举行夏秋两季篮球比赛，让学子们以弦箭破风之姿驰骋赛场，以劈波斩浪之势书写荣光，以热血奋斗姿态追逐梦想！

学校高度重视学子“第二课堂”活动，坚持用积极向上的校园文体活动寓教于乐。国旗护卫队、学生会、舞蹈社团、摄影社团、书法社团、礼仪队、篮球队等多个学生社团，构成校园文化生活的靓丽风景线。运动场矫健的身姿，图书馆求知的身影，舞台上青春的活力，无不展示着学子多姿多彩的文化生活，让学生在寓教于乐中放松心情，愉快学习。

同时，为了帮助同学们在繁忙的学习之余放松心情，舒缓压力，同时丰富同学们的课余生活，促进同学间的团结和友谊，学校每学期定期开展趣味运动会。学子们用汗水挥洒青春，用运动释放压力，积极锻炼，快乐生活。不仅是对学子们身体素质、竞技才能、心理承受能力、精神风貌等综合素质的大考验，更是对学子们群体意识、竞争意识、团队精神、顽强拼搏精神的一次综合展现。

全世界最流行的几大体育运动都是团队运动，篮球、足球、排球、橄榄球、棒球，等等，每个人在团队的分工不同，但必须做到相辅相成，这就考验团队协作能力。个人能力再突出，如果不能带领球队取得成功，那再华丽的个人数据也是徒然。

而且在赛场上，无论你面对什么对手，在比赛还没结束，比分还处于落后时，只要坚持不懈，克服困难，便有机会取得理想的结果，甚至是胜利，这也是比赛的魅力所在。

耐力训练、突破训练和顶峰训练都是要我们用意志力去坚持最后的几分几秒，因为那个时候才是涨成绩、挑战突破自己的关键，如果没有强大的意志力，前面努力就全部白费了。

爱运动的人是从容的，他们相信坚持会有好的结果。热爱运动，可以让我们摆脱当下的浮躁与焦虑。体育对青少年人格的塑造，在新时代下显得尤其宝贵。健康的体魄、坚韧的品质和合作的意识，体育从人格塑造开始，它遵循的是教育的长期主义，而这一切终会成为青少年未来应对一切变化的硬实力。

正是这些体育运动和社交活动，可以增强孩子的耐力、协作力、表达能力，会自然内化成心理免疫屏障的重要组件。

◎ 情感倾诉与自我和解能力的培养

在新纪元，每周三、周四比较特殊：

每周三为“谅解自省日”，长期在主题班会和师生之间开展。具体做法就是“解剖自己”，以开诚布公的心态去和自己有“过节”的师生沟通，也检讨自己的不足。世上最难的事是战胜自己。《格言联璧》中写：“静坐常思己过，闲谈莫论人非。”经常反省自身，清理杂念，整理思绪，才能保持内心的清净，避免灾祸，活得清醒而顺遂。培养孩子的自省意识，就是向内观察自己，突破自身认知的局限，发现那些未曾被关照的盲区，才能看到更清明的世界，获得自我升华。同时，让他们通过沟通，懂得换位思考，将与他人的矛盾消除在萌芽阶段，得到自身的“自救”与“自洽”。

每周四为“周记日”，具体做法就是每周一记，记录学生在校的生活见闻、思考和疑惑。帮助学生提升写作能力，锻炼语言组织能力、逻辑思维能力、情感表达能力。每周四为固定写周记时间，学生上交后由班主任批改并写下批语，使班主任及时了解学生的思想动态，回应学生关切。

教育孩子的最终目的不是成绩，而是培养健全的人格。

联合国教科文组织认为，教育要帮助人们能够面对他的工作世界和生活世界。一方面，要教给他生存技能，以谋求一个职业、获得一个饭碗，让他有立足之本；另一方面，要教会他如何与人相处、与人交往，让他在社会上成为一个合格的公民。

当一个人面对他的工作世界和生活世界时，首先得有生存的能力，从生存中获得做人的尊严，这就是教育的目标。教育的目的应不应该锁定在培养人才和精英方面。我们现在口口声声说要培养人才，培养创造性人才，可是大部分还是把“现在分数”作为“未来精英”的第一个评判标准。一个更可怕的现象是：现在很多家庭不缺吃不缺穿，孩子却找不到人生的意义，患上了抑郁症。

据新闻报道：

2021 年 3 月 5 日，在美国常青藤名校读书的学霸张一得，因为抑郁症自杀；

2019 年 12 月 25 日，山东省潍坊市 10 岁女孩点星（化名），因重度抑郁辍学在家，吞 75 片降压药自杀未遂；

2019 年 11 月 17 日，河北省石家庄市 13 岁女孩乐乐（化名），因患抑郁症，吞 96 粒晕车药和 16 粒头孢自杀身亡……

这些别人眼里的学霸、乖孩子，竟在本该无忧无虑的年纪，患上了精神疾病。

我们应当永远记住：教育孩子的最终目的不是成绩，而是培养健全的人格。

◎ 题外话：谈谈青少年的“娘化”问题

《人民日报》曾在海外版发表一篇社论，对于男性“娘化”文化盛行给予批评：多元社会，应该开放包容！但也要有合适的尺度把控。

“娘化”现象，一般指男子穿着女性服饰或进行装扮后达到女性化外貌。他们大多为拥有标致五官的年轻男性，在穿上女装后常常带有很强的“萌属性”。

这种“娘化”现象并非近些年才出现，也不是现代才有。从定义上来看，古代的男扮女装就应属此例。中国历史上还出现过男扮女装而受到追捧的名人。唐代，有一个唱戏的李伶，虽然年过五十，但一经打扮就如少女一般，在舞台上娇羞百媚，被称为“假面娘子”。

教育部在针对全国政协委员提出的《关于防止男性青少年女性化的提案》

给出答复时表示“将适度改进体育教师教学方法、形式，更多注重学生‘阳刚之气’培养”。

何为“阳刚之气”？阳刚之气指刚强的气质和意志，是中国男子正直性格的表率，也是中国从古至今表现出中国脊梁的精神，诸如，“贫贱不能移，威武不能屈”“天下兴亡，匹夫有责”等意志品格。

但随着时代的发展，男性形象发生了深刻变化。消费主义浪潮催生出的“小男人”形象，沉溺于精致妆容，善于描眉画眼的“小鲜肉”形象，还有扭捏做作、故作娇柔的“娘炮”形象等频频出现在大众视野，并在社交网络平台和视频网站吸粉无数。

而在最近的一次闲聊里，一位朋友的一番引经据典，我想十分有必要把他的观点写下来，作为教育工作者，这是我们共同需要深思和警醒的问题。我暂时用“杰”来代替他，以“赵”来代替另外一个朋友。

杰：你有没有想过一个问题，曾经信奉武士道精神，悍不畏死的日本人，为什么如今会“娘炮”文化盛行？为什么东亚三国以男性阴柔为美，而欧美却普遍更喜欢壮汉猛男？

我：也许和平盛世，思想多元。

杰：如果这是一种新的亚文化倾销呢？咱们有一段时间抵制的韩国潮流，你想想——一群比女人都瘦的男人，在台上又蹦又跳搔首弄姿，引得底下的青少年惊叫连连。

赵：对的，二战结束之后，日本人对美国人恨之入骨，其国内反美情绪高涨，尤其是 1954 年，当时美国人试验了第一枚氢弹，造成了 23 名日本船员伤亡，这件事在日本国内持续发酵，引发了一场大规模的抗议和反美热潮。

美国人一看日本人血性尚存，这肯定不行，于是一场针对日本人的“去雄计划”正式摆上了日程。

他们扶持了一个人，一个拥有美国国籍的日本人——喜多川。

杰：这人是谁？

赵：他出生于美国洛杉矶，有美国军方背景。曾在美国大使馆工作，担任过殖民情报机构美军顾问团的翻译人员。回到日本之后他就组建了一个名叫杰尼斯的乐队，然后第一场演出是由美国军方出资，面向美国军营的表演。

我：所以，这些信息综合在一起，就有意味多了。

赵：在乐队解散之后，喜多川成立了大名鼎鼎的杰尼斯事务所。二十世纪八九十年代，日本所有能叫得上号的男团、男星全部都出自他手，如80年代火遍日本的少年队、日本的国民人气组合“岚”。但只要是喜多川旗下的男艺人，主打的就是一个特征，瘦、幼、娘。

最典型的一个案例就是木村拓哉在1995年给口红拍的一个广告，其眼神柔媚，动作性感阴柔，立马就引爆了日本女性市场，在那个信息相对闭塞的年代，这款口红面世仅仅两个月就卖出了300万支。

通过这种偶像培养的方式，喜多川让日本人逐渐认为阴柔才是男性最有魅力的特征，然后在媒体层面进行大肆宣传，强化这一印象。

我：怎么证明媒体在配合？

杰：当时日本的主流媒体基本都是由美国赦免的战犯控制的。经过一个时代的改造，日本男人彻底丢失了男性的特征，曾经的昭和热血男儿，变成了平成废宅，然后一步步沦为今天笑话一般的“令和猛男”。

赵：对的，改造日本成功之后，美国人立马就盯上了半岛上的韩国人，韩国的“偶像工厂”就是完全复制粘贴的喜多川的杰尼斯事务所的运作模式，而且韩国人有过之而无不及。随后，韩国政府直接把文化产业当成了立国方针，要举全国之力推广韩流，韩国的偶像团体就像流水线上的产品一样，按照一道道标准的程序流向市场。

从东方神起到Super Junior，再到BIGBANG，韩国人严格贯彻落实着日本人选拔偶像的标准：瘦、幼、娘，出道的偶像全都是那种比女性还美的美男子，而鲜有阳刚之气的硬汉。

这种审美迅速席卷了整个韩国，有人专门做过调研，2016年，人口只有约5000万的韩国，竟然有多达100万的偶像练习生，全都练习了两年半，他们几乎都是一个模子刻出来的美少年。

我：所以导致如今韩国的审美非常单一，你要是不娘一点，在那边的娱乐圈很难有市场。

杰：韩国不只是内部娘化，他们还在强势输出这种审美文化，中国台湾和东南亚地区就深受影响，这些地区的男性审美也更倾向于娘一点，而不是硬汉形象。

我：对的，在21世纪的前十几年，韩流在中国火爆的程度是现象级的，尤其是2010年前后，整个中国，几乎没有女性不看韩国偶像剧，在这种大的氛围之下，导致部分年轻人行为娘化，最出名的案例就是让人生理不适的糖果超甜组合。

赵： 20世纪50年代的朝鲜战争，中国人民志愿军让美国吃到了自1776年建国200多年以来陆军史上的第一次惨败，中国人强大的硬汉形象深深地印在了他们的心里。他们知道和中国人来硬的占不到便宜，所以就想从思想上腐蚀和改造中国的年轻人，让中国人和日本人一样，从热血男儿变成阴柔娘炮。

有人特意去部队做过调查，发现从2000年以后，男性青年女性化已对部队造成影响，2010年左右，新兵体质差，投弹不合格的问题愈发明显，而且伴随的还有性格方面的问题，部分新兵意志不坚定，承受能力差，都让很多老兵吐槽不已。

不过还好，当我们发现“娘炮”之风正在社会蔓延的时候，官方层面立马就采取了行动。

2021年，教育部门公开表示，男性的阳刚之气是一种美，教育部门要加强体育教师培养，加强体育制度建设，强化青少年心理教育课程等工作，以解决“男性青少年女性化”的问题。

不仅如此，在同一年，还全面封禁了大火的偶像养成类综艺，直接断了“娘炮”偶像的生产基地。

在这样强有力的手段之下，我们发现这几年娘化的小鲜肉曝光度开始减少，取而代之的则是一些正常的男性形象。

杰： 这就是为什么我支持《战狼》这种电影的原因。男人的美不只是阴柔一种，“娘炮”也不应该是社会审美的主流，阳刚之气才应该是男性最重要的气质。

防止青少年“娘化”，说到底还是个教育的问题。

第十一章 “种子”和“金子”

莫愁前路无知己，天下谁人不识君？

战士军前半死生，美人帐下犹歌舞。

借问梅花何处落，风吹一夜满关山。

青枫江上秋帆远，白帝城边古木疏。

虏酒千钟不醉人，胡儿十岁能骑马。

当我们今天吟诵他的名句时，可曾想过他潦倒了大半生？

唐代诗人高适的运气是出奇的差，大半生几乎可以用“干啥啥不行”来形容了。

开元七年（719 年），他带着满腔抱负，独自一人“直驱长安，叩天子门”，寻求举荐入仕的机会。然而迎接这个地方小官穷小子的，只有冷眼与嘲讽。

他本来家门显赫，算得上是个“官三代”，祖父高侃是唐高宗时名将，曾生擒突厥车鼻可汗、参与平定高句丽，官至陇右道持节大总管，封平原郡开国公，谥号“威”，死后陪葬乾陵。父亲官至韶州长史。可惜家道中落，兼之门衰祚薄，开元九年（721 年），失意的高适离开长安，客居梁宋乡间（河南商丘），过上了“种瓜漆园里，凿井卢门边”的耕读生活，缺乏生计时甚至四处找人接济。

四十六岁后，高适才开始时来运转。

得益于睢阳太守张九皋的荐举，高适应有道科，终于中第，踏上了仕途。然而人生往往如此，好饭不怕晚。

安史之乱成为高适改变命运的绝好机遇。哥舒翰兵败投降，潼关失守。

高适一路向西狂奔，面见同样西逃的唐玄宗。

疾风知劲草，板荡识诚臣。高适不远万里来寻，唐玄宗十分感动，即擢谏议大夫，随驾同往成都。

从此高适仕途一路亨通，十年十升，节节向上，是典型的越老越好，富贵圆满。

杜甫曾对他高度称扬："当代论才子，如公复几人？骅骝开道路，鹰隼出风尘。"

宋代刘克庄赞道："高适、岑参，开元、天宝以后大诗人，与杜公相颉颃，歌行皆流出肺肝，无斧凿痕。"

元代吴师道在《吴礼部诗话》中评价道："高适才高，颇有雄气，其诗不习而能，虽乏小巧，终是大才。"

在这个充满竞争与挑战的时代，每个人都在寻找自己的逆袭之路。大器晚成又何妨？桃花本来就早开，梅花却要等到冬季。

每个孩子，都有属于自己的"花期"。

马云 40 多岁把阿里带上市，成为首富，任正非 60 多岁把华为带到了世界领先，吴志刚 80 多岁把面包厂带上市，成为沈阳首富。有人年少得志，有人中年发迹，有人大器晚成，所以，中国有句俗语：盖棺定论！只要没有到盖棺的那一刻，一切都不能下定论，一切都充满变数，都有无限可能。

农业种植讲究节气，什么时间点该种什么农作物都是有规律可言的。在不适宜的时间播种水稻，收成可想而知。

其实，育人和种植物一样，都是有自己的时区的，每个人的成长路径也不尽相同。很多事情并不是越早越好，完成越快越好，而是在最恰当的时机发生最好。竹子可以长得那么高，并不是一夜之间长成的，要知道前面 4 年，竹子只长了 0.03 米，可是等到第 5 年，它仅仅用了 6 周就长到 15 米高。

荷花第一天开放的只是一小部分，第二天，它们开放的数量会是已开放的两倍。到了第 30 天，就开满了整个池塘。你知道什么时候荷花开了一半吗？很多人都会认为是第 15 天，然而并非如此！到第 29 天时荷花仅仅开满了一半，直到最后一天才会开满另一半。最后一天的速度最快，等于前 29 天的总和。

这就是著名的"荷花定律"。

"可怜天下父母心"！我们的家长，有多少人对孩子的期望是不理性的，甚至是强加的？

我所采访和接触的家长中，对孩子上了中职感到失望的，无外乎有这几个原因。

第一种，源于对自身的高期盼：一定要给孩子一个高起点。

有的父母认为一定要给孩子一个高起点，于是辛苦万分给孩子提供很好的物质和精神生活，选择最好的幼儿园、中小学让孩子就读，报各种各样的培训班、兴趣班，请家教老师，有些父母甚至辞掉工作，不辞辛苦陪孩子读书学习，等等。而有些父母对自身的期望是慢生活、慢教育，让孩子快乐长大即可，认为做父母不在于能给孩子多少条件，而在于帮助孩子成为他自己，从小尊重孩子的选择，用心良苦地引导孩子形成良好的性格、健康的价值观和勇于进取的精神。

尽自己最大能力铺平孩子前行的路，殊不知这样反而扼杀了孩子的自主能力，让孩子永远处于被动的接受中，学不会自己积极主动地去争取。父母只有对自身有合适的期望，才能对孩子形成榜样作用，在潜移默化中让孩子也有正确的认识和期望。

第二种，源于对孩子的高期望：望子成龙、望女成凤。

这些父母把孩子的未来看得极重，认为自己没实现的愿望和理想都应该由孩子来实现，把全部的希望都寄托在孩子的身上，不想让孩子重蹈自己过去的覆辙。比如希望孩子考试一定要考前三名，希望孩子能圆自己的“牛津梦”“公务员梦”“钢琴家梦”，等等，恨不得自己所有的遗憾都能由孩子来弥补。

其实这些父母仅仅是将孩子看成了自己愿望的接力棒而已，或许在他们看来，生孩子就是为了实现自己未能实现的梦。而明智的父母是把孩子看作一个独立的人，并尊重孩子的个性，帮助孩子发挥自己的所长。只有尽量少去苛求孩子，才能让自己不那么累，也让孩子更加快乐、自由地发展。

第三种，父母对亲子关系的期望：孩子一定要听老子的。

很多父母过分地看重自己作为“一家之主”的面子，在孩子面前不苟言笑、以权威自居。只要孩子顺从自己的意愿，便觉得这是听话、孝顺的表现，而一旦孩子有了自己的想法，便认为这是大逆不道、不能忍受。在日常生活中也处处给孩子设立规矩，觉得国有国法、家有家规，没有规矩不成方圆，对孩子的要求也永远都是“听话”二字。

这种要求孩子一定要听老子的父母，多半是对自己没有自信的父母，而管教一个顺从听话的孩子，对他们来说是一种莫大的成就感。在对亲子关系的期望上，只有少数的父母能够做到合格，即与孩子平等地交流、沟通，形成一种朋友关系，和孩子亲密无间，和孩子一起来面对生活，这样的父母和孩子在一起才是一种享受、一种双赢的亲子关系，也是最圆满的亲子关系。

第四种，父母对孩子自我期望的引导：一定要比别人强

在对孩子自我期望的引导上，很多父母都教育孩子一定要比别人强，别的小朋友能考双 A，你也一定能做到；别的小朋友能得小红花，你下次一定也要超过他，等等。这些父母时刻不忘提醒孩子以谁为目标而奋斗，让孩子从小就在一种竞争焦虑下成长，认为如果不超过别人，就是自己的无能。

健康的自我期望不是比所有人都强，而是做最好的自己。如果孩子总是有意无意地与他人比较，那么就会在很大程度上干扰了自己的进程，甚至会影响孩子的心态和性格。面对比自己强大的人，父母必须让孩子学会接受差距，要知道，“山外有山，人外有人”，我们总会遇到某些方面比自己强的人，不必过于纠结，当然也没必要妄自菲薄。引导孩子自我期望的最佳状态是心无旁骛地专注于自己的前进目标，并努力地进行自我超越。

◎ 别人家的孩子

湖南卫视综艺节目《少年说》里有一个片段，令我印象深刻。

一个女孩站上了高台后，面对着台下的同学、老师和家长，哽咽着大声对着自己妈妈喊出一番话：“你能不能别总是拿我跟别人家的孩子比较，你自己的孩子也很努力，你为什么不看一下？”

妈妈说：“我觉得你的性格需要打击，不然你会飘。”

这位妈妈甚至对女儿说：“你这么差，学霸怎么会和你做朋友的？”

在妈妈眼里，女儿永远不如别人家的孩子。

视频下面有很多人评论说：看到小女孩就好像看到了童年的自己。

我读小学的时候特别爱玩，每次放学后都会和小伙伴玩到饭点才回家。那时候进门第一句妈妈总会说：“你看邻居家的小朋友在家多认真写作业，再看看你就知道到处去玩。”

到现在参加工作了，我妈还是会在饭桌上说：“你看谁家的儿子工资都好几万了，谁家女儿找了个好对象，家里特别有钱……”

我相信，这样的对话一定不止发生在我的家庭，因为这样的攀比随处可见，存在于中国的很多家庭当中。

小时候拼学校拼成绩，长大拼工作拼家庭，中国式的家长给自己的孩子建了一座接一座围城，困住他们也困住了自己。

2018 年爆红网络的文章《牛蛙之殇》，相信大家至今仍记忆犹新，当初 100 多万的阅读量，不知刺痛了多少家长的心。

为了“备战”幼升小，年幼的孩子从 3 岁开始，就被家长打鸡血，每天接受各种超龄的高负荷学习，以便赢得这场“牛蛙战争”。

文章的作者、孩子的外公说：“我知道这样会让他丧失可爱，但我宁愿他失去可爱，变得可憎，也不能让他长大后变得‘可贱’。”

后来，这个孩子在紧张的环境和巨大的压力之下患上幼儿抽动症。

这个故事表面剑指越来越残酷的“幼升小战争”，实际上更反映出了广大家长对孩子教育上的焦虑，并且，这些焦虑很大程度上来自颇具特色的“中国式攀比”。

出人头地、光宗耀祖。这在很多父母看来，似乎对比“别人家的孩子”是一剂催自己孩子奋进的良药和必须的挫折教育，可最终的效果却微乎其微，甚至适得其反，毁了孩子的一辈子。

曾经在网上看到这么一个故事，让我印象深刻。

一名优秀的学霸前来做心理咨询，她曾是某市的高考状元，现在在美国一所顶尖大学读金融硕士。

听说本科同学去了投行，拿到了六位数的年薪，她感到压力很大，担心自己毕业后找的工作不如她们，那么这辈子就“完了”。

她的内心充满了焦虑、自卑和恐惧的情绪，整夜失眠，无法正常学习，甚至导致挂科。

在咨询的过程中，心理医生了解到，从小她就是家里的乖乖女，父母教导她要一心学习，一定要超过别人。

初中的时候，她爱上了写作，废寝忘食地看小说，偷偷写小说，投稿给杂志，赚到了人生第一笔稿费。

爸爸发现后，狠狠地打了她一顿，撕碎她的手稿说：“别人家的孩子都在学习在上补习班，就你整天不务正业，看看你的成绩都退步成什么样了！你这样怎么考上一个好的大学，以后出了社会还怎么去和别人竞争？”

她“幡然醒悟”，不再看小说、写小说，告诫自己不要耽误了正事，心中只有一个信念：考过别人，比别人优秀，让父母满意。

父母让她学什么专业，她就学什么专业；父母说你的人生应该怎么过，她就认为自己的人生应该怎么过；父母拿她跟别人家的孩子比，她就自己也拿自己跟别人比。

她现在比不过别人了，所以抑郁了。一些老话在中国人的耳边响了几千年，如今虽然已经是新时代，但这些老思想并没有完全消失，甚至一代又一代地影响着如今的父母和他们的孩子。

更严重的是，长期在父母攀比的环境下长大的孩子，容易变得敏感自卑。心理学家阿德勒在《自卑与超越》一书中说过：我们生活在与他人的联系之中，假如因自卑而将自己孤立，我们必将自取灭亡。自卑的人自我价值感低，甚至没有价值感，这种对自我的否定，其实是对自我的攻击，导致自我封闭、抑郁症的发生。

俞敏洪曾经花十年时间才从自卑中走出来，他说：“自卑是一种比狂妄还要糟糕的情绪，因为它导致你怕失败，而什么都不敢去做。”

一个自卑的人很难获得成功，甚至连获取最基本的快乐都要比别人难很多倍。

还有一则极端事件，令人痛心疾首，山东淄博发生的一起初三学生杀人案，起因就是源于攀比。犯罪嫌疑人秦同学和受害人马同学，学习成绩名列前茅、不分伯仲。秦同学的父母是教师，马同学的父母是普通工人。在秦同学父母眼里，出生于教师家庭的儿子就应该比马同学强，父母的压力让秦同学嫉妒心盛，将马同学杀害。

圣经说：“由于魔鬼的嫉妒，死亡进入了世界。”

法国思想家拉罗什福科在他的《道德箴言录》里也说：“嫉妒是万恶之源，怀有嫉妒心的人是不会有丝毫同情心的。”

日本电影《垫底辣妹》中，高中女生工藤成绩全年级倒数第一。工藤妈妈虽然内心焦急，但一直不露声色地鼓励她，当工藤自暴自弃被教师请家长时，妈妈说：“我想让孩子们能做他们喜欢的事情，不管周围的人怎么说，就算与全世界为敌，我一定会在她的身旁。”正是这样的信任和鼓励，才让工藤用一年时间将偏差值提高 40，最终考入一所一流的大学。

你不用成为我的骄傲，只要你快乐就好，这才是父母应该给孩子最值得的爱。

苏珊·福沃德在《原生家庭》这本书中说：当孩子年幼的时候，家庭就是他们的全部。家庭教会孩子如何去看待这个世界，孩子才能够决定自己是谁、该如何与人相处。父母要给予孩子无条件的爱，要让孩子明白，即使他不是最优秀的，哪怕一败涂地，父母的爱也不会消失。

好的家庭教育，是尊重孩子的“时区”，不是让“傲梅”初夏斗雪，让“荷花”开满春池。

◎ 一位职校老师写给家长的信

普天之下，为人父母者没有一个不爱自己孩子的，尤其是心怀“望子成龙、望女成凤”愿望之时，爱尤甚，即使当牛做马，也毫无怨言，真真地应了那句老话：“可怜天下父母心。”

然而，一旦愿望落空，一些父母的爱就变得复杂起来，甚至由爱转厌，与孩子的关系变得紧张、僵硬，甚至达到对立的程度，严重影响着彼此之间的感情。这种现象，在中职生的家长中并不鲜见。

“就因为中考那条分数线，就把我们分成‘好’和‘坏’了？”这也是一个困扰很多中职生的问题。

我关注过三个中职生的讲述，如下：

其一：“一天，我跟姨家的妹妹一起玩。妹妹是初中二年级的学生，学习任务挺重的，我姨悄悄跟妹妹说‘你姐姐现在是中专生，不要一直跟她玩……’我听了，哭了很长时间。就因为没进高中，我就不是一个好孩子了？”

其二：“我的父母都是大学毕业，我进中职校他们觉得很没面子。我也佩服他们，总是看很厚很厚的书，但我真的看不进去。我喜欢现在所学的日语护理专业，我妈骂我没出息，我都这么大了，她还用筷子打我。护士有什么不好？我就不相信他们永远不得病，不信他们永远求不到我！”一位长得很漂亮的中职生哭着说出了这番话。中考时，她的成绩离高中分数线只差半分。

其三：“进入中职校后，我最感动的，就是班主任和我爸妈说了这样一句话：‘你们不要以为孩子进了中职校就比高中生差，他们毕业后，还可以跟高中生在社会上竞争。’”感觉老师为她“撑腰”的女生，说此话时哽咽得几乎不能自已。

“可怜天下父母心”，孩子的心、孩子的经历、孩子的渴望又何尝不可怜呢？成长，并非只有考大学一条路，他们生逢盛世，何愁无用武之地。正如他们自己所总结："我们中职生的成长是有起伏的，我们的生命画卷上是有色彩的，而不是只有黑白两种颜色。"

对此，我想分享给各位家长一封信，是一位中职生的班主任写的，他与孩子们朝夕相处后，内心被深深触动，便提笔写了这样一封信，在我看来，句句都是肺腑之言。

亲爱的家长朋友：

您好！

我是您孩子的班主任邓耀豪。很高兴在教育孩子的这条路上，我们相遇了。未来三年，我们需要相互配合、相互支持。我们还未谋面，那就让我先简单地介绍一下自己吧。

邓耀豪，教育学硕士，计算机高级教师，浙江省中职学校"最美教师"(提名)，首届宁波市中小学骨干班主任，奉化区优秀教师，"润心坊"德育工作室领衔人。曾获全国说课一等奖，宁波市教坛新秀一等奖。浙江省名师工作室学科带头人、宁波市特级教师带徒班学员。曾指导学生在国家、省、市比赛中多次获奖，多次被评为奉化区优秀指导教师。所带班级多次被评为奉化区先进班集体，前后被今日头条、《浙江教育报》、《宁波晚报》等媒体报道……

写上面这段文字是想向您说明一点：无论是老师，还是学生，在职业学校里都是大有可为的。

中考结束后，一半的孩子进入普高，一半的孩子进入职高。进入职高的孩子，在很多人眼中，好像就失去了人生的锦绣前程。但从发展上看，职高里也有一流的人才。从发展的多元性来看，职高的孩子拥有真实的技能。成绩虽重要，但不是唯一。

今天，我有四句话想和您聊聊。

第一句话：从生活教育入手，让孩子在某一个领域先获得成功，滋润孩子的心灵，让孩子树立起自信心，感受为人的尊严。

面对咱们这些孩子，该如何教育？通过问卷调查和座谈，我发现咱们的孩子大部分都是应试教育的受挫者，很多对学习和生活失去了信心。所以，面对这些孩子，不能太着急。养花要护根，育人要润心，我们应该像养花一样，先护住孩子的心力，等到他们长出积极、主动、自信的根须后再实施教育，进行引导。比如，生活中，我们可以先教孩子如何叠好自己的被子、如何将地面拖干净等。有一个叫小波的男同学在他的学期小结中这样回忆：“在进入职高的这五个月里，我学会了叠被子，更重要的是，我开始学做人，做认真的人，而这些是班主任通过叠被子、扫地等事情告诉我的。”

“本立而道生”，教育就是要从最基本、最简单的做起，让孩子觉得他们在学习以外的其他方面还是可以做好的。

第二句话：多表扬孩子的闪光点，多关心孩子的生活，要让孩子感觉老师、家长始终就在他们身边，是他们成长过程中的伙伴。

俗话说：表扬不要钱，听着像过年。其实每个人都有优点，都渴望得到表扬和肯定。我们的孩子虽读书不勤，但热爱运动；虽发展不均，但拥有特长。我们要及时对孩子的某一行为给予夸奖，这样，这一行为就会在孩子身上重复出现，久而久之，孩子就会养成自然而持久的良好的行为习惯了。如一个学生在他的微博中写道：“我很喜欢老师您对我们频繁的鼓励和表扬，表扬是对我们的肯定，表扬和鼓励是心灵的必需品，有了表扬和鼓励，才有我们的不断进步，才有我们的光辉成绩……”当然，除了用爱去感化和教育孩子，严格要求也是必不可少的。

第三句话：不要总想着去教孩子，要根据孩子的个体差异，营造良好的成长环境，给每个孩子一些事情做。

为了增强孩子们的职业角色意识，在班级的管理过程中，我们采用了“公司制”管理模式，“公司”有若干个“部门”，每个“部门”都有具体的工作。通过一系列规范化激励措施的建立，“公司”的工作形成了层层有管理的网络和事事有人做的格局。记得“公司”中有一名叫大辉的员工，他擅长计算机操作，“公司”聘请他为“编辑部经理”，让他负责班刊的制作。后来，他在周记中这样描述：“在我们‘公司’里参加活动可以加分，学习进步了可以加分，被子叠好了也可以加分……看到自己的考核分不断增加，我觉得人生在很多方面都有出彩的机会，自己的生活越来越有奔头了！”多年来，我班的不少孩子在国家、省、市级比赛中获奖。

第四句话：在孩子的成长过程中我们不必太着急，每一个生命个体都有破土而出、向上而生的本能，老师和家长要做的就是给予他们关注和守候。

十七年来，我坚持育人，坚持养花。对每一盆花，我都很用心地去培育，因为每一片叶子、每一棵苗都是有生命的。花草如此，培育孩子更应如此。

花有习性，人有秉性，我们要敬畏每一个生命，要相信每一个生命都有其存在的价值。面对孩子成长过程中出现的问题，我们要理性地去看待，我们要做的就是及时给花草松松土、浇浇水，在花草歪倒的时候第一时间去扶正。这些年来，我们职业学校的孩子在各行各业精彩绽放，为社会贡献了自己生命的绿色！

我深知每位家长都有望子成龙之心和望女成凤之意，但不是所有的孩子都会成为工程师、医生和科学家，可是每个人都会成为父亲和母亲、丈夫和妻子，平和的生活与工作是大多数人的人生状态。我想，我们更应该在一点一滴中教育我们的孩子，教会孩子做人，做一个好人。教育不是家长和老师孤军奋战，而是并肩努力。所以，只要我们想法好、方法巧，耐心去引导，我们职高的孩子个个都是宝！

祝家庭幸福美满，工作顺利！

◎ 职业教育前途广阔且大有可为

大家对职业学校有太多偏见，认为读职业学校是最后的选择，是那些成绩不好、考不上高中的孩子才会去选择的。

针对这种情况，有一些研究调查组做过这样的“家长心态调查”。数据显示，家庭居住地不同的家长，在“职校学生升学选择”的态度上存在显著差异。表示“非常期待”，城市家长为57.9%，乡镇为77.0%，农村为73.0%，乡镇家长对孩子升学和就业抱有更多的期待。而表示“意义不大”，城市家长为26.3%，乡镇与农村只有14.7%和16.9%，差异非常明显。

新《职业教育法》明确由国家采取措施，提高技术技能人才的社会地位和待遇，弘扬劳动光荣、技能宝贵、创造伟大的时代风尚；提出职业学校学生在升学、就业、职业发展等方面与同层次普通学校学生享有平等机会。

明确了职业教育和普通教育作为两种类型的教育同样重要，并从国家教育治理体系上确定了两种教育“并行”的体系框架。突破了我国因为采用“职业”（Vocational，在英文中带有低阶职业、熟练劳动的含义）一词而导致社会大众对“职业教育”的歧视认识。职业教育作为一种类型教育也有中等和高等的层次之分，学生可以选择不同的轨道来接受高等教育。

这在一定程度上为职业教育人才成长打开学历上升空间，扫清公平就业障碍，相关举措对职校学生的升学、就业都将产生积极的影响，所以家长对孩子的升学、就业抱有更高的期待很正常。不过，家庭条件不同，对外界事务的反应不一致也合乎情理：相对于城市家庭而言，乡镇和农村家庭孩子在升学、就业方面相对不利，所以他们对《职业教育法》提出的“更多升学”“公平就业”自然抱有更多的期待；而城市家庭拥有的社会资源相对较多，对相关政策的理解也更加理性，因此表现相对淡定。

未来还没来，但是家长已经替孩子们做了决定：未来可以在普高里，甚至可以在打工的工厂里，但是不能在职校里。对此，有教育学者分析过，中职生家长们的所谓“不安全感”，主要还是来自日常对职校“乱象”的一些新闻，但是客观来说，这些所谓乱象只是少数，而且并不是职校的“专利”，更不能代表所有职校。

家长口中的“中考分流”，从时间上可以追溯到2012年。

这一年，中国劳动年龄人口数量首次出现了下滑，人口红利消失的转折点到来，职业教育的重要性凸显，职教开启发展新纪元。

2014年，国务院、教育部等相关管理机构相继出台了《加快发展现代职业教育的决定》《现代职业教育体系建设规划（2014—2020）》等一系列的政策，强势助推职业教育的发展。

2018年，国务院进一步出台了《关于推行终身职业技能培训制度的意见》，重点落脚于“终身”二字。意在解决职业教育长期以来存在的供给不足、层次偏低、缺少个性化和延伸性服务等问题，真正建立起利国、利企、利民的终身职业技能培训体系。职业教育体系开始逐步完善。根据国务院的要求与部署，到2020年，我国需建成具有中国特色和世界水平的现代职业教育体系，职业教育的规模逐渐向高等教育靠拢。

2019年，教育部发布关于深入学习贯彻《国家职业教育改革实施方案》的通知，强调要保持高中阶段教育职普比大体相当，设立中等职业教育国家奖学金，完善中职生均拨款、免学费和国家助学金政策。

2020年，针对中职招生减少、职普比下降引起的质疑和争议，教育部发布《坚持职普比大体相当　巩固中职基础地位》，进一步强调职普招生五五开。

政策落实得如何呢？

长江证券以2019年静态数据分析，初中义务教育阶段结束以后，1465万名毕业生中有66万人放弃升学，达到法定用工年龄便直接进入劳动力市场，95.5%则继续升入高中阶段教育，并发生第一次分流，约37%的毕业生进入中专、职高、技校接受职业教育（俗称“三校生”），约57%的毕业生进入普通高中。

我们应该看到，国家近些年对职业教育的支持力度和改革力度很大，在硬件设备、师资培训方面都投入颇多，一些广为诟病的问题也正通过管理优化加以解决。

还有一些家长反映，由于没法复读只能上职校，心有不甘。

在中国传统思维定式里，“劳心者治人，劳力者治于人”。虽然已经到了2024年了，但很多家长依然固执地认为，坐办公室工作始终比在工地上和工厂里工作更高级，职业教育因此比不上普通教育。

其实信息是不对称的，很多家长和同学对职校并不了解，不清楚学些什么、有哪些升学途径和就业途径，天然就戴有“有色眼镜”。

殊不知，职校本来担负着培养技术人才的使命，尤其是国家现在在倡导建设现代职业教育体系，这赋予了中等职业教育一个重要的使命，即成为应用型人才培养体系的基础教育。就目前的情况来看，中职、高职、应用型本科已然形成了职业教育的升学路径。

从大的宏观环境看，较长时期的人口红利逐渐减少，人口老龄化带来的劳动力数量相对缩减，提高劳动者素质是必然趋势。而随着社会经济的整体提升和劳动中技术含量的增加，社会对高层次技术技能人才的需求量大幅度增加，受此影响，如全国知名职教专家徐国庆所言，“中等职业教育的就业功能基本完成历史使命后，它的另一个重要功能正在出现，即成为应用型人才培养体系的基础教育”。

2017年，时任教育部党组书记、部长陈宝生就提出要从制度上解决职业教育和普通教育相分离的状况，改变考试制度，让职业学校学生与普通学校在一定节点上实现转换，搭起一座“立交桥”。

2023年，中共中央办公厅、国务院办公厅印发《关于推动现代职业教育高质量发展的意见》，明确提出职业教育是国民教育体系和人力资源开发的重要组成部分，肩负着培养多样化人才、传承技术技能、促进就业创业的重要职责。

根据规划，到2025年，职业教育类型特色更加鲜明，现代职业教育体系基本建成，技能型社会建设全面推进。办学格局更加优化，办学条件大幅改善，职业本科教育招生规模不低于高等职业教育招生规模的10%，职业教育吸引力和培养质量显著提高；到2035年，职业教育整体水平进入世界前列，技能型社会基本建成。技术技能人才社会地位大幅提升，职业教育供给与经济社会发展需求高度匹配，在全面建设社会主义现代化国家中的作用显著增强。

更值得注意的是，该《意见》中还鼓励应用型本科学校开展职业本科教育。按照专业大致对口原则，指导应用型本科学校、职业本科学校吸引更多中高职毕业生报考。

足以证明，在全面建设社会主义现代化国家新征程中，职业教育前途广阔、大有可为，而中职教育的最终目的不是为了让孩子直接进入就业岗位，仅仅是为接受下一个层次的教育打下基础。

◎ 写在最后的话

我一直认为，办好中职院校就是要有一颗做“公益”的心。我的孩子们需要来自社会、家长、学校更多的关注与帮助，尤其是心理上的。

美国作家塞林格有一部风靡全球的小说叫《麦田里的守望者》，里面有这样一段话：“我将来要当一名麦田里的守望者，有那么一群孩子在一大块麦田里玩。几千几万的小孩子，附近没有一个大人，我是说，除了我。我呢，就在那混账的悬崖边；我的职务就是在那守望。要是有哪个孩子往悬崖边来，我就把他捉住。我是说孩子们都是在狂奔，也不知道自己是在往哪儿跑。我得从什么地方出来，把他们捉住。我整天就干这样的事，我只想做个麦田里的守望者。”

我觉得做中职院校的教育者，应该就像小说的主人公霍尔顿一样，他们的天职就是做一名守望者，麦田就是他们的教室。他们的职责就是用爱心和智慧去引导和教育这些孩子，让他们走上人生的正轨，以免误入歧途，坠入混账的深渊。

中职生难管难教，这似乎是所有中职学校老师的共识。他们大部分是学习成绩差、考不上普通高中被迫进入中职学校的学生，有些人在初中或社会上已养成了一身的不良习惯，如抽烟、喝酒、打架、文身、早恋等。且很多学生是留守少年、进城务工子女，有一部分还属于单亲家庭、贫困家庭、残疾家庭，父母离异、老师歧视、无人管教，再加上社会不良风气的污染，导致这些孩子存在性格偏激、行为怪异、情绪易冲动，甚至漠视生命，有暴力倾向等一系列的心理问题。他们身上最突出的表现就是做事不计较后果，对家长、老师没有敬畏之心，对自己的未来缺乏目标和方向，整日沉溺于手机游戏和一些无意义的消遣当中。

面对这样一群学生，作为中职学校的老师特别是作为中职学校的班主任，要付出比普通高中教师十倍甚至百倍的努力和艰辛，才能将他们从混账的悬崖边上拉回来，引导他们走上正途。

学生基础差，上课注意听的更是寥寥无几，更有甚者跟老师公然顶撞。你问他为什么不学？他还理直气壮地告诉你少管闲事！你打电话找他家长，家长则告诉你，他以前就不学，他要知道好好学，我还能送他到你们这种学校，怼得你哑口无言。

面对这样一群学生和家长，有老师也曾向我表达过气愤、气馁，感到失落、消沉，甚至想过辞职。但抱怨没有用，要么改变职业，要么改变自己的职业心态，除此之外别无他途。

我经常告诉他们："你们是在做功德事，是在积福报。管好这些孩子，就是在度人。"

这些孩子的一大部分人将来可能会成为酒店服务员、饭店厨师、汽车维修工、幼儿园老师、工厂的技术工人等。他们将用自己最实际的工作为整个社会的经济建设和发展作出巨大贡献。他们可能成长为将来的大国工匠。

教育家苏霍姆林斯基的一句话，大意是："同学们，你们将来每个人都不可能成为亿万富翁或国家总统，但你们将来每个人都要做父亲、母亲，做人家的丈夫或妻子。所以我们首先要学会做一个好人，将来才能做一个好爸爸、好妈妈、好丈夫、好妻子。"

我想这就是创办职校的意义吧，把学生们培养成一个好人，一个好爸爸、好妈妈、好丈夫、好妻子、好工匠。我甚至认为这比培养出一个国家总统或一个亿万富翁要重要得多，要有意义得多。

最后我想讲个故事——

"种子"和"金子"

某一天，一枚金子在去实现价值的路上突然遇见沙尘暴，愤怒的狂沙把他埋到了地下，当他醒来时，发现周围都是黑咕隆咚的，经过风暴的洗礼，脑袋还昏昏沉沉的。

“有人吗?”金子小心翼翼地问道。

种子听见有声音，回答道：“没有人，但是我是一颗种子。”

当金子适应了这种黑暗时，仔细地打量了一下周围，在他的不远处，有一颗种子正安稳地待在那里。

“喂，种子，你知道我是谁吗?”金子不屑地问道。

“抱歉，自我有生命开始我就在这里，没有看过外面的世界，我不知道你是谁。”种子答道。

“我告诉你，我可是一枚金子，在外面的世界，我是最有价值的宝藏！你能认识我，是你的荣幸！”金子骄傲地说道。

种子说：“我也好想去看看外面的世界啊！我要快点变得强壮冲破泥土！”

金子说：“我可是一枚金子，我不需要冲破泥土，一定会有人来找我的！”

每天，种子都在不断地吸收养分让自己成长一点再成长一点。而金子则是每天都等着别人发现他。

终于有一天，这颗种子离破土而出只有一步之遥，他可以听见外面风吹过的声音，他开心地说：“金子，你听，有风的声音，还有人们说话的声音呢！我马上就可以看到外面的世界了！”

金子却不以为然：“外面的世界我早就看过了，即使你出去了你也是没有价值的，你只是一颗种子，我可是金子，我比你有价值多了！”

种子没有被金子的话干扰，心里对外面世界的憧憬促使他更努力地成长，他要破土而出！他要发芽！没过几天，种子终于足够成熟，奋力一搏，冲破一切束缚，来到外面的世界，感受阳光雨露，享受着大自然的恩赐。

人们都看到了破土而出的种子在一点一点长大最后结出丰硕的果实，直到最后，都没有人发现在地底还有一枚金子的存在。

后记　君子唯“新”

最后一次修改完毕，是2024年元旦，新的一年又悄然而至。

我最爱的一个汉字，就是“新”。于我自身而言，成长就是“更新”，永不停止地对自我的更新。作为一名职业教育人，格外崇尚“新”，追求“新”，因为职业教育永无止境，需要思考的问题还很多很多。我曾向朋友介绍“新纪元”这个名字，代表着我对未来职业教育的寄托与祝福——无歧视、公平、可持续的一种教育；同时，也饱含了我对学子们的深切祝福，走入这个校门，就去发现新的自我；走出这个校门，希望收获新的人生。

办“让家长放心的职业院校”是我们多年的梦想和追求。在我们的办校理念中，传承了千年的“君子”文化，又不拘泥于传统的“君子”，是立足职业学生自身特点和未来发展需求，在新时代注入新的内涵、新的诠释，做出新的演绎、赓续新发展的优秀文化。职业院校学生的培养，优先目标不是培养坐而论道的方略构建者，而是技有所长、身体力行的建设者。孔子说君子不器，是说君子不是书本主义，一切从实际出发，通权达变，不墨守成规。我们说君子乃器，此器非彼器，我们认为，人必先成器，有用于社会，自立于社会，而后方可成为君子。

◎ 关于“君子”和“器”

在成书过程中，我与多位教育界的前辈、专家做过探讨，并向他们及时请教学习，尽管大家都认为教育就是“制器”——为社会、国家输送人才，简言之，“君子乃器”。

查阅典籍可知，孔子所说“君子不器”中的“器”，是一种成型的固定化了的有用的器具。“不器”，就是不要被自己的身份、职业、技能和已经取得的成就所拘囿，避免被某种既定的条件、规范、有限性所制约、固化、工具化。换言之，君子不能囿于一技之长，不能只求学到一两门或多门手艺，而应当志于“道”，轻“艺”而重“道”。

“道”虽恒，那追求“道”的路径又在哪里？

我认为这是一个“过程性表述”，就像达·芬奇画鸡蛋。“不器”的前提，是首先要成器，即对他人、对家庭、对社会有用，成为一个有价值的人。教育就是在这个阶段起到重要作用的“锉子”，职业教育更是如此。

当下，我们能看到的是国家对于“能工巧匠”的重视和培养，一些全国性的大型能工巧匠选拔大赛、民族民间旅游设计大赛、传统手工技艺大赛、职工技能竞赛和比武活动举办的消息屡屡见诸媒体，“大国工匠”“创新能手”成为大家尊崇的楷模和偶像。

而在千年传统中，我们不能否认是有一些“糟粕”存在的，比如“士农工商”的等级之分，至今在一部分人的思想中还根深蒂固。我的家乡处于西部地区，在当地婚恋排行榜上最受欢迎的“对象”依然是公务员、教师等群体，在相当一部分人的心中，“工人”是“下苦人”的代名词，甚至对于手艺人、匠人都是有所轻视甚至歧视的。

在此时代背景和现状之下，针对职业教育的特性，我想提出“君子乃器”：任何人，只要能在自己喜欢的领域内，尽情施展智慧和能力，将它做到最优化，不管你是造原子弹的，还是卖茶叶蛋的，都可以取得崇高的职业成就，都能对社会作出积极贡献，都应得到社会的尊敬和认可。

我们必须承认，人们在成长过程中出现差异是必然的，这不仅受兴趣爱好、思维水平、性格特征等方面的影响，同时受家庭环境、社会关系等客观条件的影响。科学研究发现，人在儿童时期，就表现出思维方式和思维水平的差异，有些人擅长逻辑思维，有些人具有情绪思维，有些人天生就是创造性思维的佼佼者。因此，孩子将来干什么，能干什么，不应该是家长盲目地、不切实际地替孩子设计，更不应该一味地和别人家的孩子进行攀比，而是应该取其所长，避其所短。

“闻道有先后，术业有专攻”，教育必须做到“因材施教”，这不仅是教育的一条基本规律，更应该是教育者和家长乃至全社会的最终共识。职业教育是学校教育里最后一块“因材施教”的“可耕地”。绝大多数人总是固执地认为，中职学校的学生都是所谓的“双差生”“难缠生”，但是，他们却很难看到“双差”和“难缠”的成因和根源，殊不知正是因为基础教育阶段和家庭教育忽视了学生的个体差异最终导致了“双差”和“难缠”——一间教室，一堂课，一种方法，一个“中国式”攀比的目标，限制了他们的思维，抹杀了他们的个性，甚至学生仅存的一点兴趣也无法得到重视，老师心目中的“器”仅仅停留在对知识的掌握，因所谓的“不成器”而轻视“道”。

作为一名职业教育人，我深知这些家长、这些学生的难处。明智的家长能正确认识自己的孩子，尊重孩子，选择职业教育这条路可以无限放大孩子的优势，前途一片光明。一些家长和孩子可能出于无奈被动选择，最后也有意想不到的收获。多年的经验告诉我们：职业教育重“技”固然重要，但是缺乏了“道”的“技”可能只有昙花一现的光芒，以“道”承载，有“技”方可成“大器”，这正是“君子文化”的魅力所在。

我一直认为，中国的职业教育在很大程度上是一种良心教育。随着社会经济条件的变化，科学技术日新月异，信息技术蓬勃发展，社会对人才的需求正在由“单一技能型”向“综合能力型”转变，一“技”在身已不足以支撑人的发展。职业教育必须把学生正确的人生观、价值观，高尚的道德情操，良好的行为习惯和坚韧不拔的意志品质摆在突出重要的位置。立身在“技”，发展靠的是非智力因素。

其实当下已经有很多技术、技艺佼佼者，他们不仅凭借一技之长让自己富起来，同时还带动一片人、一群人走上致富之路，其中“技”是根本，“君子”气质才是最重要的。

在陕西华州有个叫樱桃沟的村子，不少农户家的墙上挂有诸多皮影，既有三国蜀国名将，也有唐代《打马球图》。浓浓的古调遗风袭来，令来这里做深度乡村游的远客也发出啧啧称赞声。工作间不时传来孩子和家长的笑闹声，小朋友们在工作人员指导下雕刻着自己喜欢的冰墩墩、孙悟空等皮影人物。

汪燕妮是他们的代表人物，一家 5 人从事华州皮影相关产业，在他们带领下，华州皮影远销海内外，村上也被评为陕西省一村一品雕刻示范村和全省文化产业示范基地，从事皮影产业者多达 300 多人，人均年收入上万元，并带动了柳枝镇乃至华州区皮影产业发展。皮影为一批村民谋了碗“非遗饭”。

一门“手艺”养活一方人，更走出国门，在世界绽放异彩。“器”就是自己的“饭碗”，如果能给更多人谋得“饭碗”，难道不是“道”吗？不是“君子”之为吗？

我们正在努力实施以“君子文化”为主要内容的中华传统文化教育，目的就在于让学生不仅能掌握一门专业技能，还要具备适应社会、融入社会，合理规划职业生涯，有潜能、会发展的“君子”能力。“君子文化”教育只是优秀传统文化的冰山一角，创新永无止境。技工行业的发展，“中国制造”人才的培养，离不开君子文化的与时俱进，我们得重新审视“器”的要义。新《职业教育法》更开启了一个职业教育的“新春天”。值此之际，我认为不妨趁势树立“君子乃器”的观念，强化职业教育，注重技术发展，引导每个公民选择最爱职业，让中国成为制造强国、创造强国！

前期的探索和实践，有可能是零碎的、不成熟的。做好“君子文化”体系化教育，让我们的学生更有内涵，是我们不懈的追求。“在相互谅解中自省自胜”活动是“君子文化”的思考，学校设立“谅解”“自省”日，在和谐中注入“谅解”，让“自省”成为一种习惯。养君子气质，塑君子风度。

◎ 做一名有思想的职业教育者

传媒人方可成说过这么一段话：越是这样的时代，越需要智慧和行动力……事实上，在这个时代，再全面的管控也会因为技术的进步和各种力量、不同介质的存在，有许多“孔洞”的存在，使得有智慧、有勇气、有行动力的人能够利用这些缝隙和空间，甚至即兴地做出一些事情来。

这段话让我感同身受地想到了自己所处的职业教育领域。面对十四五岁的少年，还有那瞬息万变的信息环境、技术变革，什么才是“核心技能”？

我们每个人都见证了中国经济的高歌猛进和中国教育的快速成长。40 多年来，中国的教育成就是全方位、开创性的，中国的教育变革是深层次、根本性的。从“有学上”到“上好学”，从普及教育到均衡发展再到内涵发展，从教育大国迈向教育强国，中国教育进入了一个新时代。

几乎每年都要提出教育体制的改革问题，也许，我们的“育苗”技术变了，如更多的数字化设备、创新的互动模式和教育场景等，但有一件事从未改变：

把不同的“种子”种在不同的适合它的“土壤”里，比如红薯就是需要沙地，水稻就是需要水田……

而作为教育者，珍惜自己手里的“种子”，知道自己应该负责的“时节”，就是最大的本分。

关于成才，没有范式，但有定式——那就是藏在心里的温柔、透出骨子的自信、对可为与不可为的自持。

最后，感谢为学子成长成才默默付出的所有伙伴。也感谢诸多专家学者、同仁和媒体朋友、作家朋友，在我成书过程中，对我的多方面帮助。